財政政策的
產業效應研究
以中國為例

王文甫 編著

財經錢線

前　言

2008年爆發的美國金融危機，以及隨後的歐債危機，對全球的經濟產生了嚴重的影響，各國都在尋找使本國經濟可持續健康發展的調整方式。在國際金融危機的衝擊下，中國經濟結構的優化升級和粗放型的發展方式更是遭到了嚴峻的挑戰，暴露出中國經濟在發展的過程中出現的不協調、不平衡、不可持續等問題的嚴重性。產業結構是否合理對中國經濟的健康發展具有直接的影響作用。因此，在當前經濟形勢下亟須加快產業結構的升級。產業結構的優化和升級不僅可以有效地促進國民經濟健康、快速發展，而且是中國融入全球化經濟體系、增強自身核心競爭力的重要前提條件。從理論角度出發，市場和政府都可以完成對產業結構的完善和升級，但是，市場對產業結構的調整需要較長的時間，並且面臨的未知風險也較多。而政府出抬的財政政策卻是最具有操作性的，針對經濟發展過程中出現的不同問題，政府可以快速制定和實施相應的財政政策予以解決，有效的政策能夠在最短時間內得到理想的效果。在中國三大產業發展和調整的過程中，政府出抬的財政政策始終起到關鍵性的作用。雖然中國三大產業在結構和規模上都處於不斷的調整和變革之中，但是與發達國家相比，中國三大產業的發展仍存在著諸多問題。本書通過實證研究中央和地方政府財政支出對中國三大產業的差異性影響，為調整財政支出的規模和結構及促進三大產業的發展提供參考借鑑。

從已有的文獻可知，財政政策對於經濟發展的作用一直都是各界學者關注的焦點問題。這主要集中在兩個方面：一是研究財政收支總量與經濟增長的關係，二是研究財政收支結構對經濟增長的影響。儘管國內對產業結構相關問題研究較多，但關於財政政策對產業效應則多是定性和統計分析，相關實證研究

很少。據筆者所知，幾乎沒有相關的專著對此進行深入和系統的研究。因此，這部分研究具有一定的價值空間。為此本書就財政政策對產業效應進行研究：第一部分是中國財政支出的產業效應差異性實證研究，主要以向量自迴歸模型（VAR）來進行討論的；第二部分是對財政支出、要素累積與產業結構調整問題的探討，主要使用的是面板數據來進行實證分析；第三部分就流轉稅和所得稅對產業差異性效應進行實證研究，主要是用向量自迴歸模型（VAR）；第四部分主要研究稅收對三大產業就業結構的影響，通過理論分析和構建動態面板模型，選取2006—2016年中國各省級的相關數據，來實證分析所得稅對三大產業就業的影響，並得出相關的結論。

在第一部分中，筆者選用中國1953年至2011年共59年的數據，將所有的變量分為三個組（第一產業組：中央財政支出、地方政府財政支出、第一產業增加值；第二產業組：中央財政支出、地方政府財政支出、第二產業增加值；第三產業組：中央財政支出、地方政府財政支出、第三產業增加值），並對三個產業組的變量進行平穩性檢驗、協整檢驗以及格蘭杰因果檢驗。然後對三個產業組分別建立結構向量自迴歸模型（SVAR），得出脈衝回應和方差分解的結果。可以得出以下三個結論：第一，中國地方政府對第一產業的財政支出結構比較合理，中國應該在保持這種擠入效應的同時，繼續完善和推廣這種投資結構模式；對於第一產業中的中央財政支出，不僅要適度地加大支出規模，而且要注意其支出結構的合理性，要切實用好中央政府對第一產業的財政支持，切實將資金用到最需要的地方，促進第一產業的發展。第二，中國第二產業的發展對地方政府財政支出具有較大的正反應，在發展第二產業時，應特別關注地方政府財政支出的投入，保持和完善這種較強的擠入效應，對於促進第二產業的健康和快速發展至關重要；但是，中央財政支出對第二產業產生了明顯的擠出效應，說明中國中央政府在對第二產業的投入上相對地方政府的投入還存在一些內在問題。第三，中國第三產業的發展對地方政府財政支出具有較大的依存度，在發展第三產業時，應特別關注地方政府財政投入，改變這種較強的擠出效應，對於促進第三產業的健康和快速發展至關重要；中央財政支出對第三產業產生了明顯的擠入效應，說明中國中央財政在對第三產業的投入上相對地方政府財政對第三產業的投入更加合理有效。

在第二部分中，從中國產業結構變化的特徵出發，討論了中國產業結構變化的影響因素，在分析中國產業結構以及區域產業結構變化的基礎上，從產業間資本與勞動要素累積的視角出發，研究了中國地方政府財政支出對產業結構的影響。這一部分重點研究的是，利用 2003—2012 年中國除港澳臺以外的其他 31 省（直轄市、自治區）面板數據分析政府財政支出對產業結構變化的影響。實證檢驗發現：第一，不論是通過資本、勞動要素累積還是通過全要素生產率對三次產業產值產生影響，財政支出對中國第三產業的促進作用最強，第二產業次之且影響系數與第三產業接近，第一產業最弱；第二，中國財政支出對第一產業資本累積影響較小，對第二產業資本累積影響較大，對第三產業資本累積影響最大，中國財政支出對三次產業的勞動要素累積影響均較小；第三，財政支出通過全要素生產率影響產業產值的作用遠遠大於通過資本與勞動要素累積影響產業產值的作用。

在第三部分中，筆者基於 VAR 模型，選用了 1994—2011 年的年度數據，對各經濟變量的時間序列進行平穩性檢驗、協整檢驗、格蘭杰因果檢驗，以及根據 AIC、SC 等原則對滯後階數檢驗。然後，筆者對 VAR 模型內生變量的選擇及識別條件進行研究分析。再通過本部分建立的 VAR 向量自迴歸模型，並從脈衝回應以及方差分解分析兩個方面進行實證分析，得到實證結果如下：第一，三大產業增加值對流轉稅和所得稅衝擊的脈衝回應圖軌跡相似，只是回應的程度和力度不同，兩者都會對三個產業增加值產生微弱負效應。流轉稅對第三產業增加值影響最大，其次是第二產業，最後是第一產業。同樣，所得稅也是對第三產業增加值影響最大，其次是第二產業，最後是第一產業。在總體來看，所得稅對三個產業增加值的影響都要大於流轉稅所產生的影響。說明對產值影響方面，所得稅調節功能優於流轉稅。第二，產業結構對流轉稅和所得稅衝擊的脈衝回應圖軌跡仍然相似，只是回應強度不同，兩者對產業結構都會產生微弱負效應。在短期來看，與所得稅相比較流轉稅對產業結構調整的影響效應會強烈一些，但從長期來看，相比所得稅，流轉稅對產業結構調整的影響效應更好。說明對結構影響方面，流轉稅調節功能好於所得稅。第三，不論是對三個產業值的影響還是對產業結構的影響，流轉稅和所得稅的貢獻度都不是很高，說明產業經濟的發展因素是各方面作用的結果，稅收政策僅僅是其中一個

很小的方面。

在第四部分中，首先，我們主要闡述企業所得稅與個人所得稅、三大產業就業結構的基本概念，進一步在宏觀層面理論分析稅收對就業的影響，然後，對所得稅具體分稅種分析個人所得稅對勞動供給的收入效應和替代效應、企業所得稅對勞動力需求的促進效應和阻礙效應等相關理論。接著，在此基礎上對所得稅（主要指企業所得稅和個人所得稅）與三大產業就業結構的現狀進行統計性描述，並對相關現狀進一步小結。最後，通過構建動態面板模型，選取2006—2016年中國除海南、重慶和西藏外各省（直轄市、自治區）的相關數據。實證研究主要結論如下：一是，個人所得稅對三大產業就業的影響都是正向的，主要是目前中國收入水準總體上並不高，個人所得稅的增加，個人可支配收入減少，為了維持之前的收入水準，使得稅收對就業的替代效應起主導作用，勞動供給增加；同時中國實際就業壓力大，個人並不會因為個人所得稅而放棄工作。二是，企業所得稅對第一產業就業的影響是正向的，對第二產業就業和第三產業就業的影響是負向的。企業所得稅稅源主要來自第二、三產業，對第一產業相關企業影響較小，並且中國對第一產業就業實行稅收優惠、財政補貼等政策，對第一產業就業是正向的影響。然而第二產業和第三產業的相關企業受企業所得稅影響較大，企業所得稅使得第二、三產業的稅負增加，企業縮小生產規模，減少勞動需求，對第二、三產業就業是負向的影響。

中國的財政體制和機制都處於轉變和改革的關鍵時期，與地方政府財政支出的相關配套基礎機制還存在一些不完善的地方，還需要進一步改善。任何事物的發展總要經歷一個過程，尤其是財政體制這種複雜的事物，改革和轉變不是一蹴而就的，因此，在這個過程中，我們要漸進地尋求使地方政府財政支出最優化的途徑，來調整產業結構。根據本書的實證結論，我們提出以下政策建議：

在財政支出方面要做到以下幾點：第一，轉變產業調控思路。政府應當轉變原有的產業調控思路，即摒棄原有的盲目投資、上項目、給補貼的調控方式，應當尊重市場的決定性作用，從競爭性領域退出，擴大企業自主權，而對市場失靈的地方，政府應當果斷出手，發揮財政政策的調控作用，如保護環境、維護市場公平競爭秩序、推動創新等。第二，積極優化產業結構。政府應

當積極追求財政支出總量有限條件下的結構優化，進而實現以最小的支出規模和最優的支出結構達到有效的產業結構調整目標。財政支出結構的優化，應當以國家產業發展政策為導向，合理地安排財政支出。一是要提高政府運行效率，嚴格控制龐大的行政管理費等非生產性支出；二是要逐步從競爭性領域退出，擴大對公共交通、通信等基礎設施建設的支出，提高政府提供公共服務的能力與水準；三是擴大對教育、科技方面的支出，推動全社會創新能力提高，提高勞動者素質，以適應知識經濟背景下產業結構升級對勞動力素質的要求。第三，創造產業轉移條件。完善社會保障服務體系，解決戶籍制度困境下勞動力流動性的問題，為人口向第三產業轉移創造有利條件。目前，中國已經開始實行各項有利於人口流動的民生政策，如社會保險帳戶異地轉移、積分落戶、逐步廢除戶籍二元制等，極大促進了中國區域間、產業間的人口流動，有利於中國產業結構的調整。

在稅收政策方面要做到以下幾點：第一，在產值上所得稅對總量調節比流轉稅更具優勢。我們因此需要進一步推動企業所得稅改革，完善個人所得稅制度，逐步提高個人所得稅在稅收總收入中的比重。未來我們國家個人所得稅改革需要朝兩個相互聯繫的目標努力：①在目前的稅制調整中要逐步地提高個人所得稅比重，因為個人所得稅的調節功能是建立在籌集收入總量的基礎上的，若占稅收收入比重不高是不足以承擔起扭轉稅制累退性任務的。②要不斷加快推進「綜合與分類結合」的稅制改革，提高個稅對收入來源多、高收入階層的調節力度，同時要加強差別化的費用扣除，從而降低中低收入者的負擔。第二，在結構調整上，長期來看流轉稅調節效果比所得稅要好。在市場經濟完全條件下，所得稅調節理應強於流轉稅，流轉稅在市場經濟條件下稅負轉嫁機制會得到充分發揮。在中國市場經濟體制不健全、市場規則不完善的情況下，流轉稅配合著價格調節生產與消費，對產業結構方面的調整具有相當重要的作用。我們要重視流轉稅對產業結構優化調整的良好效應，進一步完善流轉稅改革並且努力調整流轉稅的稅負結構，減輕流轉稅稅制的累退性。第三，無論是對三大產業產值還是對產業結構，稅收政策的貢獻度並不是很大，說明稅收政策對於產業經濟效應沒想像的那麼大，這就要求我們站在制度和政策的角度，進一步完善市場經濟。需求良好的政策環境為宏觀調控的稅收政策奠定了堅實

的基礎，明確了稅收政策對於產業經濟的作用的機制。第四，在促進勞動就業上，首先，完善稅收對不同群體就業優惠政策的形式，尤其需緩解大學生的結構性失業的壓力；其次，由於第三產業對就業具有巨大的吸納能力，因此應加快發展第三產業，並完善促進第三產業就業的所得稅優惠政策；最後，加大教育培訓的稅收優惠，通過降低企業和個人的教育成本，加大職業教育培訓力度，提高勞動者的綜合素質，促進就業的增加。

　　在此，我對本書的作者做一個說明。本書是我研究財政政策與產業結構的成果之一，在這一研究中我對研究選題、研究設計及謀篇佈局進行了深入思考，從而形成了四位碩士生的畢業論文選題，最終撰寫成本書的四部分內容。撰寫第一部分的是王雷和王文甫，撰寫第二部分的是汪海俊和王文甫，撰寫第三部分的是李智敏和王文甫，撰寫第四部分的是艾永鋒和王文甫。在此基礎上，我對以上四部分內容做了總體上的邏輯安排和認真的修改，從而形成本書，同時，我的博士生王德新為本書做了大量的編排工作，在此表示感謝！

　　同時，還要感謝出版社的兩位老師———何春梅老師和廖慶老師，在她們認真編校和督促下，我在書稿的修改過程中克服了自己疏懶的弱點，認真對待書稿的修改工作。她們一絲不苟和認真工作的態度，使我在校對書稿中來不得半點馬虎，並使我認識到，做學問要嚴格要求自己，時刻不忘做學問的「初心」！

王文甫

目　錄

第一部分　中國財政支出的產業效應差異性實證研究

1 導論 / 3
 1.1　研究背景 / 3
 1.2　研究的創新與不足之處 / 4
 1.3　研究思路與框架 / 5

2 研究綜述 / 7
 2.1　政府財政支出與經濟增長研究的發展歷史 / 7
 2.2　政府財政支出與經濟增長之間的關係 / 8
 2.3　政府財政支出的「擠出效應」與「擠進效應」/ 9
 2.4　政府財政支出對產業的影響 / 11
 2.5　文獻評述 / 12

3 理論基礎分析 / 13
 3.1　政府財政支出概述 / 13
 3.2　政府財政支出的效果 / 14
 3.3　政府財政支出對經濟的影響機制 / 15

4 政府財政支出與三大產業的發展現狀 / 18

4.1 中央和地方財政支出的比較 / 18
4.2 中國三大產業增加值的比較 / 19
4.3 小結 / 22

5 政府財政支出對三大產業增加值的差異性效應的 SVAR 分析 / 24

5.1 數據的選取和處理 / 24
5.2 各經濟變量的時間序列的平穩性檢驗 / 24
5.3 協整檢驗 / 26
5.4 格蘭杰（Granger）因果關係檢驗 / 27
5.5 SVAR 模型內生變量的選擇及其識別條件 / 28
5.6 脈衝回應分析 / 30
5.7 方差分解分析 / 39
5.8 小結 / 43

6 主要結論與政策建議 / 45

6.1 主要結論 / 45
6.2 政策建議 / 45

第二部分　財政支出、要素累積與產業結構調整

7 導論 / 51

7.1 研究背景 / 51
7.2 研究的意義與方法 / 52
7.3 研究創新與不足之處 / 53
7.4 研究思路與框架 / 54

8 文獻綜述 / 55

    8.1 關於產業結構變化過程及特徵的綜述 / 55

    8.2 關於產業結構變化的影響因素的研究 / 56

    8.3 文獻評述 / 61

9 中國區域產業結構分析 / 63

    9.1 產業結構的界定 / 63

    9.2 中國產業結構演化過程及效果 / 64

    9.3 國際比較 / 71

    9.4 小結 / 73

10 財政政策與產業結構調整 / 74

    10.1 財政支出政策與產業結構調整 / 74

    10.2 稅收政策與產業結構調整 / 77

    10.3 小結 / 79

11 產業間要素累積分析 / 80

    11.1 產業間就業現狀分析 / 80

    11.2 產業間固定資產投資現狀分析 / 86

    11.3 小結 / 90

12 財政支出、要素累積與產業結構實證檢驗 / 94

    12.1 影響路徑 / 94

    12.2 模型構建 / 95

    12.3 實證分析 / 96

    12.4 小結 / 98

13 主要結論與政策建議 / 100

    13.1 主要結論 / 100

    13.2 政策建議 / 101

第三部分　流轉稅和所得稅對產業差異性效應的實證分析

14　導論 / 105

14.1　研究背景 / 105
14.2　研究創新與不足之處 / 106
14.3　研究思路和框架 / 107

15　文獻綜述 / 109

15.1　稅收收入與經濟增長關係 / 109
15.2　稅制結構研究的文獻綜述 / 111
15.3　稅制結構對於產業經濟的影響 / 112
15.4　基於財稅思想的三大產業發展 / 114
15.5　文獻評述 / 115

16　理論基礎分析 / 116

16.1　流轉稅和所得稅概述 / 116
16.2　稅制結構對產業經濟的影響機制 / 117
16.3　流轉稅和所得稅對於產業經濟的影響效果 / 120
16.4　三大產業及產業結構概述 / 122

17　流轉稅和所得稅以及三大產業發展現狀 / 124

17.1　流轉稅與所得稅目前發展狀況 / 124
17.2　三大產業目前發展狀況 / 126
17.3　小結 / 127

18　流轉稅和所得稅對三大產業影響效應的實證分析 / 129

18.1　變量的選取以及數據的處理 / 129

18.2 模型的選擇以及建立 / 130

18.3 各經濟變量的平穩性檢驗 / 131

18.4 變量的協整檢驗 / 132

18.5 經濟變量的格蘭杰因果檢驗 / 134

18.6 VAR 模型滯後階數的檢驗 / 135

18.7 變量之間估計式的表達 / 135

18.8 脈衝回應分析 / 137

18.9 方差分解分析 / 148

18.10 小結 / 152

19 主要研究與政策建議 / 154

19.1 主要結論 / 154

19.2 政策建議 / 155

第四部分　稅收對三大產業就業結構的影響分析

20 緒論 / 161

20.1 研究背景 / 161

20.2 研究目的、意義和方法 / 163

20.3 研究創新與不足之處 / 165

20.4 研究思想與框架 / 165

21 文獻綜述 / 167

21.1 國外文獻回顧 / 167

21.2 國內文獻回顧 / 168

21.3 文獻評述 / 170

22 理論基礎分析 / 172

22.1 相關基本概念闡述 / 172

22.2 稅收對就業的總體效應 / 173

22.3 所得稅對三大產業就業的影響效應 / 173

23 稅收對三大產業就業結構影響實證分析 / 177

23.1 所得稅及三大產業就業發展現狀 / 177

23.2 稅收對三大產業就業結構影響實證分析 / 180

23.3 小結 / 187

24 主要結論與政策建議 / 188

24.1 主要結論 / 188

24.2 政策建議 / 189

參考文獻 / 192

第一部分

中國財政支出的產業效應差異性實證研究

1 導論

1.1 研究背景

　　自 2008 年美國金融危機爆發之後,全球經濟都受到不同程度的打擊,並普遍進入經濟衰退階段。受美國金融危機的影響,中國經濟領域方面也出現了經濟增長速度下滑、進口和出口下降、部分出口企業經營困難的局面,上述不利局面的發生導致了消費與投資領域出現疲軟,最終使得中國就業形勢驟然嚴峻。可見金融危機已經對中國的實體經濟造成較大的負面影響。經濟結構轉型和產業結構升級已經成為 21 世紀經濟改革的重點之一。加快轉變經濟發展方式,是現階段中國在經濟領域中的一項深刻改革,不光影響到社會主義現代化建設和改革開放的問題,對於完善社會主義市場經濟體制,促進地區間、城鄉間經濟健康發展,維持社會秩序穩定等方面也具有非常重要的作用。在國際金融危機的衝擊下,中國不合理的經濟結構和粗放型的發展方式遭到了嚴峻的挑戰,經濟在發展的過程中出現的諸如不協調、不平衡、不可持續等問題日益嚴重。此外,圍繞人才、市場、技術、能源等資源的國際競爭愈發激烈,各國的保護主義思潮逐漸強烈,可見中國經濟發展的外部環境日趨複雜。借鑑國外發達國家經驗發現他們都經歷過這樣的時期,而中國目前嚴峻的經濟形勢要求要加快轉變升級的步伐。不可否認,目前在產業升級方面還存在許多問題需要解決。前國家總理溫家寶做政府工作報告時曾明確指出,中國在經濟發展過程中面臨著諸多問題,如經濟增長缺乏內生動力,就業形勢日趨嚴峻,自主創新能力有待進一步提高。金融領域在高速發展的同時其潛在風險也在不斷增加,用工需求出現結構性短缺,這些情況都給產業結構的升級增添了不小的難度。此外,中國地域間的三大產業發展不均衡、不協調的情況日趨嚴重,這一問題在建設社會主義市場經濟的過程中已經不可小覷。展望未來,此問題如果沒有得

到解決必將對今後經濟的持續、穩定、健康發展構成嚴重的威脅。

產業結構的合理與否對中國經濟的健康發展具有直接的影響作用，因此，在當前經濟形勢下亟須加快產業機構的升級。另外，產業結構的優化和升級不僅可以有效地促進國民經濟健康、快速發展，也是中國融入全球化經濟體系之中、增強自身核心競爭力的重要前提條件。從理論角度出發，市場和政府都可以完成對產業結構的完善和升級。但是，市場對產業結構的調整需要較長的時間，並且面臨的未知風險也較多。反觀政府出抬的財政政策卻是最具有操作性的，針對經濟發展過程中出現的不同問題，政府可以快速制定和實施相應的財政政策予以解決，有效的政策能夠在最短時間內得到理想的效果。縱觀過去，在中國三大產業發展和調整的過程中，政府出抬的財政政策始終起到關鍵性的作用。自1978年改革開放至今，中國三大產業在結構和規模上都處於不斷的調整和變革之中，但是與發達國家相比，中國三大產業的發展仍顯現出諸多問題。因此，這部分通過實證研究中央和地方政府財政支出對中國三大產業的差異性影響，為調整財政支出的規模和結構，以促進三大產業的發展提供參考借鑑具有重要的意義。

1.2 研究的創新與不足之處

1.2.1 創新之處

第一，雖然當前的一些學者在財政支出對經濟的影響方面進行了大量的研究，但是，絕大多數學者在做這些研究時，主要分為兩類，一是國家總的財政支出對經濟總和（國內生產總值）或三次產業的影響，二是國家各類的財政支出（對財政支出做了細分，如轉移支付、商品購買、基礎設施投資、科學、教育、醫療等方面的支出）對經濟總和或三次產業的影響，對於財政支出的選擇，要麼過於細分，要麼過於宏觀，而本部分將財政支出分為中央政府財政支出和地方政府財政支出，研究二者分別對中國第一、二、三產業的影響，這既可以對次宏觀層面有把握和研究，又避免了過細分類對研究宏觀調控的不足；並且，本部分將中央和地方政府財政支出對第一、二、三產業差異性影響進行對比分析，這是本部分最大的創新之處，這在目前的實證研究中並不多見。

第二，本部分應用對經濟分析的主流方法——SVAR結構向量自迴歸模型，將本部分選擇的變量分為三組，分別研究中央和地方政府財政支出對第一、二、三產業的影響，並方便對實證結果的分析對比。這與傳統的簡單迴歸

分析相比，具有更高的可信度和較低的誤差。並且本部分選擇的數據年度時期為 1953 年至 2011 年，較長的時間序列可以提高實證結果的準確度。

1.2.2　不足之處

本部分選擇的財政支出為中央政府財政決算支出和地方政府財政決算支出，由於存在政府預算外的支出，可能對實證結果具有一定的影響，這對於分析中央和地方政府財政支出分別對第一、二、三產業的差異性影響具有一定的局限性。此外，本部分的重點放在了對於實證結果的分析或者說本部分主要是對中央和地方政府財政支出分別對第一、二、三產業影響的實證結果的分析，而沒有更深一步地去挖掘產生這種結果的內在原因，因此，在建議的提出方面，也是不夠成熟，並且深度也不夠。要將財政學和產業經濟學綜合運用起來分析本書，對於筆者來講具有非常大的難度，由於專業和知識的局限，可能造成本書在一些問題的分析上存在較大的不足。

1.3　研究思路與框架

本部分主要研究的主題是中央和地方政府財政支出對中國的三大產業產生的不同效應的分析，主要包括以下內容：

第一，將政府財政支出對經濟影響相關的國內外的研究綜述進行分類整理，本部分將該領域的研究分為四個方面，一是，政府財政支出與經濟增長研究的發展歷史；二是，政府財政支出與經濟增長之間的關係，包括三種觀點，分別是正相關、負相關和不相關；三是，政府財政支出的「擠出效應」與「擠進效應」；四是，政府財政支出對產業的影響，這部分的研究文獻比較少。

第二，對與本部分相關的一些經濟理論進行闡述，包括政府財政支出概述，政府財政支出對經濟影響機制，三大產業的相關概述以及 SVAR 模型理論闡述。通過這些相關經濟理論的闡述，為本部分實證結果的分析奠定了基礎。

第三，對於中國的中央和地方政府財政支出與三大產業的發展現狀進行研究，分為中央和地方政府財政支出的比較（主要是從絕對額和相對額兩個角度分析），中國第一、二、三產業增加值的比較（主要是從絕對額和相對額以及三者分別占國內生產總值的比例三個角度分析），以及第一、第二和第三產業對國內生產總值的貢獻率和拉動率三個方面進行分析研究，並對上述的現狀進行評論。

第四，本部分的重點內容是中央和地方政府財政支出對三大產業增加值的差異性效應的 SVAR 分析。第一，對數據的選取和處理進行介紹，我們將變量分為三個變量組：第一產業變量組：LnY1、LnDF、LnZF；第二產業變量組：LnY2、LnDF、LnZF；第三產業變量組：LnY3、LnDF、LnZF。第二，對本書選擇的各經濟變量的時間序列進行平穩性檢驗、協整檢驗以及格蘭杰因果檢驗。第三，對本書 SVAR 模型內生變量的選擇及其識別條件進行分析。第四，通過本書建立的 SVAR 模型，得到實證結果，主要是從脈衝回應和方差分解分析兩個方面對三個產業組進行實證分析，得出相關的經濟結論並進行分析。

第五，對該部分進行總結，並針對中國中央和地方政府財政支出對三次產業影響的差異性提出相關的建議，主要包含兩方面：一是優化調整中央財政支出結構和規模，二是優化調整地方政府財政支出結構和規模。

2　研究綜述

經濟增長問題一直是世界各國關注的焦點，實現經濟持續增長是各國政府努力的方向，政府支出對經濟增長的作用在各個時期都被各學派所爭論，爭論的焦點集中在政府支出對經濟增長是否有影響上。以索羅斯為代表的新古典增長理論派認為政府支出對經濟增長沒有影響；20世紀80年代中後期出現的內生經濟增長理論則認為經濟增長是由人力資本、技術進步等系統內生因素決定的，政府支出可通過影響人力資本累積和技術創新水準等內生變量而對經濟增長產生影響。從此，政府支出在經濟增長中的作用進入了經濟學家的研究視野，隨著經濟增長理論的演進，政府支出對經濟增長影響的探討也不斷走向成熟。

2.1　政府財政支出與經濟增長研究的發展歷史

20世紀30年代凱恩斯在《就業、利息和貨幣通論》一書中創造性地提出了政府投資需求思想，他認為政府在經濟蕭條時期應該擴大投資性支出，以通過乘數效應帶來收入和人員就業的成倍增加。20世紀50年代，美國著名經濟學家保羅·薩繆爾森通過一般均衡分析法，對公共產品供給理論進行了完整的描述，發表了關於政府支出的經典論文，自此，政府財政支出的研究進入財政學領域的正室。英國經濟學家皮科克和懷曼斯（1961）提出了梯度漸進增長論，對財政支出問題進行了剖析。「梯度漸進增長論」認為，在正常年份公共支出呈現一種漸進的上升趨勢，只有當社會經歷激變時（激變可以是戰爭、經濟危機或其他災難），公共支出才會急遽上升，而過了激變期，公共支出水準就會下降，但一般不會回到原來的水準，因此在政府支出的統計曲線上，呈現一種梯度漸進增長的特徵。1969年，德國財政學家理查德·馬斯格雷夫提

出了「經濟發展的政府投資支出增長」理論。該理論認為，在一國經濟增長和發展的初始階段，公共部門的投資在整個國家經濟總投資中佔有很高的比重，以便為經濟起飛階段打下基礎，之後政府將繼續進行公共部門投資並使之逐步成為私人部門投資的補充。由此可見，在經濟發展的不同階段，政府支出的範圍也不同，在經濟發展的初始階段，政府支出的重點是為社會提供必要的基礎設施，經濟發展進入成熟期後支出重點轉向提供教育、醫療衛生和社會福利等方面。阿羅和庫爾茲（Arrow，Kurz，1970）最先將政府支出引入經濟增長研究中，他們認為外生的政府支出的變化僅影響經濟轉移動態，而不會改變經濟的穩態增長率。羅默（1986）開創了內生經濟增長理論，認為長期增長率是由內生因素解釋的，他在知識外溢增長模型中證明了積極的財政支出政策可以提高資本和知識累積水準，至此，政府支出與經濟增長關係的研究走向成熟階段。

2.2 政府財政支出與經濟增長之間的關係

長期以來，各學派針對政府支出對經濟增長是否有影響這一課題都進行了不同程度的研究，但規範式的研究則是在近 20 年才不斷成熟起來，主要是因為大部分公共經濟學家將注意力主要集中在稅收理論和實踐的研究上，忽視了對政府支出的研究。此外，有關政府財政支出對經濟增長效應的觀點存在很大分歧。關於政府財政支出與經濟增長之間的關係，學術界主要存在三種觀點。

第一種觀點，政府財政支出對經濟增長具有正效應。Rubbinson（1977）通過對多個國家數據進行實證分析得出財政支出對經濟會產生擠進效應。Ram（1986）同樣通過實證方法分析得出在滿足一定條件的狀況下，政府財政支出對經濟具有積極作用，而這個條件就是財政支出規模占 GDP 的比重，相當於有一個臨界點，當財政支出占 GDP 比重在未達到這個臨界點之前增加財政支出對經濟將產生積極的擠入效應。反之，當財政支出占 GDP 的比重超過這個臨界值不但不能起到積極作用反而可能產生擠出效應。因此，首先因確定出財政支出占 GDP 的臨界值，然後控制財政支出規模以達到促進經濟發展的目的。國內也有學者支持該觀點。彭志龍（2004）通過分析得出一個相對簡單而直觀的結論：財政支出不但對經濟產生擠進作用，並且效果比較明顯。郭健（2006）則通過數據的實證研究方式研究得出結論：經濟增長和財政支出間存在長期穩定關係，因此，政府通過合理的財政支出以達到刺激經濟發展目的的

做法具有合理性。

第二種觀點，政府財政支出對經濟增長具有負效應。羅默和 Ram（1986）的觀點其實是殊途同歸。Ram（1986）以財政支出占 GDP 的臨界值為標準，提出當財政支出占 GDP 的比例未超過臨界值時財政支出對居民消費將產生擠進效應。反之，當該比例超過臨界值之後財政支出對經濟將產生反作用，這實際上同羅默的研究觀點不謀而合。巴羅（1986）利用多個國家的多個時期數據通過實證研究得出政府的財政支出將對經濟增長起擠出作用。Engen 和 Skinn（1992）同樣通過實證研究得出和巴羅（1986）相同的結論。德瓦拉金（1996）等通過對 43 個發展中國家的實證研究得出，財政支出結構性分類中的生產性支出在沒超出臨界值之前可能對經濟增長起促進作用，一旦超過該臨界值過度支出將對經濟增長產生擠出作用。國內也不乏學者支持該觀點，郭慶旺、呂兵洋和張德勇（2003）將中國財政支出與經濟增長作為研究對象，選取 1978—2001 年的數據進行實證分析，得到了和巴羅（1986）相同的結論——財政支出和經濟增長之間是反向關係。莊子銀和鄒薇（2003）在郭慶旺等人研究的基礎上，再引入預算外支出項作為另一個自變量，迴歸結果顯示其規模大小和經濟增長呈負相關關係。

第三種觀點，政府財政支出與經濟增長的關係並不顯著。經濟變量之間如果沒有直接的經濟聯繫，即使二者間有一定的傳導機制，但是如果傳導機制時期過長或者過於複雜則會削弱本身可能造成的影響效果，降低影響的程度。納爾遜（1994）主要研究在社會的不同階段財政支出對經濟增長的影響程度會有差異，有的階段表現為負相關關係，而有的階段則表現為相關性較弱。國內持有相同觀點的人有龔六堂、鄒恒甫（2000），在將政府支出進行分類的前提下通過實證檢驗得出政府財政支出中的經常性支出變動將會給經濟增長帶來負面影響。郭慶旺和賈俊雪（2004）同樣是將政府財政支出進行結構性分類，並研究提出財政支出中的物質資本和人力資本投資在長期來看對經濟增長的影響效果是不穩定的。

2.3 政府財政支出的「擠出效應」與「擠進效應」

目前對「擠出效應」的定義為：政府為了實行擴張性財政政策的需求，通過向民間的不同主體和單位借款，從而出現利率上升或者是造成同民間其他機構資金需求上的競爭，而無論是利率上升或是資金需求的競爭在市場經濟條

件下，導致出現民間部門支出減少的現象，這相當於是對政府積極性財政政策的反作用力，如果此反作用力超過擴張性財政政策的正向力量則總體表現將是負向的，這就是「擠出效應」，相反則是「擠進效應」。而對於「擠出效應」的發生原理有兩種解釋：一方面，認為政府的擴張性財政政策的借款行為主要是作用於利率，政府的這一行為在市場機制作用下導致利率上升，而利率的上升使得民間資本選擇儲蓄或其他方式，而非投資和支出，因此產生擠出效應；而另一方面，則認為政府為實現擴張性財政政策的借款導致數量有限的、本該供民間借貸的資金被政府占用，相當於政府和民間借貸機構在競爭有限資源，而這部分資金很可能是某些企業或機構投資發展的重要資金來源，這樣必然導致部分企業或機構無法實現投資或成長，而這樣的負作用正是對擴張性財政政策效用的消耗，這就是「擠出效應」。對於政府支出對投資的影響情況，經過學術界的廣泛研究和討論大致分為「擠出」和「擠進」兩種不同的觀點，下面對這些研究文獻做一個簡單的梳理。

　　首先，部分國內外學者支持政府財政支出對投資產生擠出效應的觀點。Sutherland（1977）和 Elder（1999）採用不同的研究方法的角度都說明當政府通過發行債務方式進行融資時，如果債務超過一定的合理點之後將會產生擠出效應。其中 Elder（1999）還增加除德國以外的其他幾個國家共同對比分析得出該結論。章晟（2003）的研究前提是把政府放到市場經濟的大環境中，其行為和其他企事業單位相同，且相互之間存在合作、競爭等關係。當政府進行大規模投資時，可能其他私人部門也有相同的投資願望，但是由於資本等實力不及政府部門而無法進行投資。因此，從這個角度看政府的投資行為極有可能擠占私人部門投資機會。此外，政府大規模投資的資金來源多是通過銀行或是民間機構的借貸或融資，這無疑導致數量有限的、本該供民間借貸的資金被政府占用，相當於政府和民間借貸機構在競爭有限資源，而這部分資金很可能是某些企業或機構投資發展的重要資金來源，這樣必然導致部分企業或機構無法實現投資或成長，從而產生「擠出效應」。吳俊培（2004）則換一個角度探討財政支出對投資所產生的效應——政府財政支出資金來源角度。政府大部分支出來源其相應的收入，而財政收入中只有稅收一種來源。因此，可以這樣假設擴張性的財政支出大部分資金來源於稅收的增加，而稅收的多少和個人、企業等私人或機構的收入、利潤等方面息息相關。在這樣的情況下，稅收間接減少人們進行投資的資本，從而不利於投資的增加，對投資產生「擠出效應」。假如不是通過稅收籌資方式，那必然是借款，如此大規模的借款會減少私人部門的可借貸資金，進而影響到私人部門的投資支出。因此，無論政府選擇這兩者

中的哪種籌資方式都將起到「擠出」的作用。於天義（2002）並沒有通過研究論證財政支出對投資產生「擠出效應」這一結論，而是直接跳過研究「擠出效應」的相關表現，主要有兩方面：一方面表現在投資上，政府過分的投資性支出搶占私人部門的投資機會和本可累積的投資資本累積，進而導致人們在得到收入後仍偏向於儲蓄，不會增加投資；另一方面是對消費的影響，於天義認為政府用於投資的資金增加，根據有限資源的此消彼長效應可知相應的消費支出將會減少，進而嚴重影響到消費對經濟增長的拉動作用。孟祥仲（2006）的研究不單純考慮擴張性的財政政策所產生的經濟效應，根據實際的經濟發展軌跡，國家在提出實施財政政策的同時還提出相應的貨幣政策，起到相互補充的作用。但是，實際結果卻顯示即使在實施積極財政政策時又加上貨幣政策予以補充，經濟仍未出現增長。莊龍濤（1999）和梁學平（2003）的觀點大致和章晟相同，即政府無論是通過借貸或是稅收來籌集資金實施積極的財政政策，其最終都將會擠占民營部門籌集資金投資的機會，降低民營部門佔有、控制、利用資源的可能性，而這些資金都被政府所掌控，使得民營部門缺少參與部分發展機會的能力。

其次，國內外也不乏讚成政府財政支出對投資產生「擠入效應」的觀點。Aschauer（1989）從私人資本的角度出發，提出政府的公共支出有多種形式，當其以生產要素的形式支出時，如果能同私人資本互補則會刺激其向效益最優化的方向發展，此時公共支出起到的則是「擠進效應」，對經濟發展具有正向作用。與此同時，Barro（1995）通過研究分析認為，公共支出其實相當於公共部門在消費，而公共消費和私人消費之間是呈此消彼長的替代關係，當公共消費增加時，私人消費會相應減少，而省下的這部分資金具有轉為投資的可能性，進而擠進了投資。馬栓友（2003）從宏觀角度出發提出，當政府擴大投資，增加的基礎設施建設在一定程度上使得市場環境更加完善，從而刺激民間更多地投資。項懷誠（2001）通過研究直接得出即使國家通過稅收或者發行國債的方式作為積極財政政策的資金來源也並未對經濟產生「擠出效應」。賈松明（2002）提出國債投入的大多是民間資本很少涉足或者有意規避的領域，因此這樣的政府投資建設不但起到了完善市場環境的作用，還能很大程度上刺激民間資本在完善的市場環境中積極地做出投資行為。

2.4　政府財政支出對產業的影響

財政支出規模和支出結構的變動，使得社會生產要素在各產業部門之間累

積和重新分配，從而影響產業結構之間的相對替代和調整，實現產業結構的調整。國內學者就財政支出對三次產業進行研究的結論並未達成一致。郭小東，劉長生和簡玉峰（2009）從政府支出規模、生產要素累積的角度構建理論模型，利用世界上20個國家的面板數據進行實證檢驗，檢驗結果顯示，政府支出通過改變全要素生產率和各個產業的資本、勞動這兩種生產要素累積，對第三產業的發展產生積極影響，而對第一產業尤其是第二產業產生消極影響。張斌（2011）利用中國1980—2009年的年度數據，運用VAR模型分析了財政支出對三大產業結構的動態衝擊效應，得出的結論是，財政支出和稅收對三大產業的發展有影響，而且這種影響有滯後效應。王宏力（2009）利用中國1986—2007年的年度數據，通過向量自迴歸模型（VAR）和格蘭杰因果檢驗的方法，對財政支出規模與產業間的關係進行了實證研究，研究發現財政支出規模對產業的發展有著不同程度的正向影響作用。

2.5　文獻評述

縱觀相關研究，對現有研究評述如下：

雖然當前的一些學者在財政支出對經濟的影響方面做出了大量的研究，但是，絕大多數學者在做這些研究時，主要分為兩類：一是國家總的財政支出對經濟總和（國內生產總值）或三次產業的影響。二是，國家各類的財政支出（對財政支出做了細分，如在轉移支付、商品購買、基礎設施投資、科學、教育、醫療等方面的支出）對經濟總和或三次產業的影響。對於財政支出的選擇，要麼過於細分，要麼過於宏觀，為此，本部分將財政支出分為中央政府財政支出和地方政府財政支出，研究二者分別對中國第一、二、三產業的影響，這既可以做到在次宏觀層面的把握，也避免了過細分類對研究宏觀調控的不足。三是，缺乏研究財政政策對產業結構影響差異性的研究。為此。本部分將中央和地方政府財政支出對第一、二、三產業差異性影響進行對比分析。

3 理論基礎分析

3.1 政府財政支出概述

　　政府支出，其實是一種成本性支出。這個成本就是政府這個管理國家、保障國家各項事務順利進行的大家長在履行義務過程中一些不可避免的開支。西方的一些經濟學家認為，國家的經濟活動屬於公共部門經濟學，國家要提供給整個社會所共同需要的公共產品，政府就是公共產品的提供者。在這個定義的基礎上形成了兩種觀點：第一種是狹義的公共支出，是指政府通過預算對社會共同需要的公共產品以及公共服務所形成的支出總和；第二種是廣義的公共支出，除了狹義的公共支出外，它還包括由於政府的政策以及相關的法規對民營企業的影響，從而導致民營企業增加的支出。而一個國家的經濟在不斷發展的過程中對公共服務也會提出更高的要求。而此時財政支出的規模也可以在一定程度上反應國家目前的總體經濟規模和深度。政府財政支出同時反應著國家對經濟宏觀調控的意圖，因此，政府財政支出的規模和廣度應當調整在一個合理的範圍內，需要對政府財政支出的管理制定嚴格的要求。

　　目前對政府財政支出的分類方式較多，其中按照級次可分為中央性質的和地方性質的財政支出。其實這樣的分類方式不僅代表了級次的不同，還表明職責上的差異。例如中央管理主要的、重大的、關乎國計民生重要項目等支出責任，而地方一方面履行中央一些向下傳遞的財政支出任務，另一方面根據各自的實際情況自行安排的一些財政支出。可以看出，中央政府財政支出和地方政府財政支出的方面有著明顯的差別，中央政府財政支出主要是針對整個國家利益和格局進行干預，而地方政府財政支出則主要是根據本地區經濟發展和地區的現實狀況進行干涉，中央政府財政支出和地方政府財政支出在支出的範圍和實現的影響力方面有著明顯的不同。

財政支出的目的是為了履行政府的職能，維持國家經濟的正常發展，滿足社會對公共產品的需求。通常，一個預算年度內，中央政府財政支出和地方政府財政支出的規模是確定的，因此，合理有效地安排財政支出，最大限度地發揮中央政府財政支出和地方政府財政支出的效應，將對整個國家和社會的經濟生活產生重大影響，從而，政府在對財政支出的計劃和分配必須要遵循一定的指導原則。首先，無論是中央還是地方的財政支出應當以量入為出為原則，因為上文已經提到政府借債極有可能會對私人部門投資產生擠出效應，那麼會在一定程度上抵消其他政策的效果。因此，在具體計劃財政支出時應科學估算可能的收入狀況，以防出現過度支出的狀況。其次，中央政府財政支出和地方政府財政支出要做到統籌兼顧，由於政府職能的範圍較為廣泛，因此，在安排財政支出時，要考慮到具體的相關職能需要以及要達到的效果。而結構性分類本來就具有很強的區域差異性，無論是中央還是地方，甚至是各地區都應該根據自身實際情況，例如經濟發展現狀、發展方向、人民生活情況等來優化支出結構。最後，政府財政支出要遵從厲行節約、追求效應的指導原則。政府應當以最小的財政支出資金盡量做最大可能的事情，讓財政資金發揮最大的使用效應，當然，對於指導原則的理解不應局限在盡量少花錢上，而是根據具體指標，在完全達到指標要求的情況下，盡最大可能減少成本。

3.2 政府財政支出的效果

政府支出效果通過 IS 和 LM 曲線的移動得以實現。剛開始時一般處於均衡點，而當政府增加或者減少支出時會對國民收入等經濟變量產生直接或間接的影響。其中，$a = 1/[1 - c(1 - t)]$，a 代表乘數，c 代表邊際消費傾向，t 代表稅率，政府支出增加 ΔG，那麼產出均衡時的收入將增加 $a \cdot \Delta G$。但是，這裡還應考慮擴張性財政政策對利率產生的影響，之後利率變動又會作用於民營企業的投資機會、能力和數量，進而可能對經濟增長產生負面效應。$a \cdot \Delta G - \Delta Y$ 為政府支出帶來的擠出效應量，即中央和地方財政支出會減少國民的消費和降低私人的投資數量。因此中央和地方政府在安排財政支出時，要慎重考慮其帶來的消極影響。

「擠出效應」的實施的過程可以概括為：當政府支出增加時，需求擴大導致商品供給相對不足，商品市場競爭加劇，從而帶來價格的上漲，使得實際的貨幣供應量減少，人們手中用於投機的貨幣量也會減少，人們對債券等金融資

產的需求下降，導致債券等金融資產的價格下跌，反應到貨幣市場上就是利率的上升，從而導致私人的投資減少，由於這個過程需要一定的傳導時間，人們對手中貨幣的實際購買力的變化需要經過一段時間才會做出反應，因此，產量在短期內會有所增加。如果在長期，經濟處於充分就業的均衡處，產出不會變動，如果增加中央和地方政府的財政支出，該支出的效果是直接完全擠出私人的支出。

關於政府財政支出的對象不同，會帶來不同的經濟效果，尤其是政府財政支出是被用在實物資本還是用在人力資本上，這對經濟產生的效果在短期和長期有著明顯的區別。人力資本體現在人上，不具有轉移和轉讓性，而實物資本卻可以實現對其轉讓或者轉移，同時實物資本本身具有折舊的性質，會損耗其價值，在很長的時期後，可能會失去原有的價值；對於實物資本的投入，帶來的效果體現在貨幣的收入或者是可以以貨幣的價值度量的物質，但是對於人力的資本的投入，卻無法用貨幣去衡量，對人力資本的投入帶來的效應可能會增加人自身的心理收益，以及社會效益，雖然這種投入的效果無法用貨幣去具體衡量，但是，這種效果也許會比投資實物資本帶來的效果更有意義。此外，對實物資本投資的風險比較好度量，但是對於人力資本的投入能否帶來預期的效果不可預測，首先是人力資本收益的多元化，其次是，對於人力資本投入的效果需要經過較長的時間才能顯現出來。因此，在中國當前唯 GDP 論的背景下，中央和地方政府都傾向於對實物資本的投入，忽視對人力資本的投入或者盡量避免對人力資本的投入，尤其是地方政府，為了追求政績，將財政支出的絕大多數分配在本地方的實物資本上，這可以在短時間內收到效果，彰顯功績。但是有相關經典理論已經得出結論，即政府財政支出如果流向有利於經濟增長的人力資本累積和技術進步領域，則將對經濟產生較好的促進作用。因此，政府應注重優化支出結構。

3.3 政府財政支出對經濟的影響機制

巴羅通過內生經濟增長理論，在封閉的經濟體中將政府部門的支出引入到生產函數中，並假設該生產函數存在規模報酬不變的效應，從而可以計算出政府在財政支出上的最優規模。此外，基本的假定有：家庭通過消費獲得效用，消費者追求效用最大化；家庭具有無限的壽命，企業具有同質性和競爭性，並且政府是其中的一部分；企業在完全競爭的市場條件下通過雇傭勞動、租賃資

本進行生產，企業追求利潤最大化；政府提供公共產品，並且對企業和居民徵收一次性的比例總稅。

家庭單位：我們假設家庭單位中的經濟體具有大量並且相同的偏好傾向，同時擁有無限的時間，他們的效用函數可以用時間可分的效用函數表示為：

$$U(c_t) = \int_0^\infty \frac{c_t^{1-\sigma} - 1}{1 - \sigma} e^{-\rho t} dt \qquad (3-1)$$

$\sigma > 0$，代表跨時期替代彈性的倒數，c_t 代表家庭中的經濟主體的消費，ρ 代表時間貼現率，越大的 ρ 值，表示如果消費發生的時間較近則產生的效用將比遠期消費所產生的效用大。家庭中的經濟主體實現其最大化效用的約束條件為：

$$k_t = (1 - t) y_t - c_t \qquad (3-2)$$

$$\lim_{t \to \infty} k_t e^{-\rho t} \geq 0, \qquad (3-3)$$

k_0 為初始資產的持有量。上述條件的意思是，家庭中的經濟主體持有的實際資產等於其擁有的可支配收入扣除消費後的數量。家庭中的經濟主體要在給定的效用函數公式（3-1）下達到最大的效用，家庭中的經濟主體要對其擁有的實際資產的數量和要做出的消費之間進行時間路徑上的選擇。公式（3-3）表明家庭中的經濟主體持有的資產數量為非負的漸近值。

生產部門：根據巴羅對內生增長模型的假定，將政府支出放進規模報酬不變的生產函數中，運用常見的柯布道格拉斯生產函數的形式，有：

$$Y_t = A K^\alpha G^\beta \qquad (3-4)$$

公式（3-4）中，$\alpha, \beta \in (0, 1)$ 且 $\alpha + \beta = 1$。政府部門：政府使用收支平衡的預算政策，對企業和居民徵收的稅收為比例固定稅，並且為企業和居民提供所必需的公共產品。政府財政支出的函數定義為：

$$G_t = t Y_t \qquad (3-5)$$

經濟一般均衡的實現：我們要求解的目標函數公式為：

$$\max U(c_t) = \int_0^\infty \frac{c_t^{1-\sigma} - 1}{1 - \sigma} e^{-\rho t} dt, \text{並且約束條件是} k_t = (1 - t) y - c。$$

要求解上述函數方程，我們要先建立漢密爾頓方程式：

$$H = \frac{c_t^{1-\sigma} - 1}{1 - \sigma} + \lambda [(1 - t) y_t - c] \qquad (3-6)$$

公式（3-6）中，λ 是漢密爾頓乘數，表示在時刻 t 增加一單位資本存量帶來的邊際效用的改變量。對漢密爾頓方程 H 關於 c_t 求導，可得該公式的一階條件為：

$$c^{-\sigma} - \lambda = 0 \quad (3-7)$$

即，$\lambda = c^{-\sigma}$。

根據歐拉定理可以得到：

$$\dot{\lambda} = \rho\lambda - \partial H/\partial k = \rho\lambda - \lambda(1-t)\alpha AK^{\alpha-1}G^{\beta} \quad (3-8)$$

根據公式（3-7）可以得出：

$$\dot{\lambda} = -\sigma c^{-\sigma-1}\dot{c} \quad (3-9)$$

將公式（3-8）兩邊同時除以 λ 可以得到：

$$\dot{\lambda}/\lambda = \rho - (1-t)\alpha AK^{\alpha-1}G^{\beta} \quad (3-10)$$

將推導出公式（3-7）和公式（3-8）代入公式（3-10）得到：

$$\dot{c}/c = [(1-t)\alpha AK^{\alpha-1}G^{\beta} - \rho]/\sigma \quad (3-11)$$

當該國的經濟發展到穩定的狀態時，那麼該國家的居民消費增長率 $\dot{c}/c$ 就等於此時該國家的經濟的增長率 R，則可以得到：

$$R = \dot{c}/c = [(1-t)\alpha AK^{\alpha-1}G^{\beta} - \rho]/\sigma \quad (3-12)$$

將公式（3-4）中提到的約束條件 $\alpha + \beta = 1$ 和公式（3-5）代入到公式（3-12）中，可以得到關於政府支出的最優規模的表達式：

$$\frac{G_t}{Y_t} = t = \beta \quad (3-13)$$

上述結果表明，政府財政支出的規模在理論上應該有一個最優的量，當經濟發展中的政府財政支出偏離這個最優的規模量時，經濟就會受到影響：從公式（3-13）中我們可以看出，當經濟處於充分就業狀態的產出時，即產出達到潛在的水準時，增加政府的財政支出會加重整個社會的稅負。政府的支出是根據收入來確定的，或者也可以說，政府財政支出是通過向社會徵收的稅來實現的，政府並不是一個生產部門，他不能創造收益，這會增加私人投資的成本或者說會壓縮私人生產的利潤空間，從而導致私人投資的下降，經濟增長會受到負面影響；但是，既然有臨界值則說明臨界值前後將會是兩種完全不同的效應。在臨界值之前如果繼續增加財政支出規模則對投資起到擠進作用，只是擠進的程度會隨之縮小，但是總體上的表現為擠進。而受到擠進的投資會通過正常的市場經濟環境產生相應的經濟效果進而提高國家的經濟水準。

4 政府財政支出與三大產業的發展現狀

4.1 中央和地方財政支出的比較

圖4-1是關於中央財政決算支出與地方財政決算支出在1978年到2011年期間絕對額的比較，為此對這兩項支出都消除了物價影響，選擇的物價指數是消費者物價指數（CPI），以1978年為基期。從圖中我們可以看出，地方財政決算支出的絕對額從1978年的590億元人民幣增長到2011年的16,413億元人民幣，增長了26.82倍，中央財政決算支出額從1978年的532億元人民幣增長到2011年的2,923億元人民幣，僅增長了4.49倍；地方財政決算支出的絕對額在1978年至2011年期間，基本上都在中央財政決算支出額之上，並且，

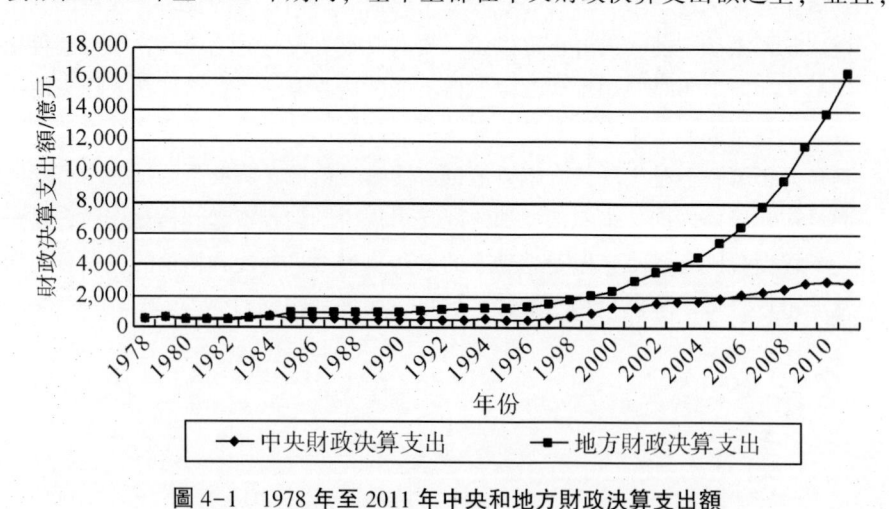

圖4-1 1978年至2011年中央和地方財政決算支出額

（資料來源：中經網統計數據庫和《新中國60年統計資料匯編》）

在1994年分稅制改革之後，兩者的差距開始拉大，尤其是在1998年至2011年，兩者的差額急遽拉大，1978年地方財政決算支出與中央財政決算支出的絕對額之比為1.1：1，到了1994年兩者之比為2.3：1，而到了2011年兩者之比為5.6：1，由此可見，地方財政支出越來越成為國家財政支出的重要部分。

圖4-2是關於中央財政決算支出與地方財政決算支出在1979年到2011年期間增長率的比較，從圖中可以看出，中央財政決算支出年增長率從1978年改革開放至2011年，其波動幅度比較大，並沒有出現增長率長期增長或下降的趨勢，連續增長或連續下降的年數不會超過四年；但是，地方財政決算支出年增長率的大幅波動情況僅在1979年至1989年的10年之間出現，在1989年之後，地方財政決算支出年增長率基本上維持著逐年上升的趨勢，並且出現了3段連續5年上升的趨勢。同時，我們也可以看出，地方財政決算支出年增長率基本上都在中央財政決算支出年增長率之上。

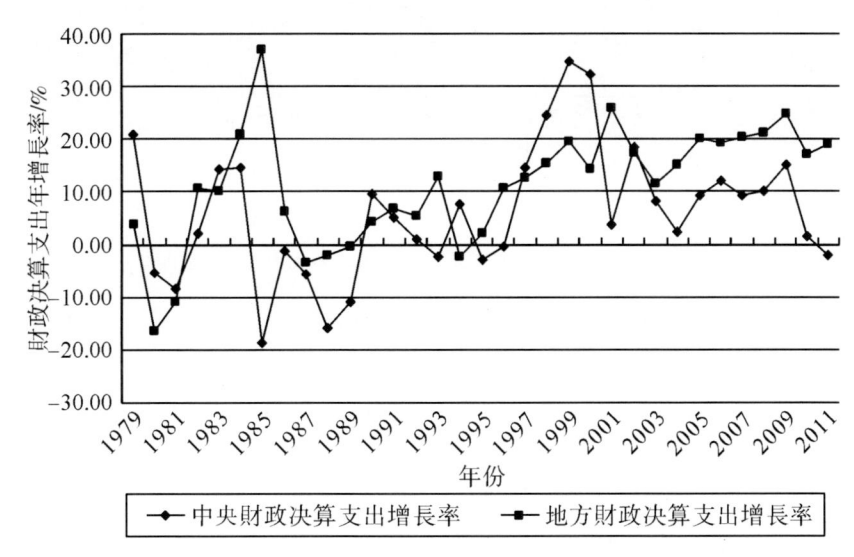

圖4-2 1979年至2011年中央和地方財政決算支出年增長率

（資料來源：中經網統計數據庫和《新中國60年統計資料匯編》）

4.2 中國三大產業增加值的比較

圖4-3是1979年至2011年期間第一產業、第二產業和第三產業增加值的年增長率長率。從圖中我們可以看出，第二產業增加值的年增長率基本上在第

一產業之上，而第三產業增加值的年增長率基本上在第二產業之上，說明改革開放以來，第三產業發展迅速，其次是第二產業，最後是第一產業；同時，我們也看得出，第一產業增加值的年增長率的波動週期比較短，第二產業的波動週期比第一產業長，比第三產業短，說明第三產業的發展相對更穩定。

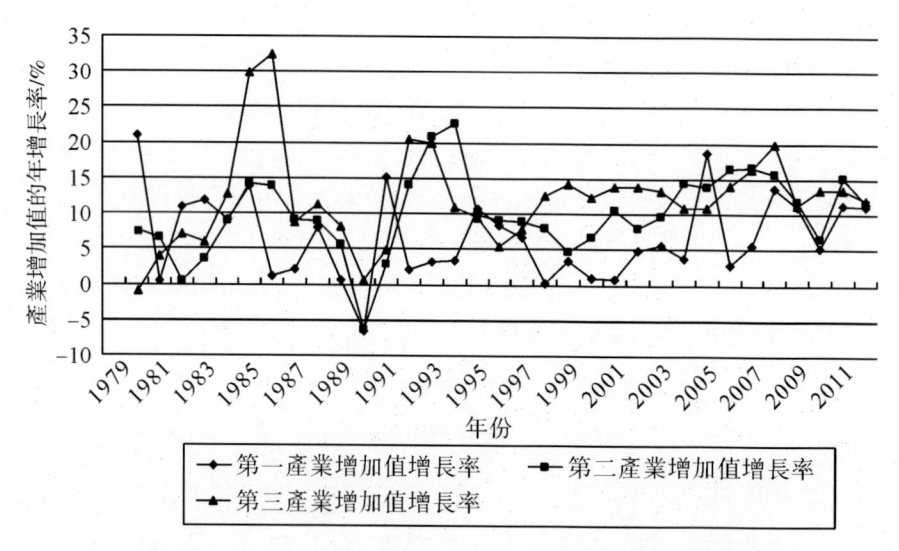

圖 4-3　1979 年至 2011 年第一、二、三產業增加值的年增長率

（資料來源：中經網統計數據庫和《新中國 60 年統計資料匯編》）

從 1994 年以後，第一產業和第二產業的增加值的年增長率波動的幅度比較小，基本上呈上升趨勢，只是在 2008 年出現了較大幅度的下降，這是由於美國次貸危機引發的全球金融危機造成的。在圖 4-3 中我們可以看到 1989 年的第一產業增加值和第二產業增加值的年增長率出現了唯一一次負增長，而第三產業的增加值的年增長率也出現了僅次於 1979 年的低增長率，這是由於 1989 年中國的一場政治風波造成的。

圖 4-4 是關於 1978 年至 2011 年期間，第一產業、第二產業和第三產業增加值占 GDP 的比重，從圖中我們可以看出，第一產業增加值占 GDP 的比重由 1978 年的 28.19 增長到 1982 年的 33.39%，然後開始逐年下降，2007 年下降到 11% 以內，2011 年為 10.4%；第二產業增加值占 GDP 的比重比較穩定，從 1978 年到 2011 年期間，都維持在 41% 到 49% 之間。第三產業增加值占 GDP 的比重基本上呈現緩慢的上升趨勢，在 1989 年、2000 年和 2010 年出現了小幅下降趨勢，但是總體上還是處於上升的趨勢，從 1978 年的 23.97% 增加到 2011 年的 43.35%，增加了約 1 倍。

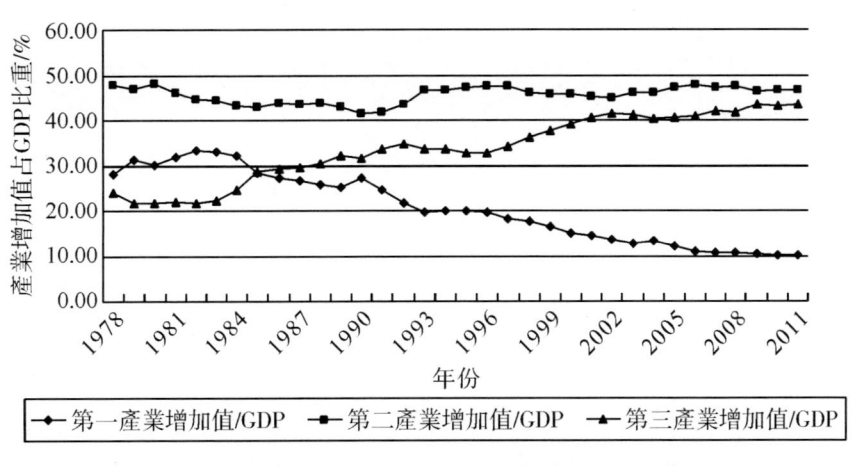

圖 4-4　1978 年至 2011 第一、二、三產業增加值占 GDP 的比重

（資料來源：中經網統計數據庫和《新中國 60 年統計資料匯編》）

通過表 4-1，我們可以得到在 20 年中，第一產業對國內生產總值的貢獻率一直在 10% 以下，尤其從 2009 年到 2011 年，該貢獻率基本上在 5% 以下。第二產業對國內生產總值的貢獻率從 2004 年到 2011 年基本上維持在 50% 左右，比 2000 年以前下降了 10 個左右的百分點。第三產業對國內生產總值的貢獻率基本上呈現上升趨勢，從 2005 年到 2011 年保持在 45% 左右。可見，第一產業對國內生產總值的貢獻率最低，第二產業對國內生產總值的貢獻率最高。第三產業對國內生產總值的貢獻率第二，但是遠高於第一產業對國內生產總值的貢獻率，和第二產業對國內生產總值的貢獻率相差較小。

表 4-1　第一、第二和第三產業對國內生產總值的貢獻率和拉動率　單位:%

年份	第一產業產業貢獻率	第二產業產業貢獻率	第三產業產業貢獻率	第一產業產業拉動率	第二產業產業拉動率	第三產業產業拉動率
1991	7.1	62.8	30.1	0.6	5.8	2.8
1992	8.4	64.5	27.1	1.2	9.2	3.8
1993	7.9	65.5	26.6	1.1	9.2	3.7
1994	6.6	67.9	25.5	0.9	8.9	3.3
1995	9.1	64.3	26.6	1	7	2.9
1996	9.6	62.9	27.5	1	6.3	2.7
1997	6.8	59.7	33.5	0.6	5.6	3.1
1998	7.6	60.9	31.5	0.6	4.8	2.4

表4-1(續)

年份	第一產業產業貢獻率	第二產業產業貢獻率	第三產業產業貢獻率	第一產業產業拉動率	第二產業產業拉動率	第三產業產業拉動率
1999	6	57.8	36.2	0.4	4.4	2.8
2000	4.4	60.8	34.8	0.4	5.1	2.9
2001	5.1	46.7	48.2	0.4	3.9	4
2002	4.6	49.7	45.7	0.4	4.5	4.2
2003	3.4	58.5	38.1	0.3	5.9	3.8
2004	7.9	52.2	39.9	0.8	5.3	4
2005	5.6	51.1	43.3	0.6	5.8	4.9
2006	4.8	50	45.2	0.6	6.4	5.7
2007	3	50.7	46.3	0.4	7.2	6.6
2008	5.7	49.3	45	0.6	4.7	4.3
2009	4.5	51.9	43.6	0.4	4.8	4
2010	3.9	57.6	38.5	0.4	5.9	4
2011	4.6	51.6	43.7	0.4	4.8	4.1

資料來源：中經網統計數據庫。

關於三大產業對國內生產總值的拉動率，第二產業仍然居於第一位，第三產業居於第二位，第一產業排在最後，但是表中的數據我們可以看出。1991年至2011年期間，第一產業對國內生產總值的拉動率處於下滑狀態，並且拉動率較低，第二產業對國內生產總值的拉動率最大，但是在該期間基本上處於下滑狀態，和第一產業的變化趨勢不同，只有第三產業對國內生產總值的拉動率在1992年至2011年之間總體上處於上升狀態，但是始終低於第二產業對國內生產總值的拉動率。以上數據表明，中國產業結構相比國外發達國家的產業結構還不夠合理，第三產業對經濟的促進潛力還沒有最大限度地發揮出來。

4.3 小結

第一，地方政府財政決算支出年增長率基本上都在中央政府財政決算支出年增長率之上，並且地方政府財政支出占國家財政支出的比重大於中央政府財政支出占國家財政支出。20世紀90年代中期以後，出現了兩個轉折點，一

方面是地方政府財政支出增長速度加快，另一方面地方政府財政支出和中央政府財政支出的差距不斷擴大。地方政府對經濟和社會的介入程度逐步提高，可以更加有針對性地對本地區的經濟和社會進行調整和改革，這對第二產業的影響比較大，因為，地方政府財政收入的增加，必然會發展本地區的工業，帶動本地區的經濟在短時間內有較大的發展。

第二，第三產業發展迅速，其次是第二產業，最後是第一產業；三大產業增加值占 GDP 的比重最高的是第二產業，其次是第三產業，最後是第一產業。根據發達國家經驗表明，第三產業占 GDP 比重越大則對經濟發展越有利。但是，中國目前的實際情況是第三產業雖然在近幾年發展迅速，但是其占 GDP 的比重卻始終不及第二產業的比重，說明中國第三產業在提高中國國內生產總值中起到的作用還較低，這其中的原因在於中國長期形成的自然資源依賴型的經濟增長方式還沒辦法在短時期內改革完善，這也不利於中國經濟長期的可持續發展。因此，為了中國經濟能保持健康、持續發展，產業結構優化刻不容緩。同時，中國第一產業增加值的增長很不穩定，波動較為頻繁，第一產業是國家最基礎最根本的產業，第一產業的穩定發展關係到整個國家經濟和社會的穩定，是其他兩大產業發展的前提，必須保證第一產業穩定增長。從上述的分析中，我們可以得出，相比國外高收入水準的國家，中國的產業結構還存在不合理的地方，還需要進一步的改革和完善，尤其是對第三產業的支持，政府應該在政策、資金和市場規則上加大改革和扶持力度。

5 政府財政支出對三大產業增加值的差異性效應的 SVAR 分析

5.1 數據的選取和處理

本部分選用中國 1953 年至 2011 年的年度數據，樣本容量為 59；變量的選取為地方財政支出、中央財政支出、第一產業增加值、第二產業增加值以及第三產業增加值五個變量。其中中央和地方的財政支出是指當年的財政決算支出，數據來源於中經網統計數據庫和《新中國 60 年統計資料匯編》。由於對變量要扣除物價影響得到實際值，才能進行迴歸分析，本部分選取的物價指數為消費者物價指數（CPI），以 1978 年為基期（1978 = 100）。扣除物價影響後的變量實際值分別記為實際地方財政支出（DF）、實際中央財政支出（ZF）、實際第一產業增加值（Y1）、實際第二產業增加值（Y2）以及實際第三產業增加值（Y3）。為了減弱變量的異方差性，我們對以上五個變量取自然對數，分別記為：LnDF、LnZF、LnY1、LnY2 和 LnY3。

本部分主要實證分析中央和地方財政支出對三大產業增加值的影響。我們將變量分為三個變量組：第一產業變量組：LnY1、LnDF、LnZF；第二產業變量組：LnY2、LnDF、LnZF；第三產業變量組：LnY3、LnDF、LnZF，並對該三組變量進行協整檢驗和格蘭杰因果檢驗，並分別建立模型。

5.2 各經濟變量的時間序列的平穩性檢驗

當選擇的變量的時間序列的統計規律並不伴隨著時間的逐漸推移而發生改

變,這時,所選擇的變量的時間序列是平穩的,但是,當選擇的變量的時間序列的統計規律伴隨著時間的逐漸推移而發生改變時,對它們進行經濟學上的統計迴歸分析時會出現「偽迴歸」的現象,這對主題的分析將產生誤差,因此,在對變量的時間序列做迴歸分析時,應該首先檢驗變量的時間序列是否平穩,可以檢驗變量的時間序列平穩性的方法有 PP 檢驗、DF 檢驗、ADF 檢驗,本部分選擇 ADF 檢驗(Augmented Dickey-Fuller Test)。

在對變量的時間序列平穩性進行檢驗時,如果變量的時間序列的數據圖表現出無規律的上下波動時,那麼在迴歸分析中應該選擇不包括趨勢項和截距項;如果變量的時間序列的數據圖表現出隨著時間的推移有規律地增加或者減少,但是,這一變化趨勢又不太陡,應該選擇有截距項、沒有趨勢項;如果變量的時間序列的數據圖表現出隨著時間的推移有規律地增加或者減少,並且這一變化趨勢比較陡,那麼在做迴歸分析時應當選擇包含有趨勢項,並且含有截距項。本部分利用 Eviews6.0 計量軟件進行 ADF 檢驗,(C, T, L) 符號分別代表常數項、時間趨勢項和滯後階數,例如(0, T, 2)表示沒有常數項、含有時間趨勢項、滯後階數為 2,以此類推(見表 5-1)。

表 5-1　時間序列的平穩性檢驗結果

變量	檢驗形式	ADF 值	臨界值 1%	臨界值 5%	臨界值 10%	P 值
LnDF	(C,T,5)	−0.702,01	−4.140,86	−3.496,96	−3.177,58	0.967,6
LnZF	(C,T,1)	−1.568,32	−4.127,34	−3.490,66	−3.173,94	0.793,2
LnY1	(C,T,0)	−1.623,17	−4.124,27	−3.489,23	−3.173,11	0.771,6
LnY2	(C,T,3)	−0.644,11	−4.133,84	−3.493,69	−3.175,69	0.972,1
LnY3	(C,T,2)	−0.523,37	−4.130,53	−3.492,15	−3.174,8	0.979,5

從表 5-1 可以看出,五個經濟變量水準值的 ADF 值都大於其在 1%、5% 和 10% 的顯著性水準的臨界值,說明不能拒絕單位根假設。也即這四個變量的水準值序列都是不平穩的時間序列。因此對這五個時間序列進行一階差分之後再進行 ADF 檢驗,其檢驗結果如下:

經過一階差分之後可以看出,五個變量的 ADF 值都小於其在 1%、5% 和 10% 的顯著性水準的臨界值,則拒絕單位根假設。說明這五個時間序列經過一階差分之後沒有單位根,是平穩的。由此得出結論:實際地方政府支出(DF)增長率、實際中央財政支出(ZF)增長率以及三大產業的實際增加值(Y1、Y2、Y3)的增長率都是一階單整序列,即都是 I(1)序列。這樣,我們就可

以利用一階差分的序列進行迴歸分析,這樣就不會出現所謂的虛假迴歸問題(見表 5-2)。

表 5-2　時間序列的一階差分的平穩性檢驗結果

變量	檢驗形式	ADF 值	臨界值 1%	臨界值 5%	臨界值 10%	P 值
DLnDF	(C,T,4)	−4.957,22	−4.140,86	−3.496,96	−3.177,58	0.000,9
DLnZF	(C,T,1)	−6.539,46	−4.130,53	−3.492,15	−3.174,8	0
DLnY1	(C,T,0)	−8.327,04	−4.127,34	−3.490,66	−3.173,94	0
DLnY2	(C,T,3)	−6.837,07	−4.133,84	−3.493,69	−3.175,69	0
DLnY3	(C,T,2)	−6.347,63	−4.130,53	−3.492,15	−3.174,8	0

5.3　協整檢驗

協整檢驗主要用於檢驗變量之間是否具有協整關係,也即對該模型中的因變量和自變量是否具有研究的價值進行檢驗。本部分根據數據特徵採用 Johansen 檢驗法,通過觀察檢驗結果中的 p 值在 10% 的置信區間是否小於 0.1,若小於 0.1 則說明二者間存在協整關係,具有繼續研究的意義和價值。本部分使用 Johansen 檢驗,檢驗結果見表 5-3。

表 5-3　Johansen 協整檢驗

組協整檢驗	零假設	特徵根	跡統計量	P 值	最大特值	P 值
第一產業變量組	無協整	0.463	61.889	0	34.856	0.000,5
	至多 1 個協整	0.351	27.033	0.005	24.211	0.002
第二產業變量組	無協整	0.375	45.634	0.002,7	26.315	0.013
	至多 1 個協整	0.228	19.32	0.067	14.49	0.081,9
第三產業變量組	無協整	0.451	55.983	0.000,1	33.618	0.000,9
	至多 1 個協整	0.305	22.365	0.025,3	20.362	0.009,2

註:協整檢驗中,協整方程帶截距項,但不帶趨勢項。

通過表 5-3,我們可以得出這樣的結論:在 1% 和 5% 的顯著性水準下,第一產業變量組的跡統計量和最大特徵值分別拒絕了原假設——無協整(P 值為

0.000,5）和至多1個協整（P值為0.002），說明第一產業變量組的三個變量至少存在兩組協整向量，即第一產業變量組的三個變量存在協整關係。第二產業變量組的協整檢驗結果表明，跡統計量和最大特徵值在5%的水準下拒絕無協整的原假設，即在5%的顯著性水準下，第二產業變量組至少存在一組協整向量，即第二產業變量組的三個變量存在協整關係。第三產業變量組在1%和5%的顯著性水準下，變量組的跡統計量和最大特徵值分別拒絕了原假設——無協整（P值為0.000,9）和至多1個協整（P值為0.009,2），說明第三產業變量組的三個變量至少存在兩組協整向量，即第三產業變量組的三個變量存在協整關係。

從以上檢驗結果可以看出，第一、二、三產業變量組的三個變量都存在協整關係，說明變量組內的三個變量之間都存在著長期穩定的關係，因而，進一步對變量進行迴歸分析也就是有意義的。

5.4　格蘭杰（Granger）因果關係檢驗

美國的計量經濟學家格蘭杰（Granger）在1969—1980年間提出了格蘭杰（Granger）因果關係，通過該檢驗方法可以對變量在經濟系統中是否存在因果關係進行驗證，即格蘭杰（Granger）因果關係檢驗解決了自變量X能否引起Y變化的問題，主要是檢驗因變量Y會在多麼大的程度上被X解釋，以及通過加入X的滯後值，觀察自變量X對因變量Y的解釋程度或者自變量X的變化對因變量Y變化的影響貢獻度是否有所提高。因此，當自變量X對因變量Y的貢獻程度很高或者兩者的相關係數在統計上具有明顯的顯著關係時，我們就可以說X格蘭杰（Granger）引起Y。本部分格蘭杰因果檢驗的結果的重要性在於為研究地方和中央財政支出影響第一、二、三產業增加值變化提供數據支持。本部分對第一、二、三產業變量組的三個變量的格蘭杰因果關係檢驗結果見表5-4。

從表5-4的結果中可以看到：在第一產業變量組中，實際地方財政支出和實際中央財政出在5%的顯著性水準下拒絕原假設，說明實際地方財政支出和實際中央財政支出在格蘭杰意義下影響第一產業實際增加值，並且兩者的聯合檢驗也在5%的顯著性水準下拒絕原假設。

表 5-4　格蘭杰因果檢驗結果

原假設		χ²統計量	自由度	P 值
DLnY1 方程	DLnDF 不能 Granger 引起 DLnY1	7.888	3	0.048,4
	DLnZF 不能 Granger 引起 DLnY1	9.027	3	0.028,9
	DLnDF、DLnZF 不能同時 Granger 引起 DLnY1	15.14	6	0.019,2
DLnY2 方程	DLnDF 不能 Granger 引起 DLnY2	2.363	3	0.500,6
	DLnZF 不能 Granger 引起 DLnY2	9.975	3	0.018,8
	DLnDF、DLnZF 不能同時 Granger 引起 DLnY2	12.93	6	0.044,2
DLnY3 方程	DLnDF 不能 Granger 引起 DLnY3	12.943	3	0.004,8
	DLnZF 不能 Granger 引起 DLnY3	0.054	3	0.996,7
	DLnDF、DLnZF 不能同時 Granger 引起 DLnY3	15.022	6	0.020,1

　　在第二產業變量組中，地方財政支出不能拒絕原假設，說明實際地方財政支出在格蘭杰意義下對第二產業實際增加值的影響較弱，而實際中央財政支出在5%的顯著性水準下拒絕原假設，說明實際中央財政支出在格蘭杰意義下影響第二產業實際增加值，同時兩者的聯合檢驗也在5%的顯著性水準下拒絕原假設。

　　在第三產業變量組中，實際中央財政支出不能拒絕原假設，說明實際地方財政支出在格蘭杰意義下對第三產業實際增加值的影響較弱，而實際地方財政出在1%的顯著性水準下拒絕原假設，說明實際地方財政支出在格蘭杰意義下影響第三產業實際增加值，同時兩者的聯合檢驗也在5%的顯著性水準下拒絕原假設。

5.5　SVAR 模型內生變量的選擇及其識別條件

　　SVAR 模型經過多年的發展已經被各經濟類研究學者所採用，並作為非常有影響力、科學性較強的工具之一，當運用到財政支出上時其迴歸估計的結果更具有實際意義，且使得分析的問題更加全面和深入，對之後的經濟研究具有較強的指導意義。本部分對五個變量分成三組，並將建立三個 SVAR 模型的內生變量分別為：[LnY1, LnDF, LnZF]、[LnY2, LnDF, LnZF]、[LnY3, LnDF, LnZF]；VAR 模型穩定的充分必要條件是所有特徵根模的倒數小於1，

即位於單位圓內。但是，通過對上述 VAR 模型的檢測，發現其所有特徵根模的倒數並不都小於 1，從而會導致建立的 SVAR 模型不穩定，因此，不能將 LnDF、LnZF、LnY1、LnY2 和 LnY3 作為內生變量使用。由於每個變量的一階差分是平穩數列，其之間必然存在協整關係，因此本部分將變量的一階差分作為內生變量，三個 SVAR 模型的內生變量分別為：［DLnY1，DLnDF，DLnZF］、［DLnY2，DLnDF，DLnZF］、［DLnY3，DLnDF，DLnZF］。對模型進行平穩性檢驗，得到 VAR 模型的所有特徵根模的倒數都小於 1，位於單位圓內，表明該 SVAR 模型的結構是穩定的。

現在來討論本部分 SVAR 模型的識別條件。對於 AB 型 SVAR 模型類型，由於模型中的內生變量數量較多，因此相應也要施加多個因素方能滿足 SVAR 的識別條件，然後做進一步研究。本部分選擇的矩陣 A 為對角線為 1 的矩陣，B 矩陣為單位矩陣，相當於施加了 $k^2+k=12$ 個約束條件，滿足了條件，此外，我們假定中央財政支出和地方政府財政支出在當期沒有關係，即 $a_{23}=0$，$a_{32}=0$。在我們選用 AB 型 SVAR（$Ae_t=Bu_t$，u_t 為結構式隨機擾動項，e_t 為簡約式隨機擾動項，B 為單位矩陣）基礎上，本部分的 SVAR 模型可以建立為：

$$A_1 e_t = \begin{bmatrix} 1 & a_{12} & a_{13} \\ a_{21} & 1 & 0 \\ a_{31} & 0 & 1 \end{bmatrix} \begin{bmatrix} e_{1t} \\ e_{df-t} \\ e_{zf-t} \end{bmatrix} = B_1 u_t = \begin{bmatrix} u_{1t} \\ u_{df-t} \\ u_{zf-t} \end{bmatrix} \quad \text{（第一產業變量組）}$$

$$A_2 e_t = \begin{bmatrix} 1 & a_{12} & a_{13} \\ a_{21} & 1 & 0 \\ a_{31} & 0 & 1 \end{bmatrix} \begin{bmatrix} e_{2t} \\ e_{df-t} \\ e_{zf-t} \end{bmatrix} = B_2 u_t = \begin{bmatrix} u_{2t} \\ u_{df-t} \\ u_{zf-t} \end{bmatrix} \quad \text{（第二產業變量組）}$$

$$A_3 e_t = \begin{bmatrix} 1 & a_{12} & a_{13} \\ a_{21} & 1 & 0 \\ a_{31} & 0 & 1 \end{bmatrix} \begin{bmatrix} e_{2t} \\ e_{df-t} \\ e_{zf-t} \end{bmatrix} = B_3 u_t = \begin{bmatrix} u_{3t} \\ u_{df-t} \\ u_{zf-t} \end{bmatrix} \quad \text{（第三產業變量組）}$$

其中 u_{1t}，u_{2t}，u_{3t}，u_{df-t} 和 u_{zf-t} 分別表示作用在 DLnY1，DLnY2，DLnY3，DLnDF 和 DLnZF 上的結構式衝擊，簡化式擾動項 e_t 是結構式擾動項 u_t 的線性組合，因此代表一種符合衝擊。在滿足可識別的條件下，可以估計到 AB 型 SVAR 模型的所用參數值：

$$A_1 e_t = \begin{bmatrix} 1 & -2.36 & 7.36 \\ 5.31 & 1 & 0 \\ -14.97 & 0 & 1 \end{bmatrix} \begin{bmatrix} e_{1t} \\ e_{df-t} \\ e_{zf-t} \end{bmatrix} = \begin{bmatrix} u_{1t} \\ u_{df-t} \\ u_{zf-t} \end{bmatrix} \quad \text{（第一產業變量組）}$$

$$A_2 e_t = \begin{bmatrix} 1 & -2.26 & 7.46 \\ 1.61 & 1 & 0 \\ -10.56 & 0 & 1 \end{bmatrix} \begin{bmatrix} e_{2t} \\ e_{df-t} \\ e_{zf-t} \end{bmatrix} = \begin{bmatrix} u_{2t} \\ u_{df-t} \\ u_{zf-t} \end{bmatrix} \quad (第二產業變量組)$$

$$A_3 e_t = \begin{bmatrix} 1 & 2.04 & -6.83 \\ -6.59 & 1 & 0 \\ 15.52 & 0 & 1 \end{bmatrix} \begin{bmatrix} e_{31t} \\ e_{df-t} \\ e_{zf-t} \end{bmatrix} = \begin{bmatrix} u_{3t} \\ u_{df-t} \\ u_{zf-t} \end{bmatrix} \quad (第三產業變量組)$$

5.6 脈衝回應分析

脈衝回應函數（impulse response function，IRF）是描述SVAR模型中的一個內生變量的衝擊給其他變量所帶來的影響，基於上述AB型SVAR模型，可以得到中央和地方政府財政支出對第一、二、三產業增加值的脈衝回應函數。由於本部分的變量都取其的自然對數的差分作為內生變量，因此，系數代表了彈性。

5.6.1 第一產業實際增加值對中央和地方政府財政支出的脈衝回應

從圖5-1可以看出，在第一產業實際增加值受到來自地方財政支出的衝擊後，在前10期具有較大幅度的波動，從第11期後，開始逐漸減弱，在0附近微幅波動，具體表現為給地方政府財政支出一個正的衝擊後，在第1期對第一產業實際增加值有正的影響，然後在第2期變為最大的負影響，在第4期變為最大正影響，此後，影響強度逐漸減弱。反應在數值上是：當地方政府財政支出的增長率上升1%時，第一產業實際增加值的增長率在第1期會上升到0.02%，在第2期下降0.038%，經過第3期的上升階段，在第4期上升到最大值0.09%，然後逐漸減弱，在20期以後基本上趨於0。

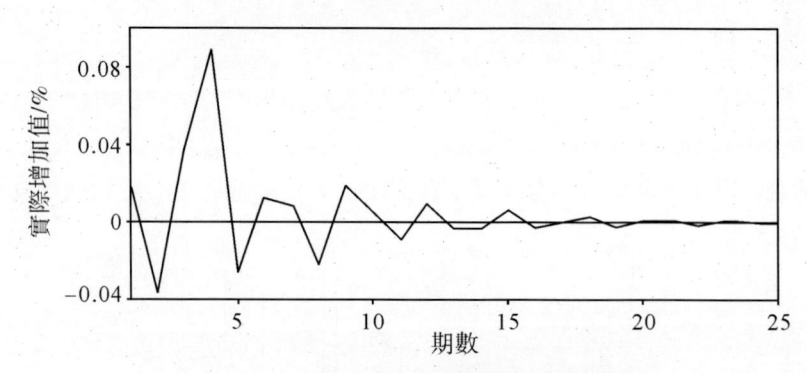

圖5-1 Y1對地方財政支出衝擊的脈衝回應

從圖 5-2 可以看出，在第一產業實際增加值受到來自中央財政支出的衝擊後，在前 6 期具有較大幅度的波動，從第 7 期後，開始逐漸減弱，衝擊效果基本上變為 0，具體表現為給中央財政支出一個正的衝擊後，在第 1 期對第一產業實際增加值有最大負影響，然後經過第 2、3 期，在第 4 期變為最大正影響，從第 4 期以後，衝擊效果逐漸減弱，從第 10 期以後，第一產業實際增加值對於來自中央財政支出的衝擊作用基本為 0。反應在數值上是：當中央財政支出的增長率上升 1% 時，第一產業實際增加值的增長率在第 1 期會下降到最低值 0.059%，經過第 2、3 期的上升階段，在第 4 期上升到最大值 0.013%，然後逐漸減弱，在 10 期以後基本上趨於 0。

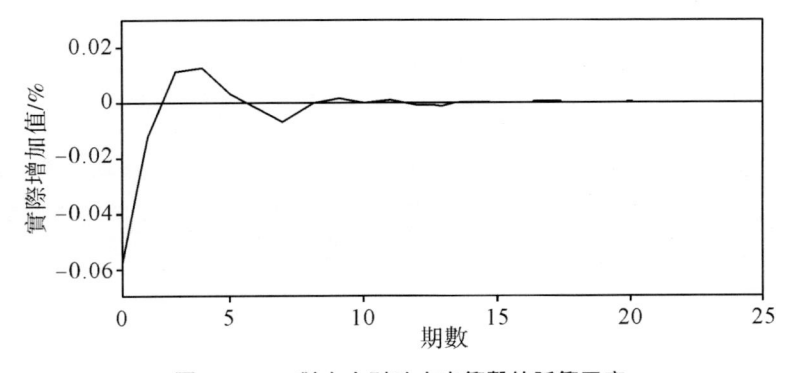

圖 5-2　Y1 對中央財政支出衝擊的脈衝回應

從圖 5-3 可以看出，第一產業實際增加值對於來自地方政府財政支出衝擊後的累積效應在前 4 期的波動幅度較大，在第 2 期達到最小值-0.018%，在第 4 期達到最大值 0.110,8%，從第 4 期後波動幅度逐漸減小，第 12 期以後逐漸穩定，長期累積效應為正，穩定在 0.105% 上下，即當地方財政支出的增長率上升 1% 時，第一產業實際增加值的增長率累積效應最小為-0.018%，最大為 0.110,8%，長期將維持在 0.105%，長期累積效應為正。

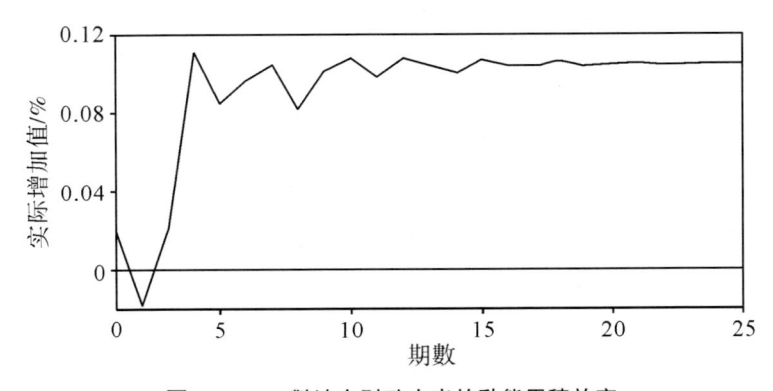

圖 5-3　Y1 對地方財政支出的動態累積效應

從圖5-4可以看出，第一產業實際增加值對於來自中央財政支出衝擊後的累積效應在前8期的波動幅度較大，在第1期約為-0.06%，在第2期達到最小值-0.069,9%，在第5期達到最大值-0.042%，經過小幅波動後，穩定在-0.048%上下，長期累積效應為負，即當中央財政支出的增長率上升1%時，第一產業實際增加值的增長率累積效應最小為-0.06%，最大為-0.042%，長期將維持在-0.048%，長期累積效應為負。

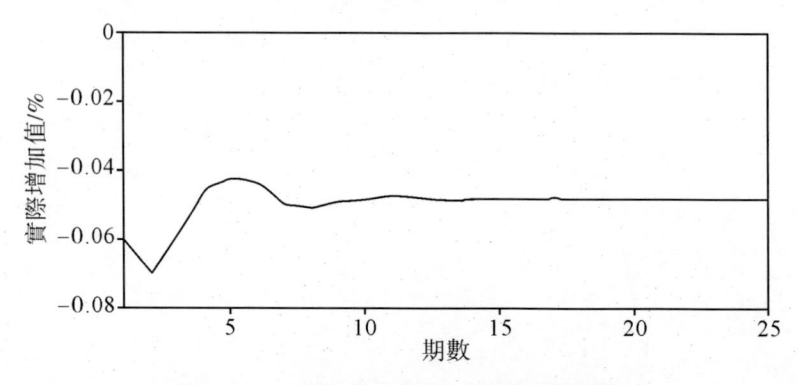

圖5-4　Y1對中央財政支出的動態累積效應

5.6.2　第一產業實際增加值對中央和地方支出的脈衝回應分析的小結

第一，地方政府財政支出對第一產業的增加值影響較大，並且影響時期較長，長期累積效應為正，即增加地方政府財政支出對第一產業的增加值具有促進作用。地方政府的財政支出對中國的第一產業產生了擠入效應，並且該效應還比較明顯。這說明中國的第一產業的發展對地方政府財政支出具有較大的正反應，在發展第一產業時，應特別關注地方政府財政的投入，如何保持和完善這種較強的擠入效應，對於促進第一產業的健康和快速發展至關重要。從實證結果可以看出，中國地方政府對第一產業的財政支出結構比較合理，中國應該在保持這種擠入效應的同時，繼續完善和推廣這種投資結構模式。

第二，中央財政支出對第一產業的增加值影響較小，並且影響時期較短，雖然在短期內具有正向的促進作用，但是長期累積效應為負，即增加中央財政支出對第一產業的增加值具有負作用。通過實證結果可以得出，中央政府的財政支出為第一產業帶來的經濟效應與地方政府財政支出為第一產業帶來的經濟效應區別較大，前者產生了擠出效應，而後者產生了明顯的擠入效應。說明中國的中央財政支出在對第一產業的投入上相對地方政府對第一產業的投入還存在著問題。雖然中央的財政決算支出在近幾年當中明顯低於地方政府的決算支

出，但前者帶來的經濟效應基本上是負的，因此，我們不僅要關注財政支出規模，更要認真分析財政支出的結構是否更加合理。對於第一產業中的中央財政支出，不僅要適度地調整支出規模，而且要注意其支出結構的合理性，要切實用好用對中央對第一產業的財政支持，切實將資金用到最需要的地方，促進第一產業的發展。

5.6.3 第二產業實際增加值對中央和地方政府財政支出的脈衝回應

從圖 5-5 可以看出，在第二產業實際增加值受到來自地方政府財政支出的衝擊後，在前 12 期具有較大幅度的波動，從第 13 期後，開始逐漸減弱，20 期以後基本在 0 附近微幅波動，具體表現為給地方政府財政支出一個正的衝擊後，在第 4、6 期分別達到最大負影響和最大正影響，且影響的程度也隨之改變。反應在數值上是：當地方政府財政支出的增長率上升 1% 時，第二產業實際增加值的增長率在第 1 期會上升 0.027%，在第 4 期下降 0.057,7%，經過第 5 期的上升階段，在第 6 期上升到最大值 0.124%，然後逐漸減弱，在 20 期以後基本上趨於 0。

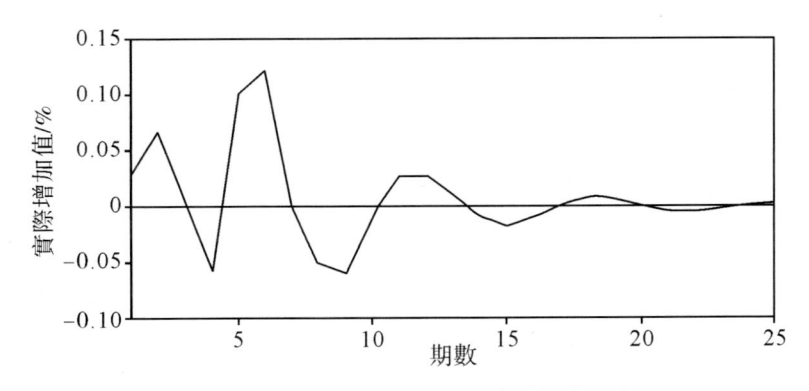

圖 5-5　Y2 對地方財政支出衝擊的脈衝回應

從圖 5-6 可以看出，第二產業實際增加值對於來自中央財政支出的衝擊後，在前 15 期具有較大幅度的波動，從第 15 期後，開始逐漸減弱，25 期以後基本在 0 附近微幅波動，具體表現為給中央財政支出一個正的衝擊後，在第 1 期對第一產業實際增加值有最大負影響的，然後影響程度逐漸減弱，第 3 期以後有逐漸增強，在第 5 期變為最大正影響，此後，影響強度逐漸減弱。反應在數值上是：當中央財政支出的增長率上升 1% 時，第二產業實際增加值的增長率在第 1 期會下降 0.089%，然後逐漸上升，在第 5 期第二產業實際增加值的增長率上升 0.124%，達到最大值，然後逐漸減弱，經過上下波動後，在 25 期

以後基本上趨於0。

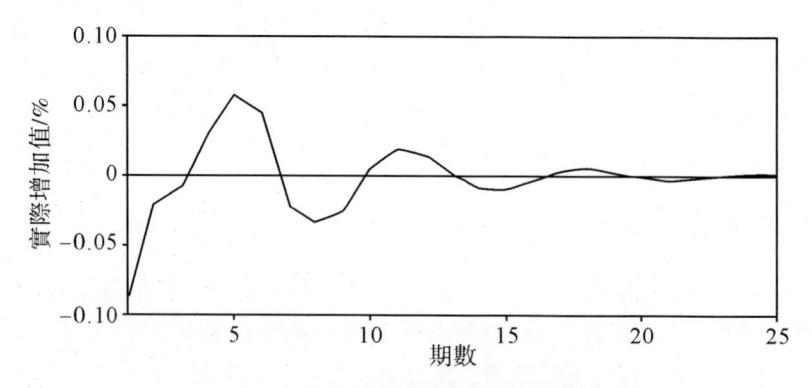

圖5-6　Y2對中央財政支出衝擊的脈衝回應

　　從圖5-7可以看出，第二產業實際增加值對於來自地方財政支出衝擊後的累積效應在前15期的波動幅度較大，在第1期達到最小值0.027%，在第6期達到最大值0.266%，從第7期後波動幅度逐漸在小，第15期以後逐漸穩定，長期累積效應為正，穩定在0.185%上下，即當地方財政支出的增長率上升1%時，第二產業實際增加值的增長率累積效應最小為0.027%，最大為0.266%，長期將維持在0.185%，長期累積效應為正。

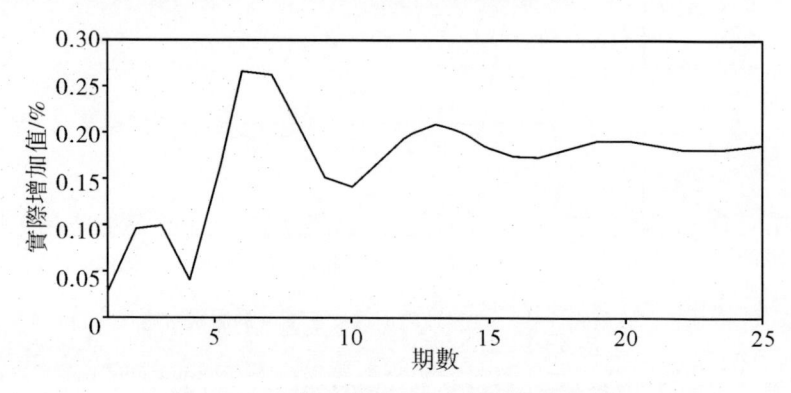

圖5-7　Y2對地方財政支出的動態累積效應

　　從圖5-8可以看出，第二產業實際增加值對於來自中央財政支出衝擊後的累積效應在前15期的波動幅度較大，在第1期約為-0.089%，在第3期達到最小值-0.117%，在第6期達到最大值0.016%，經過10期的波動後，基本穩定在-0.038%上下，長期累積效應為負，即當中央財政支出的增長率上升1%時，第二產業實際增加值的增長率累積效應最小為-0.089%，最大為0.016%，長期將維持在-0.038%，長期累積效應為負。

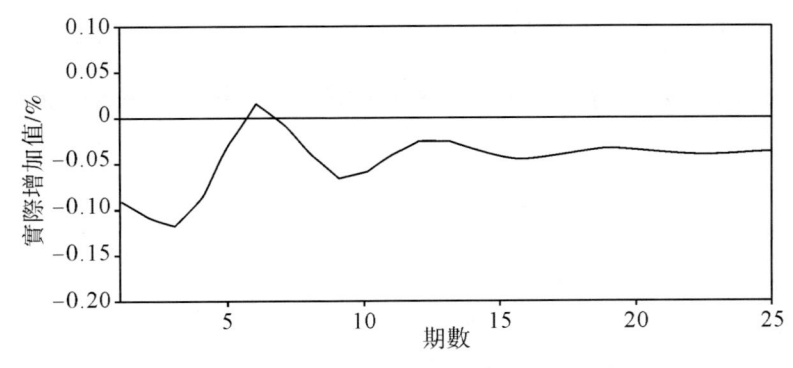

圖 5-8　Y2 對中央財政支出的動態累積效應

5.6.4　第二產業實際增加值對中央和地方支出的脈衝回應分析的小結

第一，就地方政府的財政支出來看，從影響程度和影響時間上都反應出其對第二產業的增加值起到較強的積極效應。地方政府財政支出對中國的第二產業產生了擠入效應，並且該效應還比較明顯。這說明中國第二產業的發展對地方財政支出具有較大的正反應，在發展第二產業時，應特別關注地方政府財政支出的投入，如何保持和完善這種較強的擠入效應，對於促進第二產業的健康和快速發展至關重要。從實證結果可以看出，中國地方政府對第二產業的財政支出結構比較合理，發揮了地方政府對經濟的調控和輔助職能。

第二，中央財政支出對第二產業的增加值影響較大（基本為負影響），並且影響時期較長，但是長期累積效應為負，即增加中央財政支出對第二產業的增加值具有負作用。通過實證結果，我們可以清晰地看到，中央財政支出為第二產業帶來的經濟效應與地方政府財政支出為第二產業帶來的經濟效應完全不同，前者產生了明顯的擠出效應，而後者產生了明顯的擠入效應。說明中國的中央財政支出在對第二產業的投入上相對地方政府對第二產業的投入對經濟的影響存在內在問題。雖然中央政府的財政決算支出在近幾年當中明顯低於地方政府的決算支出，但前者帶來的經濟效應是負的，因此，我們不僅僅要關注財政支出規模，更要認真分析財政支出的結構是否更加合理，通過實證結果，可以得出，中央政府在對第二產業的投資結構上存在著問題，應該認真研究分析，找出問題的根源並加以解決。由於中央財政支出對第二產業的擠出效應比較明顯，因此，改變這種影響對於優化和調整產業的結構、切實發揮中央的宏觀調控職能至關重要。

5.6.5 第三產業實際增加值對中央和地方政府財政支出的脈衝回應

從圖5-9可以看出，第三產業實際增加值對於來自地方政府財政支出的衝擊後，在前12期具有較大幅度的波動，從第13期後，開始逐漸減弱，20期以後基本在0附近微幅波動；給地方政府財政支出一個正的衝擊後，在第1期對第三產業實際增加值有負的影響，然後轉為正向影響，從第4期開始基本為負影響，在第2期達到最大正影響值0.061,5%，在第4期達到最大負影響值-0.158,9%，此後，影響強度逐漸減弱，在20期以後，影響基本變為0。反應在數值上是：當地方財政支出的增長率上升1%時，第三產業實際增加值的增長率在第1期會下降0.017%，在第2期上升到最大值0.061,5%，在第4期下降到-0.158,9%，達到最低值，然後逐漸減弱，在20期以後基本上趨於0。

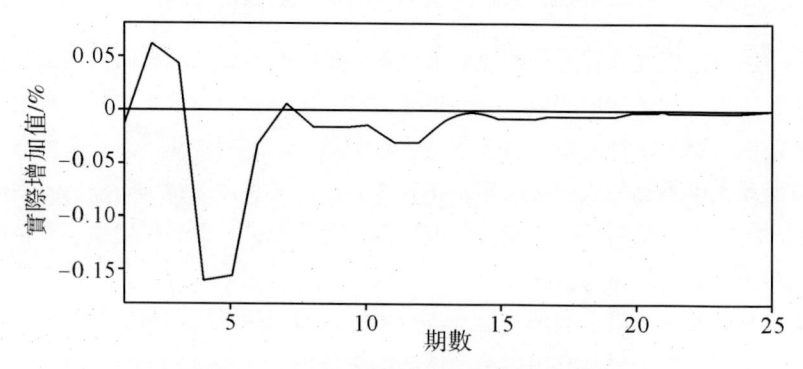

圖5-9　Y3對地方財政支出衝擊的脈衝回應

從圖5-10可以看出，在第三產業實際增加值受到來自中央財政支出的衝擊後，在前10期具有較大幅度的波動，從第10期後，開始逐漸減弱，15期以後基本在0附近微幅波動；給中央財政支出一個正的衝擊後，在第1期對第三產業實際增加值有正向影響，在第2期達到最大值0.074%，第3期以後有逐漸增減弱，在第4期變為最大負影響（達到最低值-0.048%），此後，影響強度逐漸減弱。反應在數值上是：當中央財政支出的增長率上升1%時，第三產業實際增加值的增長率在第1期會上升0.057%，在第2期第三產業實際增加值的增長率上升到最大值0.074%，然後逐漸減弱，經過上下波動後，在15期以後基本上趨於0。

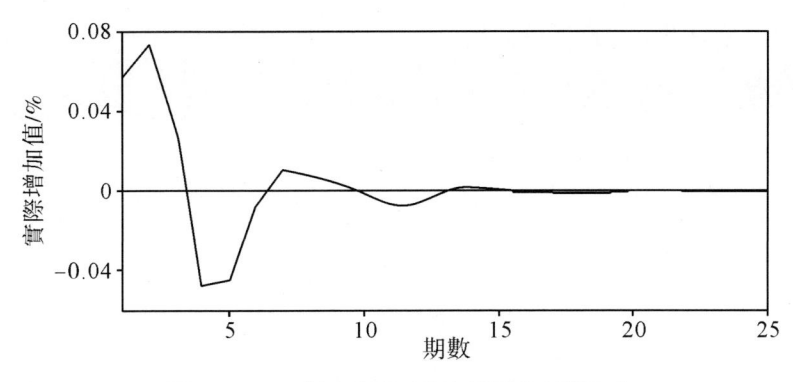

图 5-10　Y3 對中央財政支出衝擊的脈衝回應

從圖 5-11 可以看出，第三產業實際增加值對於來自地方政府財政支出衝擊後的累積效應在前 15 期的波動幅度較大，在第 3 期達到最大值 0.086,5%，然後影響逐漸減弱至 0，從第 4 期後負影響逐漸增強，第 20 期以後逐漸穩定，長期累積效應為負，穩定在 -0.425% 上下，即當地方政府財政支出的增長率上升 1% 時，第三產業實際增加值的增長率累積效應最大為 0.266%，然後逐漸減弱，從第 4 期開始第三產業實際增加值的增長率累積效應變為負值，負影響逐漸增強，最後長期將維持在 -0.425%，長期累積效應為負。

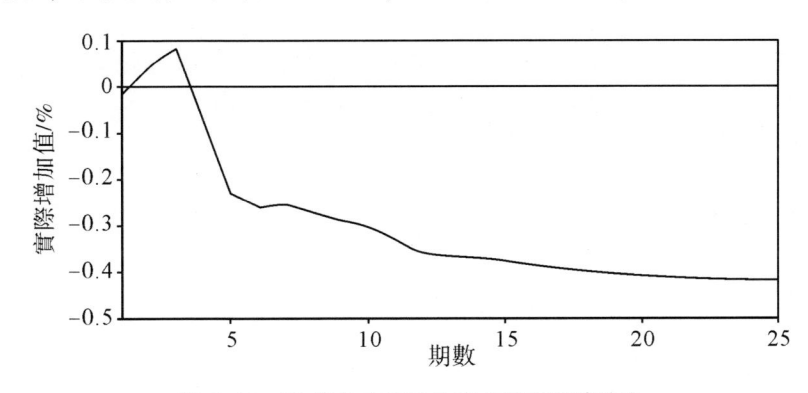

圖 5-11　Y3 對地方財政支出的動態累積效應

從圖 5-12 可以看出，第三產業實際增加值對於來自中央財政支出衝擊後的累積效應在前 12 期的波動幅度較大，在第 1 期約為 0.056,7%，然後逐漸增強，在第 3 期達到最大值 0.161%，經過 10 期的波動後，基本穩定在 0.065% 上下，長期累積效應為正，即當中央財政支出的增長率上升 1% 時，第三產業實際增加值的增長率累積效應最小為最大為 0.161%，然後逐漸減弱，最後長期將維持在 0.065% 左右，長期累積效應為正。

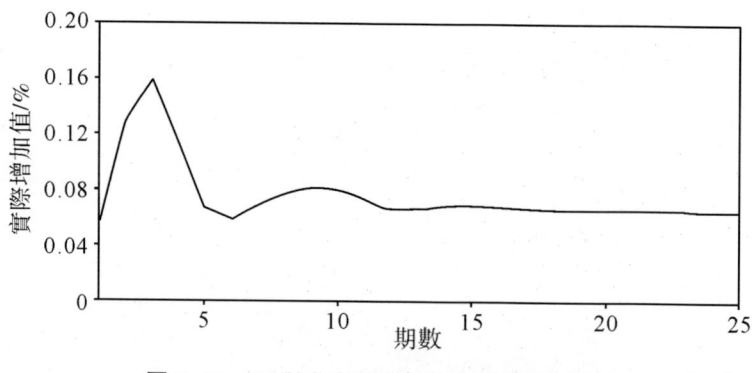

图 5-12　Y3 对中央财政支出的动态累积效应

5.6.6　第三产业实际增加值对中央和地方支出的脉冲回应分析的小结

第一，地方政府财政支出对第三产业的增加值影响较大，并且影响时期较长，但是长期累积效应为负，即增加地方财政支出对第三产业的增加值具有负影响。地方政府财政支出对中国的第三产业产生了挤出效应，并且该效应还比较明显。这说明中国第三产业的发展对地方财政支出具有较大的依存度，在发展第三产业时，应特别关注地方政府财政支出的投入，如何改变这种较强的挤出效应，对于促进第三产业的健康和快速发展至关重要。在关注地方政府支出规模的同时，应该注意调整对第三产业的投资结构，应该刺激私人投资，切实发挥财政支出对经济的引导和辅助作用，将挤出效应降到最低或者改变这种经济现象。

第二，中央财政支出对第三产业的增加值影响较大，并且影响时期较长，长期累积效应为正，即增加中央财政支出对第三产业的增加值具有促进作用。通过实证结果，我们可以清晰地看到，中央财政支出为第三产业带来的经济效应与地方政府财政支出为第三产业带来的经济效应完全不同，前者产生了明显的挤入效应，而后者产生了明显的挤出效应。说明中国的中央财政支出在对第三产业的投入上相对地方政府对第三产业的投入更加合理有效。虽然中央政府的财政决算支出在近几年当中明显低于地方政府的决算支出，但前者带来的经济效应是积极的，因此，我们不仅要关注财政支出规模，更要认真分析财政支出的结构是否更加合理，通过实证结果，可以得出，中央政府在对第三产业的投资结构上日趋合理，地方政府对第三产业的财政支出结构还存在一些问题，应该加以调整。

5.7 方差分解分析

  脈衝回應函數是 VAR 下的一種基於內生變量的函數類型，脈衝回應函數對 VAR 中的某些內生變量進行衝擊，然後是進入觀察階段，主要觀察受到衝擊後內生變量會有怎樣的反應。總的來說，脈衝回應函數專注於觀察和解決的東西較細，而對於某些只想得出直觀結果的研究來說不是最佳選擇。因此，針對這一問題，Sims 於 1980 年提出了方差分解方法，該方法通過貢獻度來反應每個衝擊的影響程度，其中每一個結構的衝擊可能對內生變量產生有差別的影響。方差分解方法不同於脈衝回應函數，不必通過時間的序列觀察，可以比較直觀、相對粗糙地得出變量間的影響情況。但是，具體應用時應該根據研究需要，選擇適合研究目的的方法。

  方差分解重在分解，它和脈衝回應函數不同的是它觀察各個變量的變化情況。當出現一個新的衝擊時，方差分解主要是將內生變量按照一定的規則加以分類，觀察每一部分對模型的影響情況，進而可得到各自變量對該因變量的貢獻情況。因此，方差分解注重對每一個變量的考察。基於本部分建立的 SVAR 模型，可以得到第一、二、三產業實際增加值增長率的方差分解結果。

  通過表 5-1 可以得出，第 1 期第一產業實際增加值的增長率所有變動都來源於自身的新生標準誤差，貢獻比率為 100%，然後自身的貢獻程度逐漸下降，而實際中央和地方政府財政支出的貢獻率逐漸增加，在第 2 期和第 3 期中，地方政府財政實際支出衝擊對第一產業實際增加值的貢獻率為 2.603% 和 3.142%，明顯小於中央財政實際支出衝擊對第一產業實際增加值的貢獻率（第 2 期為 4.435%，第 3 期為 7.455%），說明地方政府財政支出的實際值在短期內對第一產業實際增加值的影響小於財政實際支出帶來的影響。但是從第 4 期開始，地方政府財政實際支出衝擊對第一產業實際增加值的貢獻率要大於中央財政實際支出衝擊對第一產業實際增加值的貢獻率，並且隨著時期的推移，地方財政實際支出衝擊對第一產業實際增加值的貢獻率從第 12 期開始穩定在 12.35% 左右，中央財政實際支出衝擊對第一產業實際增加值的貢獻率從第 12 期開始為維持在 9.6% 左右。總之，在第一產業實際增加值增長率波動的貢獻中（除來源於自身衝擊的貢獻），地方政府財政實際支出衝擊的貢獻最大（12.35%），其次是中央財政實際支出衝擊（9.6%），兩者相差不大。

表 5-1 LnY1 方差分解結果

時期	標準差	LnY1	LnDF	LnZF
1	0.063	100	0	0
2	0.065	92.963	2.603	4.435
3	0.067	89.403	3.142	7.455
4	0.072	80.589	10.436	8.976
5	0.073	80.177	10.718	9.105
6	0.073	80.186	10.758	9.056
7	0.074	80.205	10.655	9.139
8	0.074	79.48	11.01	9.51
9	0.075	79.317	11.213	9.469
10	0.075	79.251	11.24	9.508
11	0.075	79.161	11.277	9.561
12	0.075	79.102	11.324	9.574
13	0.075	79.095	11.332	9.573
14	0.075	79.065	11.34	9.595
15	0.075	79.036	11.362	9.602

通過表5-2可以得出，第1期第二產業實際增加值的增長率所有變動同樣都來源於自身的新生標準誤差，貢獻比率為100%，然後自身的貢獻程度逐漸下降，而實際中央和地方政府財政支出的貢獻率逐漸增加，但是，地方政府財政實際支出衝擊對第二產業實際增加值的貢獻率始終小於中央財政實際支出衝擊對第二產業實際增加值的貢獻率，地方政府財政實際支出衝擊對第二產業實際增加值的貢獻率波動較小，中央財政實際支出衝擊對第二產業實際增加值的貢獻率波動較大，並且隨著時期的推移，地方政府財政實際支出衝擊對第二產業實際增加值的貢獻率從第10期開始穩定在4.97%左右，中央財政實際支出衝擊對第二產業實際增加值的貢獻率從第12期開始為維持在15.15%左右。總之，在第二產業實際增加值增長率波動的貢獻中（除來源於自身衝擊的貢獻），中央財政實際支出衝擊的貢獻最大（15.15%），其次是地方政府財政實際支出衝擊（4.97%），前者是後者的3倍多。

表 5-2　LnY2 方差分解結果

時期	標準差	LnY2	LnDF	LnZF
1	0.095	100	0	0
2	0.104	93.352	2.926	3.722
3	0.111	82.558	4.857	12.585
4	0.119	83.738	4.924	11.338
5	0.123	82.515	4.924	12.561
6	0.125	80.171	5.125	14.704
7	0.126	80.653	5.015	14.333
8	0.128	80.424	4.958	14.618
9	0.128	79.95	5.002	15.048
10	0.129	80.01	4.979	15.011
11	0.129	80.039	4.978	14.984
12	0.129	79.892	4.966	15.142
13	0.129	79.873	4.962	15.164
14	0.129	79.903	4.956	15.141
15	0.13	79.868	4.954	15.178

　　通過表 5-3 可以得出，第 1 期第三產業實際增加值的增長率所有變動同樣都來源於自身的新生標準誤差，貢獻比率為 100%，然後自身的貢獻程度逐漸下降，而實際中央和地方政府財政支出的貢獻率逐漸增加，但是，地方財政實際支出衝擊對第三產業實際增加值的貢獻率始終大於中央財政實際支出衝擊對第三產業實際增加值的貢獻率，地方政府財政實際支出衝擊對第三產業實際增加值的貢獻率波動較大，中央財政實際支出衝擊對第二產業實際增加值的貢獻率波動較小，並且隨著時間的推移，地方政府財政實際支出衝擊對第三產業實際增加值的貢獻率從第 12 期開始穩定在 16.96% 左右，中央財政實際支出衝擊對第三產業實際增加值的貢獻率從第 12 期開始為維持在 2.08% 以上。總之，在第三產業實際增加值增長率波動的貢獻中（除來源於自身衝擊的貢獻），地方政府財政實際支出衝擊的貢獻最大（16.96%），其次是中央財政實際支出衝擊（2.08%），兩者相差較大，前者是後者的 8 倍多。

表 5-3　LnY3 方差分解結果

時期	標準差	LnY3	LnDF	LnZF
1	0.06	100	0	0
2	0.082	97.694	2.306	0
3	0.084	96.981	2.813	0.206
4	0.088	88.963	10.763	0.274
5	0.091	82.64	16.783	0.577
6	0.092	81.266	17.164	1.569
7	0.092	81.147	17.007	1.846
8	0.093	81.387	16.62	1.993
9	0.094	81.492	16.531	1.976
10	0.094	81.359	16.585	2.056
11	0.094	81.161	16.783	2.056
12	0.094	80.989	16.96	2.051
13	0.094	80.949	16.97	2.082
14	0.094	80.955	16.958	2.087
15	0.094	80.957	16.955	2.088

由此可以得出結論：

第一，地方政府財政實際支出衝擊對第一、二、三產業實際增加值的貢獻率依次為12.35%、4.97%、16.96%，即地方政府財政實際支出衝擊對第三產業實際增加值的貢獻率最大，其次是對第一產業實際增加值的貢獻率，對第二產業實際增加值的貢獻率最小。

第二，中央財政實際支出衝擊對第一、二、三產業實際增加值的貢獻率依次為9.6%、15.15%、2.08%，即中央財政實際支出衝擊對第二產業實際增加值的貢獻率最大，其次是對第一產業實際增加值的貢獻率，對第三產業實際增加值的貢獻率最小。

第三，在對第一產業實際增加值的貢獻率中，地方政府財政實際支出衝擊貢獻最大（12.35%）；在對第二產業實際增加值的貢獻率中，中央財政實際支出衝擊貢獻最大（15.15%）；在對第三產業實際增加值的貢獻率中，地方政府財政實際支出衝擊貢獻率最大（16.96%）。這說明地方政府財政實際支出衝擊

對第一、三產業實際增加值的貢獻率大於中央財政實際支出衝擊貢獻率，但是中央財政實際支出衝擊對第二產業實際增加值的貢獻率大於地方政府財政實際支出衝擊貢獻率。

根據上述實證結果的結論，我們可以看出，中央和地方政府財政支出對於三大產業的影響效果存在明顯的差異，並且該效果在產業之間也存在著明顯的區別。對於第一產業的發展和調整，應該更加關注地方政府的作用，因為地方政府對財政資金的使用，對第一產業的增加值有更加明顯的效果，調節效果比較大；對於第二產業的發展和調整，應該更加注重中央財政支出，因為中央政府的財政支出對於第二產業的總體影響效果更大，合理正確地分配中央政府財政支出的資金對於第二產業的調整起著更為重要的角色。在第三產業的發展和完善問題上，應該把關注的重點更多地轉移到地方政府的財政支出優化上。

5.8 小結

第一，地方政府財政實際支出衝擊對第一、二、三產業實際增加值的貢獻率依次為12.35%、4.97%、16.96%，即地方政府財政實際支出衝擊對第三產業實際增加值的貢獻率最大，其次是對第一產業實際增加值的貢獻率，對第二產業實際增加值的貢獻率最小。

第二，中央財政實際支出衝擊對第一、二、三產業實際增加值的貢獻率依次為9.6%、15.15%、2.08%，即中央財政實際支出衝擊對第二產業實際增加值的貢獻率最大，其次是對第一產業實際增加值的貢獻率，對第三產業實際增加值的貢獻率最小。

第三，在對第一產業實際增加值的貢獻率中，地方政府財政實際支出衝擊貢獻最大（12.35%）；在對第二產業實際增加值的貢獻率中，中央財政實際支出衝擊貢獻最大（15.15%）；在對第三產業實際增加值的貢獻率中，地方政府財政實際支出衝擊貢獻率最大（16.96%）；即地方政府財政實際支出衝擊對第一、三產業實際增加值的貢獻率大於中央財政實際支出衝擊貢獻率，但是中央財政實際支出衝擊對第二產業實際增加值的貢獻率大於地方政府財政實際支出衝擊貢獻率。

根據上述實證結果的結論，我們可以看出，中央和地方政府財政支出對於三大產業的影響效果存在明顯的差異，並且該效果在產業之間也存在著明顯的區別。對於第一產業的發展和調整，應該更加關注地方政府的作用，因為地方

政府對財政資金的使用，對第一產業的增加值有更加明顯的效果，調節效果比較大；對於第二產業的發展和調整，應該更加注重中央財政支出，因為中央政府的財政支出對於第二產業的總體影響效果更大，合理正確地分配中央政府財政支出的資金，對於第二產業的調整起著更為重要的角色。在第三產業的發展和完善問題上，應該把關注的重點更多地轉移到地方政府的財政支出優化上。

6 主要結論與政策建議

6.1 主要結論

從脈衝回應和方差分解的實證結果,我們可以得出以下三個主要結論:

第一,中國地方政府對第一產業的財政支出結構比較合理,中國應該在保持這種「擠入效應」的同時,繼續完善和推廣這種投資結構模式。對於第一產業中的中央財政支出,不僅要適度的加大支出規模,而且要注意其支出結構的合理性,切實用好中央政府對第一產業的財政支持以及將資金用到最需要的地方,促進第一產業的發展。

第二,中國第二產業的發展對地方政府財政支出具有較大的正反應,在發展第二產業時,應特別關注地方政府財政支出的投入,如何保持和完善這種較強的「擠入效應」,對於促進第二產業的健康和快速發展至關重要,但是,中央財政支出對第二產業產生了明顯的「擠出效應」,說明中國中央政府在對第二產業的投入上相對地方政府的投入還存在一些內在問題。

第三,中國第三產業的發展對地方政府財政支出具有較大的依存度,在發展第三產業時,應特別關注地方政府財政投入,如何改變這種較強的「擠出效應」,對於促進第三產業的健康和快速發展至關重要。中央財政支出對第三產業產生了明顯的「擠入效應」,說明中國中央財政在對第三產業的投入上相對地方政府財政對第三產業的投入更加合理有效。

6.2 政策建議

6.2.1 優化調整中央財政支出結構和規模

首先,根據三次產業的發展狀況要逐漸改變中央政府的財政支出規模,對

各項支出要做到應該增加的繼續加大力度支持，對應該減少的領域要堅持壓縮支出規模，直至退出一般領域和競爭性領域的資金投入，務必做到將「擠出效應」降到最小，將「擠入效應」做到最大化，充分利用好每一分資金。通過本部分的實證結果，我們可以得出這樣的規模調整方向：中央財政支出對第一產業的增加值影響較小，並且影響時期較短，雖然在短期內具有正向的促進作用，但是長期累積效應為負，因此，應該減少中央財政支出對第一產業的投資規模，將該方面的資金進行壓縮，並且要注意該資金在第一產業中的分配；中央財政支出對第二產業的增加值影響較大（基本為負影響），並且影響時期較長，但是長期累積效應為負，即增加中央財政支出對第二產業的增加值具有負作用，因此，也應該壓縮中央財政支出對第二產業的投資規模，並且，中央財政支出對第二產業的影響，不僅是投資規模的問題，這裡更是涉及第二產業內部的結構問題，對於中央財政撥款的使用，存在較大的無效率，應該也要關注第二產業自身的結構升級；中央財政支出對第三產業的增加值影響較大，並且影響時期較長，長期累積效應為正，即增加中央財政支出對第三產業的增加值具有促進作用，有此實證結果可以看出，中央財政支出對第三產業的投資規模還處於最優值的下面，因此，擴大該項資金的投入規模有助於第三產業的快速發展。

　　其次，中央財政支出要以實現公共服務均等化、實現民生財政為目標。當前，中國正在加強小康社會的建設，努力構建社會主義和諧社會，而這依賴於社會的公平與穩定，因此，中央財政支出要以實現社會公共服務均等化、提高人民的生活水準為根本目標，才能為中國的現代化建設創造一個相對和諧穩定的環境。中央政府應該繼續毫不動搖地堅持以經濟建設為核心，將財政支出與產業的調整和優化升級相結合，發揮中央政府的宏觀調控能力。中央政府在加大對民生領域的財政投入的同時，也要關注與資金使用相配套的政策機制，資金是發展民生、改善民生的前提，但是，沒有相關配套的法制機制，無法保證資金的高效率使用，那麼即使投入的規模再大，也將會無濟於事，尤其是第一產業。從實證的結果來看，中央財政支出對第一產業的投資規模效應並不理想，部分的原因是資金的使用不合理，沒有相關配套的法制機制來保證資金正確、有效、合理地被應用。

　　最後，中央政府應該在社會主義建設的不斷推進中，轉變政府的職能，由管理型向服務型轉變。要實現這個偉大的轉變，必須要形成一個完善合理的中央財政的公共服務體系，在「十二五」規劃的指導下，努力踐行財政體制機制的改革，更深層次地實現中央財政的公共服務性和公益性的特點，向以公共

服務和宏觀調控的職能轉變。當前，中央財政支出的規模雖然在逐年擴大，但對三次產業的影響並不理想，支出的結構和規模還有待完善，其中，財政支出的透明度較差，沒有很好地受到社會公眾的監督，因此，建立一個透明、詳細、科學化的財政支出體制是當務之急，同時要更進一步地探索建立長效機制的民生財政，提高中央財政支出的高效性和合理性，推動中央政府財政支出的體系建設，增強中央政府的服務性和宏觀調控能力。

6.2.2 優化調整地方政府財政支出結構和規模

近十年以來，雖然中國地方政府財政支出的規模和結構都有所改變，但是中國當前的經濟發展狀況還是存在一些問題。其中地方政府財政支出結構中存在的弊端是各種因素綜合的結果。目前，中國的財政體制和機制都處於轉變和改革的關鍵時期，因此，與地方政府財政支出的相關配套基礎機制還存在一些不完善的地方，還需要進一步改善。任何事物的發展總要經歷一個過程，尤其是財政體制這種複雜的事物，改革和轉變不是一蹴而就的，因此，在這個過程中，我們要漸進地尋求使地方政府財政支出最優化的途徑。

首先，對於地方政府財政支出的規模，目前還存在一些不足的地方，需要進行調整。從實證結果可以得出：地方政府財政支出對第一產業的增加值影響較大，並且影響時期較長，長期累積效應為正，即增加地方政府財政支出對第一產業的增加值具有促進作用，因此，增加地方政府財政支出對第一產業的投入，可以促進第一產業的發展；地方政府的財政支出對第二產業的增加值起到較強積極效應，因此，增加地方財政支出對第二產業的投入，可以促進第二產業的發展；地方政府財政支出對第三產業的增加值影響較大，並且影響時期較長，但是長期累積效應為負，即增加地方財政支出對第三產業的增加值具有負影響，說明增加地方財政支出對第三產業的投入，對第三產業的發展有重要影響，但是可能存在支出結構上的不合理性，導致了較大的擠出效應。目前，中國地方政府財政支出的規模對三次產業都有較大影響，應該加大對第一和第二產業的投入規模，同時應該注意調整對第三產業的支出結構。

其次，優化調整地方政府財政支出的結構，要以人為本，統籌兼顧。地方政府財政支出是地方政府的職能和政策走向的表現，地方政府的財政資金必須要以促進當地人民生活水準的提高、當地經濟發展的進步以及當地社會的和諧穩定為目標，將人民的利益放在第一位，把當地的發展成果與所有人民共享，促進當地的穩定和社會福利的提高。第一，保證當地的公共產品提供是當地居民所必需的，也就是公共產品的提供具有高效性和社會福利性。第二，將人的

全面發展與當地的經濟發展統籌兼顧，兩者不能忽略任何一者，只有兩者協調發展才可以實現真正的民生財政，經濟的發展是為了人民生活水準的提高，純粹的發展經濟而忽視社會福利的提高，那麼經濟的發展也不會得到持續進行；而一味地注重人民的生活福利而忽視經濟的發展，那麼人民的生活福利也得不到保障。因此財政支出必須做到讓人的全面發展與經濟的發展相協調。

　　最後，在做好地方政府財政支出的調整時，根據科學發展觀的指導，必須做到要推進經濟、政治、文化和社會的全面可持續發展，要統籌城鄉、區域、經濟、社會以及人與自然的和諧發展，這也是調整和促進三次產業結構優化升級的內在指導原則。當地政府的財政支出在處理好以人為本和以經濟建設為核心的基礎上，要切實發揮好當地政府對本地區的宏觀調控職能，即地方政府要根據本地區的實際情況，對財政資金的使用要做到有的放矢，考慮和照顧好各個領域和各個階層的利益，體現政府財政支出的公平和高效。

第二部分

財政支出、要素累積與產業結構調整

7 導論

7.1 研究背景

現實經濟活動中有以下幾個基本的經濟事實：

第一，2013 年，中國第三產業產值占比達到 46.1%，首次超過第二產業產值份額，2014 年這一比值達到 48.2%，與第二產業產值比重之差繼續擴大到 5.6 個百分點，這表明中國產業結構在不斷優化。但與歐美發達國家相比，中國第三產業產值份額仍然較低，仍具有較大的發展空間。在經濟發展下行的現實背景下，作為吸納勞動就業能力強、科技含量高、有利於改善中國經濟發展質量的第三產業，其發展任重道遠。

第二，1978 年中國財政支出占 GDP 的比重為 30.78%，隨後逐漸下降，1996 年這一數據降到最低點，為 11.15%，此後反轉上升，到 2012 年達到 24.25%。與財政支出逐步上升相對應的是，1996 年以來中國第三產業產值比重在不斷擴大，從 1996 年的 32.8% 增長到 2012 年的 44.6%。可見，第三產業產值比重與財政支出規模之間存在一定的正相關關係。

第三，配第-克拉克定律以及西蒙·庫茲涅茨的研究表明，隨著國民人均收入的提高，產業結構逐步從第一產業過渡到第二產業，最後以第三產業為主導，即人均收入水準的差異導致了產業結構的不同。2012 年，印度人均收入約為 1,550.0 美元，GDP 總額約為 18,587.40 億美元，第三產業產值比重為 56.3%，該年中國人均收入約為 6,092.60 美元，GDP 總額為 82,292.30 億美元，遠高於印度，但第三產業產值比重為 44.6%，低於印度。顯然，對於這一基本事實經典理論難以解釋。

第四，2015 年年初地方兩會報告顯示，26 個省（直轄市、自治區）下調了 2015 年 GDP 增長目標。經濟中高速增長成為新常態，推進經濟結構調整，

促進產業升級成為地方政府工作的重要內容。面對經濟增長的壓力，儘管各省調低了經濟增長目標，仍然重新將投資作為拉動經濟增長的重要武器。根據2015年地方兩會報告所做的不完全統計，2015年20個省（直轄市、自治區）計劃投資約300,000億元，投資規模再創新紀錄。

可以看出，面對經濟下行，地方政府仍以投資來推動經濟增長，財政支出不斷增長，但產業結構調整緩慢，在漫長的結構轉型過程中，研究財政支出對產業結構的影響，不能單純地從總量規模角度予以解釋。正是基於此，本部分擬從財政支出對產業間資本與勞動要素累積的影響這一角度出發，探討財政支出、要素累積與產業結構調整的關係。

7.2 研究的意義與方法

7.2.1 研究的意義

如何在總結前人相關研究的基礎上，歸納其不足之處，並從一個新的視角去研究財政支出對中國產業結構的影響？如何通過對數據進行分析整理，歸納總結出中國產業結構變化的過程與特徵？如何從要素累積這一新的視角去檢驗中國產業結構調整的路徑？對這些問題的研究不僅能夠使人更加清晰理性地認識中國產業結構的過程、中國與發達國家之間的差距，還能夠更好地把握中國地方政府財政支出對產業結構調整產生的影響以及影響機制，進而提出相應的對策建議。在當前經濟發展下行的背景下，產業結構調整的研究不僅具有充實相關理論研究的理論意義，還具有應對經濟下行、促進經濟轉型的現實意義。

7.2.2 研究的方法

本部分以中國產業結構調整的經濟學解釋為主要研究內容，不僅考察中國整體產業結構變化，還考察了東、中、西部三大區域之間產業結構的發展特徵，在考察分析的過程中，綜合運用了財政學、宏觀經濟學、產業經濟學、統計學以及計量經濟學等多個學科的理論知識，定性與定量相結合，採用2003—2012年我省除港澳臺以外的31個省（直轄市、自治區）的面板數據，進行實證分析。研究的方法主要有：

（1）文獻綜述法：在綜述前人相關研究的基礎上，總結出財政支出與產業結構調整的研究不足之處，提出了要素累積這一新的研究視角。

（2）經驗分析法：充分利用《中國統計年鑑》《中國財政年鑑》以及中經

網等數據庫資料，搜集整理中國 1978—2012 年以來三次產業產值、就業等數據，通過圖表、圖形等統計方法分析了中國產業結構調整的過程與特徵。

（3）因素分析法：本部分首先分析了中國產業結構變化過程與特徵，在此基礎上，歸納了影響中國產業結構調整的影響因素，並從財政支出這一角度出發，研究了這一因素的具體影響路徑及效果。

（4）歸納與演繹：正對財政政策與產業結構調整的關係，本部分採用了歸納與演繹的方法，理清了財政支出政策以及稅收政策對產業結構產生影響的機制。

（5）實證檢驗法：本部分採用 2003—2012 年中國 31 個省（直轄市、自治區）的面板數據，通過 Hausman 檢驗、固定效應模型分析，實證檢驗了中國財政支出對三次產業資本、勞動要素累積的影響，進而對中國產業結構產生的影響。

7.3 研究創新與不足之處

7.3.1 創新之處

第一，採用面板數據進行完整、全面的分析。目前的研究主要是從中國層面引用時間序列數據進行分析，僅有較少的學者採用了省級面板數據。

第二，從要素累積這一視角出發，研究中國財政支出與產業結構調整的關係。目前，學者主要是從財政支出總規模和財政支出按功能性分類的結構角度進行的研究。

7.3.2 不足之處

第一，對產業結構變化過程及特徵的經驗分析可能存在一定的不足。

第二，由於數據統計口徑的變化以及數據的可獲得性較差，本部分的數據時間範圍不夠。

第三，由於文獻以及數據的限制，導致本部分實證檢驗結果可能與現實狀況存在一定的偏差。

7.4 研究思路與框架

研究思路與框架如圖 7-1 所示。

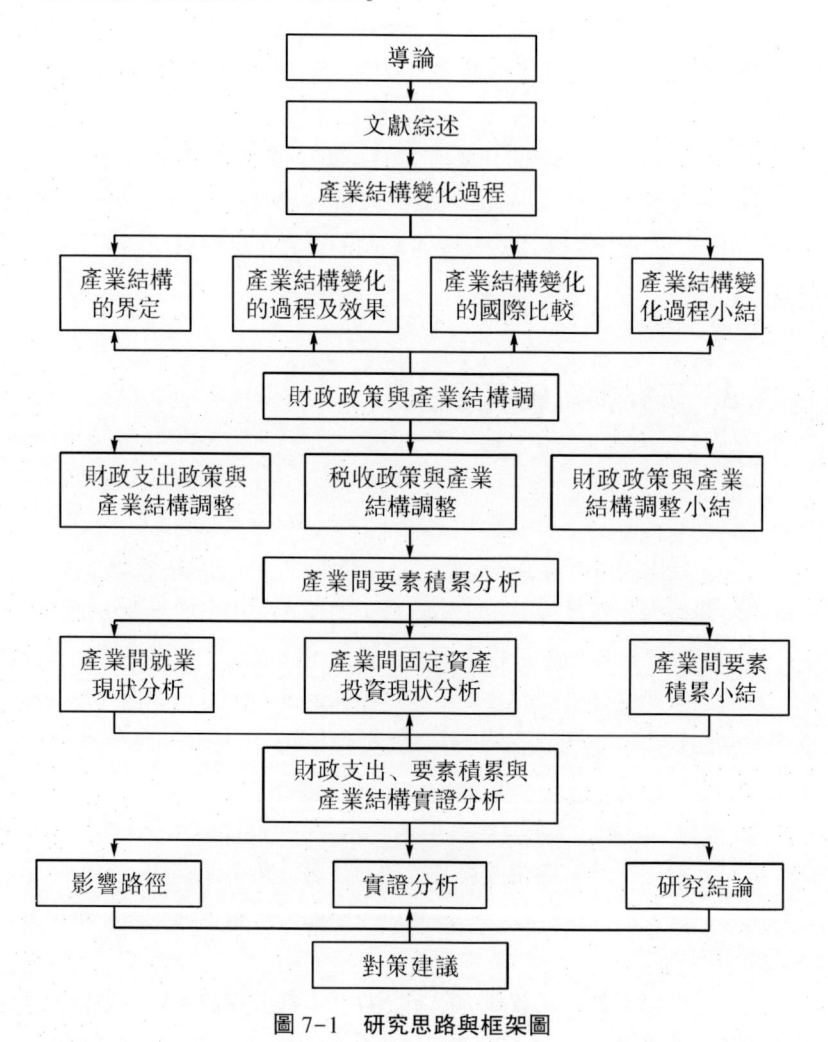

```
                        導論
                         ↓
                       文獻綜述
                         ↓
                    產業結構變化過程
          ┌──────────┬──────────┬──────────┐
      產業結構    產業結構變化   產業結構變化   產業結構變
      的界定      的過程及效果   的國際比較    化過程小結
          └──────────┴──────────┴──────────┘
                         ↓
                  財政政策與產業結構調
          ┌──────────┬──────────┐
      財政支出政策與   稅收政策與產業   財政政策與產業
      產業結構調整    結構調整       結構調整小結
          └──────────┴──────────┘
                         ↓
                  產業間要素積累分析
          ┌──────────┬──────────┐
      產業間就業     產業間固定資產   產業間要素
      現狀分析      投資現狀分析    積累小結
          └──────────┴──────────┘
                         ↓
                財政支出、要素積累與
                產業結構實證分析
          ┌──────────┬──────────┐
        影響路徑      實證分析       研究結論
          └──────────┴──────────┘
                         ↓
                      對策建議
```

圖 7-1　研究思路與框架圖

8 文獻綜述

8.1 關於產業結構變化過程及特徵的綜述

一國的產業政策引導資源的流向，從而對資源的配置格局與配置效率產生極大的影響，而正確的產業政策是建立在對產業結構變化規律的深度把握上。國內外眾多學者對產業結構的變化過程及其特徵從定性與定量兩個方面進行了研究。

定性研究方面，Chenery 和 Hollis（1960）對不同國家工業化發展道路進行了比較分析，歸納了不同國家之間產業結構變化的特徵主要表現為非均衡性，即不同國家之間以及同一國家內部不同的經濟發展階段，製造業所處的發展地位不同，同時不同的經濟規模也會對三次產業結構變化產生的影響效應存在差異。Petrakos（1997）研究了東、中歐轉軌國家的產業結構，通過國家內部產業結構變遷的研究以及國家間產業結構變化過程的比較，指出各國之間產業結構的變動具有互動效應，一國產業結構的優化程度的高低反應了該國資源優化配置的程度。在國內，李善同、鐘思斌（1998）依據中國 1987 和 1992 年的投入產出表，分析了中國主要產業部門的增加值比重變化趨勢以及產業關聯程度的變化，總結了中國 1987—1992 年間產業關聯程度以及產業變化的特點，即中國工業化進程加速，製造業內部資本品工業產值上升，可見，中國產業結構逐步實現高級化。厲無畏、王慧敏（2005）指出世界各國產業發展呈現服務化的趨勢，表現為產業結構服務化、產業組織服務化以及產業活動服務化。通過數據比較，厲無畏和王慧敏指出上海服務業經濟發展水準與世界發達地區差距較大，並同時理清了上海現代服務業發展的總體思路以及相應的體系構建。李傳健（2010）基於分工–交易成本理論和技術創新理論，從古典經濟學的產業結構變化規律出發研究中國產業結構變化的過程，分析認為，分工深化

與技術創新相互作用，推進產業結構的不斷變化，因此，產業結構的變化過程實質上是部門分工與技術創新相互作用、相互促進的過程。同時，近年來國內一些學者將研究視角拓展到區域層面，例如，韓雪峰、於紀元（2011）定量地分析了遼寧省產業結構演化的過程，提出遼寧省著力提升第三產業的產值份額，大力發展服務業，進而促進經濟持續健康發展。此外，李敦瑞（2012）基於服務業的視角分析了上海產業結構變化的特徵，表現為三次產業中農業產值較低，現代服務業與製造業並重，且服務業逐漸趨於主導地位，但同時服務業內部發展不均衡。

定量研究方面，Jesus Crespo-Cuaresma 和 Julia Worz（2002）選用 1981—1999 年 45 個發達國家和發展中國家的面板數據進行實證研究，結果表明，在發達國家，出口部門對非出口部門既無正向促進作用，也無技術外溢作用，而在發展中國家，高科技出口部門對非出口部門具有正向促進作用，但無技術外溢作用，而對科技含量較低的非出口部門均不存在這兩種作用。Peter G. Klein 和 Lasse B. Lien（2009）從微觀企業的角度實證研究了產業結構與企業多樣化之間的關係，認為產業結構的演化過程是代表產業發展趨勢的企業不斷進入市場、落後企業逐漸逃離市場的一個過程，最後形成了產業結構的高級化與合理化。目前國內也有大量學者對此進行了相關研究。從產業結構調整與經濟可持續增長的關係角度出發，劉偉、李紹榮（2002）研究認為，農業與工業部門的效率提升有助於經濟的可持續性增長，然而第三產業的過快發展對第一、二產業產生阻礙，進而影響第一、二產業對經濟增長的正向作用。然而，戴永安、陳才（2010）提出加快服務業發展，他們認為產業結構的變化過程即是中國城市化的過程，它們之間是相互促進、相互發展的，即產業結構的優化調整能夠推動城市化發展，城市化的快速發展反過來又會促進產業結構的優化升級。在此基礎上，他們對東北三省 1952—2007 年產業結構變化的特徵進行了分析，並通過協整分析與誤差修正模型研究了產業結構的演化與城市化之間的關係，結果表明東北地區工業部門的發展對城市化的推動作用遠小於服務業。

8.2 關於產業結構變化的影響因素的研究

世界經濟的可持續健康發展有賴於一個合理的產業結構，同時，經濟水準的提高也能夠有助於形成一個合理的產業結構。可見，產業結構的優化升級是當前經濟發展必須加以重視的重要問題。在學術界，產業結構的調整優化問題

一直是一項重要課題。影響產業結構變化的因素主要有哪些？作用機制如何？影響程度如何？這些問題一直是探討的核心問題。眾多學者主要從需求和供給這兩個方面來進行研究的，此外還有部分學者從其他視角進行了探討。

8.2.1 需求角度

由於每個消費者的需求收入彈性存在差異，進而收入的變化引起的消費者對產品的需求變化存在差異。對於收入彈性大於 0 的正常品，消費者會隨著收入的增長而增加對這一商品的需求，反之，對於收入彈性小於 0 的劣等品，消費者會隨著收入的增長減少對這一商品的需求。因此，隨著經濟發展水準的提高、人均可支配收入的增長，消費者對各種產品產生不同的需求量，進而制約或促進該產品部門的增長，最終引起產業結構變化。可見，消費者需求的變化是影響產業結構變化的重要影響因素之一。

Kongsamut 等（2001）假定消費者對農產品、產成品和服務存在 Stone-Geary 偏好，且農產品需求收入彈性小於 1，產成品的需求收入彈性等於 1，而服務的需求收入彈性大於 1，同時假定經濟體中只有資本和勞動這兩種生產要素。他們分析認為，由於消費者的需求收入彈性存在差異，對不同產品的需求量不同，從而產量不同。根據假設條件，隨著收入的增長，對農產品需求的增幅小於收入的增幅，對工業產成品需求的增幅等於收入的增幅，對服務業需求的增幅大於收入增幅，因此農業份額逐漸下降，製造業份額不變，服務業份額上升，形成了產業結構的變化。然而，19 世紀 60 年代很多國家製造業部門呈現出駝峰型變化，Mao 和 Yao（2010）指出，Kongsamut 等在模型中假定製造業的產品需求收入彈性等於 1 不符合經驗事實，製造業份額的變化是必須加以解釋說明的問題。

基於以上理論，同樣還有 Foellmi 和 Zweimuller 從收入需求彈性出發，結合部門間勞動力流動，研究了產業結構的變化。在貧窮社會，消費者將大部分收入用於實物等農產品，此時勞動力主要存在於農業部門，隨著收入水準的提高，消費者對食物等農產品的需求減少，對工業製成品的需求增加，勞動力逐漸轉移到工業部門，在現代社會，消費者的收入主要用於追求更高級需求滿足的服務支出，此時服務業吸納較多的勞動力。因此，由收入彈性差異導致的消費者需求的變化以及與之相伴隨的勞動就業的變化，引起了產業結構的變遷。

就國內而言，一方面國外根據收入彈性理論對消費需求的研究已比較充分，另一方面數據的可得性較差等客觀原因也制約了這方面的研究進展，因此關於消費需求的研究較少，更多的研究將關注的焦點集中於投資供給上。對於

消費需求，沈利生（2011）將最終需求結構與中國三次產業結構的變化聯繫起來，採用投入產出模型進行了實證分析，結果認為最終需求結構的扭曲是造成中國目前產業結構扭曲的根本原因。因此，提高最終需求中對服務業的消費需求是改善第三產業產值比重的主要途徑。可見，需求因素尤其是消費性需求對生產性服務業發展具有十分重要的作用，基於此，肖文、樊文靜（2011）從需求規模和需求結構的角度出發，具體分析了影響生產性服務業發展的需求因素，並對影響中國生產性服務業發展需求不足的原因進行了實證檢驗，檢驗結果指出中國不僅要從供給角度更要從需求角度來推動生產性服務業的發展，改善產業構成。

8.2.2 供給角度

經濟體系中農業、工業以及服務業等各部門的生產效率存在差異，在生產要素自由流動的條件下，為了獲得更高的報酬，生產要素流向生產率較高的部門，促進該部門的發展，進而引起產業結構的變化。基於此，供給角度成為學者研究產業結構變化的一個重要視角。

Ngai 和 Pissarides（2004）構建了一個多部門經濟增長模型，在模型中，效用函數被假設為 CES 函數，同時假定每個產品使用相同的資本份額。他們分析認為，在互補性消費品之間，勞動力往往會轉移至技術水準低的部門，而在替代性消費品之間，勞動力則會從技術水準低的部門轉移至技術水準高的部門，促進高科技部門的發展，進而使技術水準高的部門占據經濟主導地位。

Acemoglu 和 Guerrieri（2006）構建了一個部門之間替代彈性不變的兩部門增長模型。他們研究認為，即使存在相同的技術進步，兩部門之間的增長也會出現差異。將勞動和資本按不變比例分配到資本密集程度不同的兩個部門中，資本密集程度高的部門增長得更快，較快的增長相應地會改變產品的均衡價格，相對價格的變化改變勞動和資本的流向，從而引導產業結構的變化。

Ju、Lin 和 Wang（2009）認為發展中國家的產業結構變化是由資源稟賦的變化引起的。發展中國家的資源結構從勞動力和自然資源相對豐富而資本相對稀缺演變為資本相對豐富而勞動力和自然資源相對稀缺，由此引致了產業結構的相應變化。Lin（2003，2009）持同樣觀點，即當經濟體的資本累積達到一定程度，資本相對更加便宜時，資本對勞動產生替代，經濟中資本密集型產品被更多地生產出來，產業結構相應地向資本密集型產業調整。

基於索洛模型，Francisco 和 Ngo（2011）假定生產函數服從 Cobb-Douglas 生產函數，在兩部門模型中，資本要素和勞動要素在不同部門間的替代彈性存

在差異，進而對產業結構變化產生了不同的影響，即當資本勞動比上升時，勞動會流向替代彈性較小的部門，而資本則向替代彈性較大的部門流動，最終引起資本要素和勞動要素在部門間的合理配置，產業結構形成。

在國內方面，主要從存量投資和增量投資兩個方面出發，通過全要素生產率的變動考察產業間資本和勞動要素流動，進而形成產業結構變化的路徑。比較有代表性的學者有陳體標（2005）、陳曉光（2007）等，對經濟結構變化的做了比較深入規範的研究。陳曉光（2005）通過分別建立三個模型來闡述中國經濟結構的變化。首先是技術外生型模型，該模型表明經濟結構變化的主因在於需求收入彈性差異的存在，其次是技術進步內生化模型，即將研究和開發部門引入到模型中，得出了人均 GDP 與人均 GDP 增長率之間存在駝峰形關係的結論，最後是從城市移民的學習角度以及人力資本的累積角度來研究經濟增長與結構變化之間的關係。從長期來看，三個模型均表明經濟會進入穩態，此時農業的就業比例趨近於 0，而製造業和服務業的就業比例分別為 η、1-η（其中 η 為個人可支配收入的減函數）。因此，可以看出在經濟增長過程中，農業比例將逐漸趨於 0，製造業產值比重也相應下降，而服務業比例則呈逐漸上升趨勢。同樣，陳體標（2007）從生產技術的角度對經濟結構變遷予以了分析。在所設的經濟增長模型中，僅包含一種消費品，但有多個中間部門以及一個最終部門。對於中間產品，設定由 Cobb－Douglas 函數生產，而最終產品則由中間產品按 CES 函數生產。分析的結果與 Ngai 等（2004）、Acemoglu 等（2006）基本一致，即部門之間技術水準存在差異，全要素生產率較高的部門吸引資本和勞動要素的累積，進一步促進該部門的發展，進而形成經濟結構的變遷。

21 世紀初，中國經濟發展過程中出現工業投資過熱的局面，其主要原因在於工業行業存在過度投資，主要集中在國有企業投資上，相反，民營企業卻存在投資不足的問題。其次要原因在於競爭性行業的重複投資。工業行業投資需求旺盛，由於存在邊際報酬遞減，影響到工業的發展（樊瀟彥，2004）。對此，朱鐘隸、李小平（2007）估算了中國製造業中的 34 個子行業的全要素生產率及其相關影響因素。結果發現，由於工業行業間技術差異的存在，行業內全要素生產率增長呈發散趨勢，而全要素生產率的這種變動同中國三次產業間以及產業內部投資變動之間表現為負相關關係。同樣，蔡昉、王德文、曲胡（2009）根據中國的產業投資佈局，實證研究了金融危機的衝擊對中國產業發展的影響。文章指出，進入 21 世紀以來，中國製造業全要素生產率顯著提高，製造業得到了迅速發展；相比東部省份，中西部地區和東北老工業基地取得了

更高的全要素生產率。因此通過產業投資的重新佈局，促進產業在東、中、西部之間有效的承接轉移，不僅可以使東部地區的產業得到優化，還可以使中西部地區承接勞動密集型產業，發揮中西部的勞動力比較優勢。陳鑫燕（2009）定性地研究了產業結構變化中的投資約束，以固定資產的增量為研究對象，分析了中國產業結構的變動。分析指出，中國由於市場經濟制度建立不完善，政府對資源配置進行了強有力的干預，在政府「有形之手」的干預下中國投資總量流向於產業結構調整和結構升級的規模和比例存在較大差異，從而引起了產業結構的變動。同樣，李青（2009）將投資分為存量調整和增量投資，將產業結構變化劃分為產業結構調整和產業結構升級，然後從投資規模、投資方向、投資風險等因素出發定性地分析了產業結構變化的影響，以及產業結構變化對投資的反作用。

8.2.3　其他方面

需求與供給對一國的產業結構調整起到了決定性作用，但產業結構的變化同樣受到政府產業政策、制度約束等方面的影響。

胡向婷、張璐（2005）認為，一國產業結構受到了社會因素、歷史因素和自然因素等各種因素的影響，自然不能忽視政府在產業結構調整中的作用。在《地方保護主義對地區產業結構的影響》一文中，胡向婷等（2005）構建了一個廠商投資行為模型，通過對地區間產業結構趨同問題的研究，考察了地方政府對產業結構變化所產生的影響及其作用機制，即地方政府的直接投資行為對轄區間產業結構差異化起到正向作用，而貿易壁壘的設置則阻礙了轄區間產業結構的差異化趨勢，因為這增加了區域間的貿易成本，不利於資源的有效流動。

一般而言，為了鼓勵某個部門的發展，政府制定相應的產業政策來改變資源在產業部門之間的配置，在「有形之手」的引導下，資源流向政策支持的部門，從而實現產業結構的優化調整，增強經濟的可持續發展能力。Hausmann（2006）甚至指出，如果通過市場的自發調節功能不能促使各個市場主體的經濟行為達成一致，那麼政府就應該發揮調節功能，即制定並執行相應的產業發展政策，影響市場主體的經濟決策，使其採取協調一致的行動。極端情況下，當市場不能發揮作用時，政府應該果斷採取行動，充當市場主體直接從事投資等經濟活動。當然，一些學者並不認同這種看法，他們認為政府不應制定產業政策干預市場經濟，而只需要提供相應的公共產品以保障市場機制的運行。儘管如此，雙方都認為，產業政策是對各個產業的發展以及三次產業結構的調整都是外生

變量。

產業政策是由政府取代市場發揮調控作用，然而中國經濟發展過程中市場經濟體制改革的推進對產業結構調整起到了很大的促進作用。以1992年為分隔點，1978年至1992年期間計劃經濟體制逐步瓦解，市場經濟體制在探索中逐步建立，1993年後主要表現為漸進改革，俞曉晶（2013）對比分析了前後兩個階段中國產業結構的調整過程，前者制度創新推動的結構調整效應明顯強於後者。

在財政政策方面，收入政策與支出政策對產業結構調整的作用機制已被理清，但是相關的研究基本從總量視角進行的。就財政支出而言，目前學界的研究對象僅表現為財政支出總額與產業結構變化的關係以及財政支出按功能分類的支出額對產業結構調整的影響，如王宏利（2009）詳細分析了財政支出總額及經濟建設支出的增減變化，並與農業、製造業、金融業以及保險業的發展相聯繫，結果顯示，隨著財政支出水準的提高，農業、製造業以及金融保險業均有所發展，而經濟建設支出的增長卻呈現相反的作用。同樣，儲德銀、建克成（2014）也從總量與結構效應雙重視角考察了中國財政支出對中國產業結構調整的影響。可以說，根據財政政策作用機制，學者大量研究了財政支出的總量效應以及結構效應，但是在作用機制中，勞動與資本要素累積起到了中間橋樑作用，而目前的研究忽視了這一點。

8.3 文獻評述

從以上文獻綜述可以看出：

首先，國內外學者對產業結構變化的過程和特徵以及產業結構變化的影響因素均有研究，但很少有學者將兩者結合起來。現有文獻均只涉及其中的一個方面。事實上，產業變化過程以及引起這種變化過程的原因應該是一個系統。因此，在分析產業結構變化的過程及其特徵的基礎上，從某一方面或者某幾個方面來研究導致這種變化過程的原因及其作用機制，是尚且需要研究的方向之一。

其次，學者從供給的視角出發，對產業結構調整進行了大量的定性與定量研究，而從需求角度，主要集中於私有經濟的消費需求以及投資需求，而很少將政府行為考慮其中。事實上，在中國經濟發展過程中地方政府行為一直扮演著十分重要的角色（郭慶旺、賈俊雪，2006）。

再次，學者對財政政策對產業結構調整的作用機制進行瞭解析，即財政支出和稅收收入分別通過影響需求結構以及全要素生產率，進而改善勞動與資本要素流動，促進支持發展部門的要素累積，推動產業結構調整（郭小東、劉長生、簡玉峰，2009；儲德銀、建克成，2014）。定性方面已有了充足的梳理說明，但是鮮有學者從數據方面予以定量研究。然後，現有文獻多是採用國家財政收支數據研究中國產業結構調整，僅有少量文獻利用省級面板數據進行了實證研究。而事實上，地方政府行為對本轄區以及區域間產業結構調整有著巨大的影響，同時，區域產業結構的調整也對本區域地方政府投資提出了不同的要求。

最後，現有文獻均採用三次產業產值比重或者就業份額來衡量產業構成。然而，產業結構高級化與產業結構合理化是產業結構的重要內容，是衡量產業構成的兩個重要指標（干春暉等，2011）。因此，如何合理地採用衡量指標來更深入地考察產業結構變化，需要進一步地研究。

9 中國區域產業結構分析

9.1 產業結構的界定

9.1.1 產業

產業是一種社會分工現象，是社會分工的必然產物，它隨著社會分工的產生而產生，隨著社會分工的發展而發展。根據馬克思的三大分工理論，新石器時代出現第一次社會大分工，畜牧業從農業中分離出來；原始社會末期出現第二次社會大分工，手工業從農業中分離出來；奴隸社會初期發生第三次社會大分工，商業從農業、手工業中分離出來。經過三次社會大分工，形成了農業、手工業和商業等產業部門。隨著社會經濟的發展與生產力水準的提高，社會分工不斷深化。三次產業革命使得機器工業、鋼鐵工業、電氣業以及服務業和新興產業不斷出現。迄今為止，產業不僅存在於生產領域，還存在於流通領域；不僅包括物質的生產和流通，還包括非物質（文化、信息等）的生產與流通。

9.1.2 產業的分類

根據產業研究的目的與方法的不同，產業的分類方法也相應不同。一般的，產業的分類方法主要有以下幾種：三次產業分類法、國際標準分類法、國家標準分類法以及關聯方式分類法等。本部分採用世界上通用的分類方法，三次產業分類法。根據這一方法，產業分為第一產業、第二產業、第三產業。第一產業是指廣義的農業，包括種植業、林業、漁業、畜牧業和狩獵業；第二次產業是指廣義的工業，包括製造業、礦業、採掘業、建築業以及供水、供電和煤氣等；第三產業是指廣義的服務業，包括金融業、電信業、交通運輸業、文化體育業、旅遊業以及娛樂業等。

根據國家統計局《三次產業劃分規定》，中國的三次產業劃分為：第一產業是指農、林、牧、漁業；第二產業是指製造業，採礦業，建築業，電力、燃氣以及水的生產和供應業；第三產業是指除第一、二產業以外的其他行業，包括交通運輸業、郵政業、批發和零售業、金融業、文化體育業、旅遊業以及娛樂業等。

9.1.3 產業結構

所謂產業結構，是指在一個經濟實體中，組成國民經濟的各個產業之間以及產業內部的構成及其比例關係。狹義的產業結構，從質的方面出發，是指國民經濟中各產業的經濟效益和技術水準的分佈狀態。廣義的產業結構，從量的方面出發，是指國民經濟中各產業之間以及產業內部的比例關係，即各個產業間「投入」與「產出」的量化關係。本部分主要考察廣義的產業結構，即探討產業結構的量化關係，主要從三個層次來考察：①國民經濟中的第一、二、三次產業的構成；②三次產業各自的內部構成；③三次產業內部的行業構成。

9.2 中國產業結構演化過程及效果

改革開放以來，中國經濟發展水準不斷提高，經濟結構也隨之發生了巨大的變化，三次產業結構趨向高級化、合理化。但目前，中國產業結構調整成果與發達國家相比仍有較大差距，與中國的經濟發展水準不相匹配。因此，有必要系統、全面地分析中國產業結構演進過程，抓住其中的主要矛盾，從而有助於中國產業結構的進一步優化升級。

9.2.1 中國產業結構演化過程

通常，三次產業的產值占 GDP 的比值可以用來衡量產業結構的變化情況。1978—2013 年中國三次產業的產值分別占 GDP 的比值如表 9-1 所示：

表 9-1　1978—2013 年中國國內生產總值的構成（以當年價格表示）

年份	國內生產總值/億元	第一產業 產值/億元	第一產業 比重/%	第二產業 產值/億元	第二產業 比重/%	第三產業 產值/億元	第三產業 比重/%
1978	3,645.2	1,027.5	28.2	1,745.2	47.9	872.5	23.9
1979	4,062.6	1,270.2	31.3	1,913.5	47.1	878.9	21.6
1980	4,545.6	1,371.6	30.2	2,192.0	48.2	982.0	21.6
1981	4,891.6	1,559.5	31.9	2,255.5	46.1	1,076.6	22.0
1982	5,323.4	1,777.4	33.4	2,383.0	44.8	1,163.0	21.8
1983	5,962.7	1,978.4	33.2	2,646.2	44.4	1,338.1	22.4
1984	7,208.1	2,316.1	32.1	3,105.7	43.1	1,786.3	24.8
1985	9,016.0	2,564.4	28.4	3,866.6	42.9	2,585.0	28.7
1986	10,275.2	2,788.7	27.1	4,492.7	43.7	2,993.8	29.1
1987	12,058.6	3,233.0	26.8	5,251.6	43.6	3,574.0	29.6
1988	15,042.8	3,865.4	25.7	6,587.2	43.8	4,590.3	30.5
1989	16,992.3	4,265.9	25.1	7,278.0	42.8	5,448.4	32.1
1990	18,667.8	5,062.0	27.1	7,717.4	41.3	5,888.4	31.5
1991	21,781.5	5,342.2	24.5	9,102.2	41.8	7,337.1	33.7
1992	26,923.5	5,866.6	21.8	11,699.5	43.5	9,357.4	34.8
1993	35,333.9	6,963.8	19.7	16,454.4	46.6	11,915.7	33.7
1994	48,197.9	9,572.7	19.9	22,445.4	46.6	16,179.8	33.6
1995	60,793.7	12,135.8	20.0	28,679.5	47.2	19,978.5	32.9
1996	71,176.6	14,015.4	19.7	33,835.0	47.5	23,326.2	32.8
1997	78,973.0	14,441.9	18.3	37,543.0	47.5	26,988.1	34.2
1998	84,402.3	14,817.6	17.6	39,004.2	46.2	30,580.5	36.2
1999	89,677.1	14,770.0	16.5	41,033.6	45.8	33,873.4	37.8
2000	99,214.6	14,944.7	15.1	45,555.9	45.9	38,714.0	39.0
2001	109,655.2	15,781.3	14.4	49,512.3	45.2	44,361.6	40.5
2002	120,332.7	16,537.0	13.7	53,896.8	44.8	49,898.9	41.5
2003	135,822.8	17,381.7	12.8	62,436.3	46.0	56,004.7	41.2
2004	159,878.3	21,412.7	13.4	73,904.3	46.2	64,561.3	40.4
2005	184,937.4	22,420.0	12.1	87,598.1	47.4	74,919.3	40.5
2006	216,314.4	24,040.0	11.1	103,719.5	47.9	88,554.9	40.9

表9-1(續)

年份	國內生產總值/億元	第一產業 產值/億元	比重/%	第二產業 產值/億元	比重/%	第三產業 產值/億元	比重/%
2007	265,810.3	28,627.0	10.8	125,831.4	47.3	111,351.9	41.9
2008	314,045.4	33,702.0	10.7	149,003.4	47.4	131,340.0	41.8
2009	340,902.8	35,226.0	10.3	157,638.8	46.2	148,038.0	43.4
2010	401,512.8	40,533.6	10.1	187,383.2	46.7	173,596.0	43.2
2011	473,104.0	47,486.2	10.0	220,412.8	46.6	205,205.0	43.4
2012	518,942.1	52,373.6	10.1	235,162.0	45.3	231,406.5	44.6
2013	568,845.2	56,957.0	10.0	249,684.4	43.9	262,203.8	46.1

第一產業產值占GDP的比重在改革開放初期略有上升，在1982年達到最高，為33.4%。隨後一直呈下降趨勢，從1978年28.2%上升到1983年33.2%，然後下降到2013年10.0%，降幅明顯。

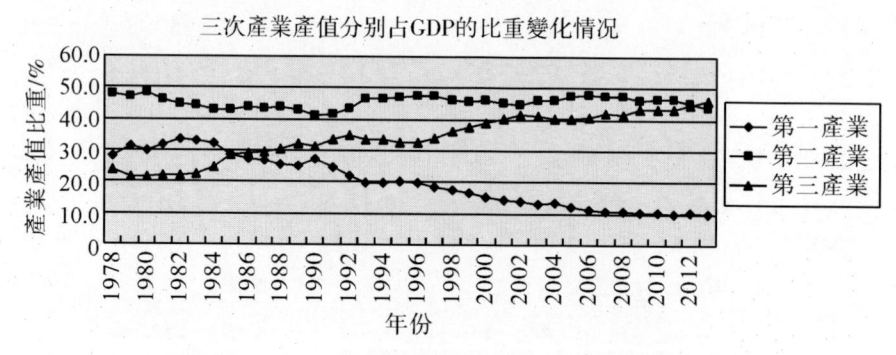

圖9-1　1978—2013年中國三次產業產值比重變化情況

（資料來源：《中國統計年鑒2013》）

第二產業產值占GDP的比重呈現波動性下降。總體來說，這一比值從1978年的47.9%下降到2013年的43.9%。其中，1990—1997、2002—2006年間均有所上升，並在2006年又一次達到峰值47.9%。

第三產業產值占GDP的比重總體呈現逐步上升趨勢，1985年第三產業占GDP的比重超過第一產業，同時與第二產業之間的比重差距越來越小，在2002年差值最小，但隨後第三產業比重略有下降，2007年反轉上升，並在2013年首次超過第二產業。

第一、二、三產業占GDP的比重之間的比值在1978年為1：1.70：0.85，

2013 年這一比值為 1：4.39：4.61。

9.2.2 中國產業結構演化效果

產業結構是經濟結構的核心，產業結構的優化效果將決定著經濟的長期發展水準。較好的產業結構優化效果將促進就業水準的提高，改善資本回報率，推動經濟健康發展。

（1）產業結構效益

產業結構效益是指在一定的時間和空間範圍內，在經濟體資源總投入不變的條件下，三次產業間由於資源的有效配置所帶來的效益。現有研究表明，產業結構偏離度是衡量產業結構效益的較好方法。

產業結構偏離度 = 產值份額/就業份額 - 1

產業結構偏離度以三次產業產值結構與勞動力結構之間的差值來表示，差值越小，即偏離度越低，產業結構效益則越好。反之，則表明產業結構效益較差。

表 9-2　1978—2012 年三次產業結構偏離度　　　　單位：%

年份	第一產業	第二產業	第三產業	三次產業總偏離度	年份	第一產業	第二產業	第三產業	三次產業總偏離度
1978	-42.31	30.58	11.74	84.62	1996	-30.81	24.04	6.77	61.62
1979	-38.53	29.50	9.03	77.07	1997	-31.61	23.84	7.77	63.23
1980	-38.53	30.02	8.50	77.05	1998	-32.24	22.71	9.53	64.49
1981	-36.22	27.81	8.41	72.44	1999	-33.63	22.76	10.87	67.26
1982	-34.71	26.37	8.35	69.42	2000	-34.94	23.42	11.52	69.87
1983	-33.92	25.68	8.24	67.84	2001	-35.61	22.85	12.76	71.22
1984	-31.87	23.19	8.68	63.74	2002	-36.26	23.39	12.87	72.51
1985	-33.96	22.09	11.87	67.91	2003	-36.30	24.37	11.93	72.61
1986	-33.76	21.82	11.94	67.52	2004	-33.51	23.73	9.78	67.01
1987	-33.19	21.35	11.84	66.38	2005	-32.68	23.57	9.11	65.35
1988	-33.60	21.39	12.21	67.21	2006	-31.49	22.75	8.74	62.97
1989	-34.99	21.23	13.76	69.99	2007	-30.03	20.54	9.49	60.06
1990	-32.98	19.94	13.04	65.97	2008	-28.87	20.25	8.62	57.74
1991	-35.17	20.39	14.79	70.35	2009	-27.77	18.44	9.33	55.53
1992	-36.71	21.75	14.96	73.42	2010	-26.60	17.97	8.64	53.21

表9-2(續)

年份	第一產業	第二產業	第三產業	三次產業總偏離度	年份	第一產業	第二產業	第三產業	三次產業總偏離度
1993	-36.69	24.17	12.52	73.38	2011	-24.76	17.09	7.67	49.53
1994	-34.44	23.87	10.57	68.88	2012	-23.51	15.02	8.49	47.02
1995	-32.24	24.18	8.06	64.48					

　　整體來看，中國三次產業總偏離度是波動性下降的，降幅在50%左右，表明中國產業結構逐步呈現合理化。其中，1997年到2003年有一股上升勢頭，其主要原因在於第一產業和第三產業偏離度的增大，尤其是第一產業。1993年開始中國進行了數年的宏觀經濟調控，此外，1998年爆發亞洲金融危機，在雙重影響下，中國經濟下行，勞動就業率走低，農村回流人員增多，因此造成第一產業偏離度絕對數的上升，第三產業偏離度也有所上升。

　　另外，第一產業偏離度為負，即第一產業產值比重低於就業比重，可見中國第一產業相對勞動生產率較低，存在勞動力轉出的客觀條件。但是，由於戶籍制度等客觀原因阻礙了勞動力的合理流動，一方面造成了農業生產率低下，另一方面也制約了製造業與服務業的發展。

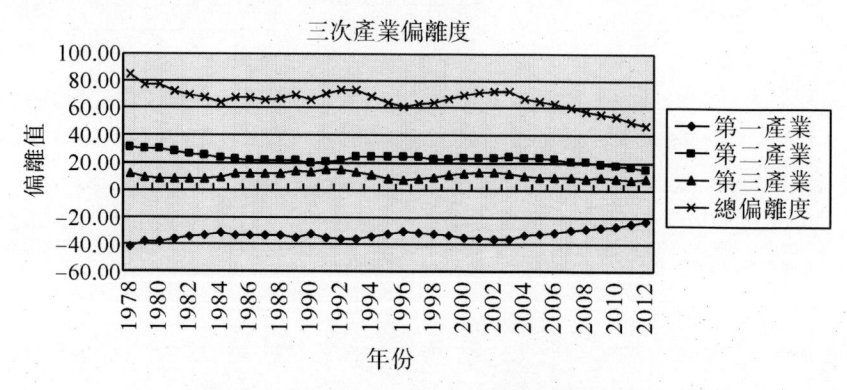

圖9-2　1978—2012年三次產業結構偏離度

（資料來源：根據表9-1相關數據計算）

（2）產業結構高級化

　　在正常情況下，一國的經濟總量是不斷增長的，相應的經濟發展質量也不斷提高，反應經濟發展水準的產業結構也不斷地從低層次向高層次演化，即三次產業中第一產業、第二產業、第三產業依次占主導地位。在這一演化過程中，資源配置更加合理，由產業結構體現的經濟技術水準不斷提高，整體經濟效益隨之改善。

「標準結構法」是衡量一國產業結構高級化程度的描述性方法。以三次產業產值結構作為結構衡量的標準，賽爾奎因和錢納里考察了產業結構高級化過程，總結出了「賽爾奎因–錢納里標準結構法」，如表9-3所示。

表9-3　賽爾奎因—錢納里標準結構法

		人均國民生產總值的基準水準（按1980年美元價格）					
		300以下	300	500	1,000	2,000	4,000
產值結構	第一產業	46.3	36.0	30.4	26.7	21.8	18.6
	第二產業	13.5	19.6	23.1	25.5	29.0	31.4
	第三產業	40.1	44.4	46.5	47.8	49.2	50.0
就業結構	第一產業	81.0	74.9	65.1	51.7	38.1	24.2
	第二產業	7.0	9.0	13.2	19.2	25.6	32.6
	第三產業	12.0	15.9	21.7	29.1	36.3	43.2

資料來源：楊德勇，張宏豔. 產業結構研究導論［M］. 北京：知識產權出版社，2008：120–121.

2012年中國人均國民生產總值為38,420元，折算成1980價格為5,782.77元，1980年人民幣兌美元匯率為1美元=1.498元人民幣，因此2012年中國人均國民生產總值按1980年美元價格計算約為3,860.33美元。根據插值法，人均國民生產總值為3,860.33美元時的產值結構和就業結構為：

表9-4　當人均國民生產總值為3,860.33美元時的產業結構

	人均國民生產總值為3,860.33美元（按1980年美元價格）		
	第一產業	第二產業	第三產業
產值結構	18.82	31.23	49.94
就業結構	25.17	32.11	42.72

資料來源：根據插值法由表9-3計算。

從產值結構來看，2012年中國三次產業產值比重分別為10.1%，45.3%，44.6%，呈現「二、三、一」形式。與「標準結構」相比，中國第一產業產值比重較小，同「標準結構」模式相比遠遠落後於「標準結構」模式下18.82%的份額；第二產業比重較高，同「標準結構」模式相比，高出約14%；第三產業產值比重落後5.34%。從就業結構來看，2012年中國三次產業就業比重分別為33.6，30.3，36.1，呈現「三、一、二」形式。與「標準結構」相比，第一產業比重高出8.43%，第二產業略低，第三產業落後6.62%。顯

然，中國產業結構高級化與「標準結構」下「三、二、一」模式仍有一定的差距，需進一步加強，尤其是第一產業和第三產業，錯位明顯。而造成這一現象的主要原因是，中國農業勞動生產率較低，較大的勞動投入沒有形成相應的產出，第三產業勞動生產率較高，但由於戶籍制度等體制限制了農業勞動力的有效轉移，第三產業吸納就業能力有限等原因，第三產業發展滯後。因此，中國產業結構高級化的方向在於提高農業勞動力的生產率，採取措施促進勞動力的有效轉移，促進第三產業的發展。

（3）區域產業結構相似度

由於中國地域差異較大，各個地區擁有的勞動、資本、技術等生產要素不盡相同，因而各個地區之間的產業結構具有差異性，這種差異越大，區域分工水準就越高，相應的區域聯繫就越密切；反之，區域間產業結構差異越小，則區域間聯繫就越少。本部分採用聯合國工業組長推薦使用的相關係數指標，利用1978—2012年東、中、西部的產值數據來分析中國區域間產業結構的相似程度。

$$S_{ij} = \frac{\sum_{k=1}^{n} X_{ik} X_{jk}}{\sqrt{\sum_{k=1}^{n} X_{ik}^2 \sum_{k=1}^{n} X_{jk}^2}}$$

上述公式中，S_{ij}表示區域 i 與區域 j 之間的結構相似係數，$0 \leq S_{ij} \leq 1$；X_{ik}表示 i 地區第 k 產業的產值比重或就業比重；X_{jk}表示 j 地區第 k 產業的產值比重或就業比重。

根據東、中、西部三次產業產值結構數據，可以計算得出中國主要年份1980年、1985年、1990年、1995年、2000年、2005年、2010年、2012年的區域產值結構相似係數，結果如表9-5所示。

表9-5　主要年份東、中、西部產值結構相似係數

年份	東部	中部	西部
1980	0.967,574	0.937,754	0.993,789
1985	0.974,262	0.950,949	0.994,037
1990	0.973,554	0.953,054	0.994,966
1995	0.977,511	0.969,091	0.997,641
2000	0.986,942	0.973,36	0.995,042
2005	0.990,936	0.980,265	0.994,635
2010	0.985,702	0.989,352	0.998,643
2012	0.982,655	0.988,392	0.998,364

資料來源：根據中國統計年鑒相關數據計算得到。

整體來看，產值結構上，東、中、西區域之間的相似係數均超過0.9，尤其是中西部之間，產值結構相似係數均在0.99以上。可見，中國存在著嚴重的區域間產業結構趨同現象。具體來看，東西部之間的相似係數相對較小，東中部次之，中西部最大。同時，產值結構上東中部、東西部相似係數在逐年上升，中西部之間的相似係數整體略有上升，已經接近於1。

可見，中國區域產業結構差異在東西部地區之間較大，中西部之間最小。20世紀90年代後，中國區域產業結構調整僅僅是各個區域內部的產業結構優化，而各個區域間產業結構趨同現象嚴重，中國範圍內的產業結構調整並沒有取得實質性的效果，導致了各區域不能有效發揮資源等要素的比較優勢，降低了中國資源配置效率。

9.3 國際比較

世界各國經濟發展處在不同的階段，其產業結構也相應地不同。本部分從產業結構與就業結構兩個角度，將中國主要年份的產業結構與相同年份的高等收入國家、中等收入國家和低等收入國家的產業結構進行橫向比較，分析目前中國產業結構的不足之處。通過國際比較，旨在分析總結產業結構優化的經驗教訓，並為中國產業結構優化提供借鑒。

從人均國內生產總值來看，中國仍屬於中低等收入國家。表9-6列舉了1980年、1990年、2000年、2010年四個年度高等收入國家（美國、日本）、中等收入國家（墨西哥、韓國）和低等收入國家（印度、越南、中國）的產值結構，通過三次產業產值占GDP的比重數據，可以看出：

第一，高等收入國家產業結構水準明顯高於中低等收入國家，呈現「三、二、一」模式。第一產業產值份額維持在2%以內；第二產業產值份額逐漸降低，直至30%以內；第三產業產值份額自1980年以來均高於50%，並呈上升趨勢，至2010年已超過70%。

第二，中等收入國家產業結構水準次於高等收入國家，這主要表現在第一產業和第三產業的產值份額上，即中等收入國家第一產業的產值份額遠高於高等收入國家，而第三產業的產值份額低於高等收入國家。截至2010年，中等收入國家的產值份額，第一產業約占5%以內，第二產業約占三分之一，第三產業占60%左右。同樣，整體呈現「三、二、一」模式。

表 9-6 主要年份各國三次產業產值結構

年份		1980			1990			2000			2010		
產業		第一產業	第二產業	第三產業	第一產業	第二產業	第三產業	第一產業	第二產業	第三產業	第一產業	第二產業	第三產業
高等收入國家	美國	2.5	33.5	64	2	27.7	70.31.2	24.2	74.6	1.2	19.8	79	
	日本	3.7	41.9	54.4	2.5	41.2	56.3	1.8	32.4	65.8	1.2	27.5	71.4
中等收入國家	墨西哥	8.2	32.8	59	7.2	26	66.8	4.2	28	67.8	4.1	34.8	61.1
	韓國	14.4	39.9	45.7	8.5	43.1	48.4	4.6	38.1	57.3	2.6	38.8	58.5
	印度	38.1	25	36	31	29.3	39.7	23.4	26.2	50.5	16.2	28.4	55.4
低等收入國家	越南	—	—	—	37.5	22.7	39.9	24.5	36.7	38.7	19.8	39.6	38.9
	中國	30.1	48.5	21.4	27.1	41.6	31.3	15.1	45.9	39	10.1	46.7	43.2

資料來源:《國際統計年鑒 2012》。

第三，低等收入國家產業結構較落後。第一產業產值比重較高，第二產業比重適中，第三產業比重較低。不過這一形勢正在逐年改變，從表9-6中數據可以看出，30年來低等收入國家第一產業比重下降到20%以內，第三產業比重有了較大的提高。

第四，中國屬於中低等收入國家，產業結構水準與高等收入國家相比還有較大差距。改革開放以來，中國經濟取得了舉世矚目的偉大成就。但是，在產業結構上與中、高等收入國家還有較大差距。從三次產業產值結構來看，中國已經完成了農業向工業的初步轉型，進入以第二產業為主導產業的發展階段，即產業結構呈現「二、三、一」模式。與中高等收入國家相比，中國第三產業發展不足。未來產業結構調整的目標必然是大力發展第三產業，提高第三產業產值占GDP的比重。

9.4 小結

從以上分析可以看出：

第一，中國產業結構持續優化。中國第一產業份額降幅明顯，第二產業波動性下降，但是降幅較小，第三產業份額呈現逐漸上升趨勢，並在2013年這一比值超過第二產業，形成「三、二、一」模式。

第二，中國產業結構正在持續改善和優化，但仍存在較大的優化空間。主要表現在：改革開放以來，中國三次產業總偏離度下降近50%，產業結構改善，但第一產業偏離度仍為負值，即第一產業勞動力生產效率低下，就業比重大於產值比重。農業勞動力向第二、三產業轉移的需求很大。

第三，中國產業結構水準與高等收入國家比還有較大差距。改革開放40年來，中國經濟取得了舉世矚目的偉大成就。但是，產業結構調整與中高等收入國家還有較大差距。從三次產業產值結構來看，中國自20世紀90年代就已經完成了農業向工業的初步轉型，進入以第二產業為主導產業的發展階段。經過近30年的快速發展，目前第三產業產值份額超過第二產業，即產業結構呈現「三、二、一」模式，但與中、高等收入國家相比，中國第三產業發展不足。

因此，中國產業結構應朝著更加合理的方向發展，改善空間巨大，未來產業結構調整的目標必然是大力發展第三產業，提高第三產業產值占GDP的比重。

10 財政政策與產業結構調整

作為政府宏觀經濟調控的主要手段之一，財政政策在調整進度、效率等方面引導中國產業結構調整（見圖10-1）。從其作用機制來看，首先，政府根據社會經濟發展水準及要求制定相應的產業政策；其次，政府通過制定財政稅收政策，加大公共投資，從而向社會發布信號，引導社會資源進入相關產業，促進產業發展；再次，微觀企業根據政府的政策引導，調整生產經營決策，優化配置企業資源；最後，政府根據企業的投資行為是否符合產業政策規定要給予一定的財政稅收便利。通過這種途徑，政府完成了社會資源在區域間、產業間的合理配置，促進轄區內經濟結構的調整，最終實現產業結構的優化升級。

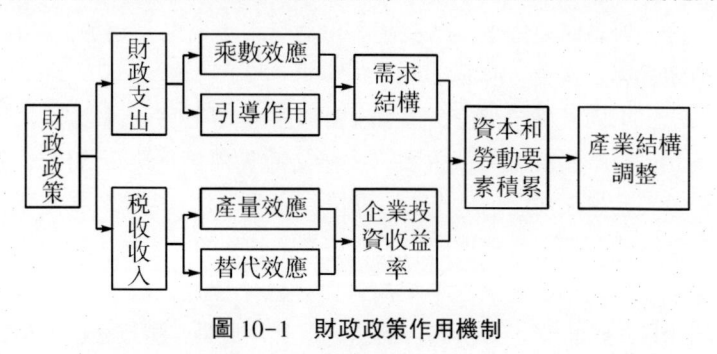

圖 10-1　財政政策作用機制

10.1 財政支出政策與產業結構調整

作為財政政策的重要作用手段之一，財政支出主要包括投資支出、科教文衛等公共事業費支出以及行政管理經費支出。一般而言，資金供給對產業結構調整發揮最重要且最直接的影響。一方面，政府通過優化財政支出結構，在政策指引下，有計劃有重點地發展某些行業，並有序引導私人資本參與到該行業

的發展中來，即發揮創造效應，進而優化轄區內產業結構，提高經濟發展水準；另一方面，財政支出發揮乘數效應，能夠快速地引導社會資源從生產率較低的行業退出，流向鼓勵和支持的行業中來，即發揮替代效應，從總量上調控產業結構，見圖10-2。

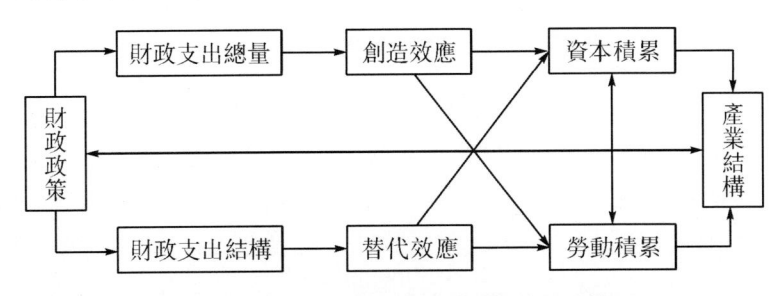

圖 10-2　財政支出對產業結構調整的作用機制

10.1.1　政府投資與產業結構調整

在計劃經濟體制中，產業結構是在政府為實現既定目標而制定的經濟戰略之一，因此，投資的流向往往體現政府的意志；而市場經濟體制中，微觀主體的投資主要是根據市場規律做出的，較少受到政府影響，而政府投資主要是彌補市場失靈，即提供公共產品與服務、解決外部性以及宏觀調控而進行的，主要向基礎設施建設、公共設施等產品與服務的提供上投資。改革開放以前，中國實行計劃經濟體制，在趕超性經濟戰略下，產業投資主要傾向於第二產業，尤其是重工業，第一產業和第三產業投資嚴重不足。改革開放初期，經濟體制逐漸調整，但是政府投資仍然發揮主要作用，投資主要流向於生產性項目，非生產性建設項目只占很少的一部分。雖然改革開放後進行了以放權為基本特徵的經濟體制改革，在給企業鬆綁的同時，地方政府也相應地獲得了較大的自主權，使之成為投資主體。地方政府出於自身利益以及以經濟發展為主要考核指標的需要（周黎安，2004），地方政府主導區域內投資，使之流向於價高、利大、稅厚的加工業，盲目引進技術設備，而投資大、見效慢或者直接利益小的基礎產業與技術創新產業則出現投資不足，嚴重影響了中國產業結構的優化調整。隨後，產業間發展不協調的矛盾日益累積起來，尤其是交通運輸等基礎設施的相對滯後阻礙了經濟的持續有效發展，此外完善的社會保障體系的缺位以及戶籍制度的制約，嚴重影響了中國大量勞動力的流動，產業間不完善的要素流動制約了產業結構的調整，阻礙了經濟質量的提升。隨後，中央和地方對產業政策進行了多次調整。從建立市場經濟體制，到提出市場起決定作用，政府

職能不斷轉變，主要作用於交通基礎設施的完善、公共服務體系的健全以及扶持農業發展等非競爭性領域。隨之，財政政策也轉向於政府提供公共服務職能的實現，逐步降低對第二產業的支出比重，突出重點發展第三產業，扶持農業的基礎性地位。

10.1.2 科技教育支出與產業結構調整

政府教育經費支出水準直接作用於轄區內教育水準的提升，影響勞動力素質的提高，而政府對企業挖潛改造資金支持以及科技三項費用在內的科技支出直接影響企業的創新能力，體現了一國的科技發展水準。可以說，科技教育支出水準決定了一國勞動力素質水準的高低，影響該國的產業結構優化進程，進而決定了該國的經濟發展質量。因此，增加科教文衛支出將有助於提高中國的勞動力素質，以及科技創新能力，推動產業結構的優化調整，提高中國經濟的發展質量。

然而，中國卻面臨科教支出水準不足的局面。2007年，中國財政性教育經費支出占GDP總額的2.68%，2011年這一比重上升至3.49%，但仍未達到4%的目標。此外，在科技經費方面，2007年這一比重為0.80%，截至2013年僅有小幅上升，為0.89%。科教支出的不足，限制了中國勞動力素質的提升，阻礙了企業的技術進步與創新發展，其在產業結構方面的體現就是，第一產業多以傳統農業為主，機械化水準較低，發展模式粗放，第二產業中多數企業仍處於價值鏈底端，缺乏技術密集型企業，第三產業中服務水準及服務層次較低，有待升級提高。

10.1.3 行政管理經費支出與產業結構調整

行政管理費支出在其本質上是消費性支出，這部分支出僅用於維持黨政機關、社會團體的日常運轉，不能直接生產出物質財富，因此屬於社會資源的純消耗。1978年，中國行政管理費支出占財政支出總額的4.37%，最高在2004年達到14.25%。根據2007年財政預決算新口徑，一般公共服務支出占財政支出的比重在2007年達到17.10%，隨後逐年下降，2013年這一數據為9.81%，行政管理費支出受到了一定的控制。

由於財政資源有限，行政管理費支出的擴大必然會擠占其他生產性項目資源，例如科技教育支出不足，影響產業結構調整。同時，支出必定要有相應的財政收入作保證，高額的行政管理費用必然會誘導地方政府增加預算外收入，竭盡所能地增加罰款、稅費攤派以及其他各種名目的收費，汲取企業資源，企

業利潤由此受到非生產性支出的擠占，減少了生產性投入，降低了企業的創新能力以及市場競爭力，進而影響產業結構調整。此外，高額的行政管理費也意味著中國大政府大干預的現象盛行，市場經濟體制改革不到位，政府之手干擾了資源的自由流動與有效配置，影響產業結構調整。

10.2 稅收政策與產業結構調整

作為財政政策的另一個重要手段，稅收政策主要通過以下兩個方面來影響產業結構調整：其一，通過稅種的設計，形成有利於產業結構調整的稅制結構，例如營業稅改徵增值稅，促進服務業的發展；其二，通過稅率設定以及稅收減免等措施，調整不同地區、不同行業以及不同企業間宏觀稅負水準，引導社會資源流動，促進產業結構調整。本部分通過產量效應與替代效應予以如下分析。

10.2.1 稅收政策的產量效應

假定在完全競爭市場中，對單個企業徵稅。在完全競爭市場中，$MR=P$，作為價格接受者，單個企業追求利潤最大化的最優決策為 $MR=MC$，因此有 $P=MR=MC$。如圖10-3，橫軸為企業產量，縱軸為價格，徵稅前企業邊際成本為 MC_1，均衡產量為 Q_1，當政府對單個企業徵稅時，企業生產產品的邊際成本上升，MC_1 由向左上方移動至 MC_2，企業產量下降至 Q_2，降幅為 Q_1-Q_2。因此，對不同產品進行差別化徵稅的稅收政策能夠調節不同企業不同產品的產量水準，進而達到調整產業結構的目的。

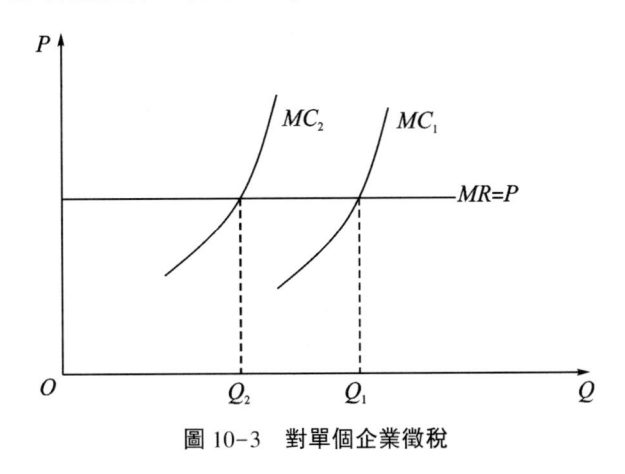

圖 10-3　對單個企業徵稅

當對某個行業進行普遍徵稅時，將會影響該行業中產品的產量與價格。如圖 10-4 所示，徵稅之前，產品的均衡產量為 Q_1，均衡價格為 P_1，政府對該行業徵稅，稅負增加會引起該行業產品供給減少，即供給曲線 S_1 向左上方移動至 S_2，達到新的均衡，此時均衡產量和均衡價格分別為 Q_2、P_2，行業內產品產量減少，減產幅度為 Q_1-Q_2。因此，對不同行業進行差別化徵稅調節產品產量水準，進而達到調整產業結構的目的。

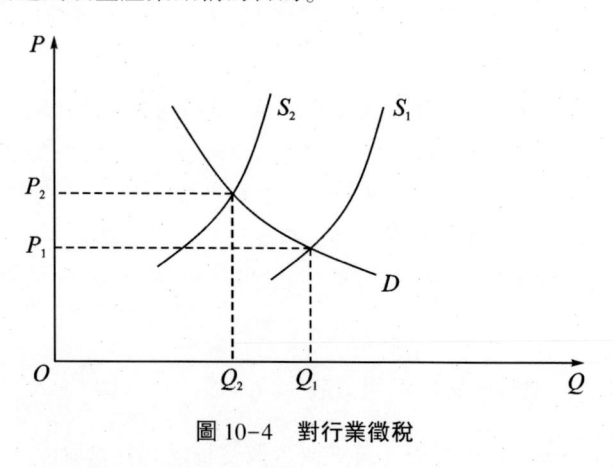

圖 10-4 對行業徵稅

10.2.2 稅收政策的替代效應

（1）商品稅的替代效應

假定市場上有產品 A 和產品 B，現在政府對產品 A 徵稅，而對產品 B 不徵稅。對生產者而言，理性的廠商會減少對產品 A 的生產，增加對產品 B 的生產。對消費者而言，理性的消費者會減少對商品 A 的消費，增加對商品 B 的消費，形成替代效應。因此，稅收替代效應的作用調節不同產品的產量，進而完成產業結構調整。

如圖 10-5 所示，對消費者而言，在原有 A、B 產品都沒有徵稅時，預算約束線為 MN，與無差異曲線相切於 E_1 點，此時消費者對產品 A、B 的消費組合為 (A_1, B_1)。現在政府對產品 A 徵稅，消費者的預算約束線變為 MN^*，此時，新的預算約束線與無差異曲線相切於 E_2，得到消費者新的消費組合 (A_2, B_2)。可見，政府通過對產品 A 徵稅，抑制了消費者對產品 A 的消費，生產者根據消費者消費決策的變化做出相應的生產決策，即減少對產品 A 的生產，增加對產品 B 的生產。因此，由於商品稅的替代作用，稅收政策影響了產業結構調整。

图 10-5　消費者替代效應

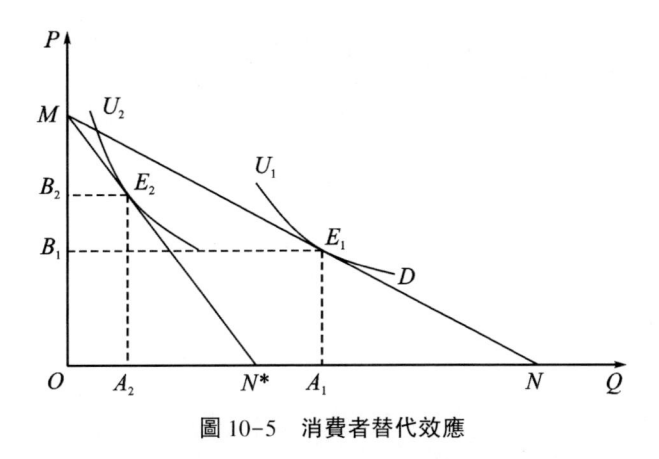

（2）所得稅的替代效應

中國現行所得稅稅種主要包括企業所得稅和個人所得稅，企業所得稅是政府對企業經營所得所課徵的一種稅，可以看成是資本所得稅，個人所得稅時政府對從業人員的勞動報酬所課徵的一種稅，可以看成是勞動所得稅。所得稅的徵收與變更將會影響企業對資本與勞動這兩種生產要素的使用。當一種要素的稅負增加時，其相對價格將會上升，企業將會更多投入另外一種生產要素。

10.3　小結

財政政策主要包括財政支出政策和稅收收入政策兩個維度。

就財政支出而言，一方面，政府通過優化財政支出結構，在政策指引下，有計劃有重點地發展某些行業，並有序引導私人資本參與到該行業的發展中來，進而優化轄區內產業結構，提高經濟發展水準；另一方面，財政支出發揮乘數效應，能夠快速地引導社會資源流向鼓勵和支持的行業中來，從總量上調控產業結構。

就稅收收入而言，一方面，通過稅種的設計，形成有利於產業結構調整的稅制結構，例如營業稅改徵增值稅，促進服務業的發展；另一方面，通過稅率設定以及稅收減免等措施，調整不同地區、不同行業以及不同企業間宏觀稅負水準，引導社會資源流動，促進產業結構調整。

可以看出，不論是財政支出政策，還是稅收收入政策，其作用機制均以影響產業間要素累積為仲介橋樑，部門間要素的合理流動，推動要素報酬率較高的部門的發展，進而影響產業結構的變動。本部分正是基於此，從財政支出的角度，研究產業間勞動和資本要素的變化，進而考察中國產業結構變化。

11 產業間要素累積分析

經濟體系中農業、工業以及服務業等各部門的生產效率存在差異，在生產要素自由流動的條件下，為了獲得更高的報酬，生產要素流向生產率較高的部門，促進該部門的發展，進而引起產業結構的變化。因此，本章分析了近年來中國三次產業間勞動和資本要素累積的變化情況，其中，勞動要素累積通過某一產業就業人數來反應，資本要素累積以某一產業固定資產投資量來反應。

11.1 產業間就業現狀分析

11.1.1 產業間就業現狀

從中國三次產業就業人員結構來看，中國產業結構變化的軌跡與三次產業產值占 GDP 比重所顯現出的變化軌跡基本一致。1978—2013 年中國三次產業就業人員結構如表 11-1、圖 11-1 所示，我們可以觀察到以下趨勢：

第一，第一產業就業人數一直呈現下降趨勢，1978 年第一產業就業人數占總就業人數的比重為 70.5%，2012 年這一比重則降為 33.6%，降幅超過 50%。

第二，第二產業就業人數從 1978 年不到 0.7 億人大幅增長至 2012 年 2.3 億多人，占總就業人數的比重從 1978 年的 17.3% 攀升至 2012 年 30.3%，增幅接近一倍。但是，在 1998—2003 年間，第二產業就業人數及比重雙雙下降，2003 年反轉上升。

第三，第三產業就業人數及其比例穩步、快速上升，並在 1994 年超過第二產業，2011 年超過第一產業，成為吸納就業人數最多的產業。從其絕對數來看，第三產業就業人數從 1978 年的 4,890 萬人猛增至 2012 年的 27,690 萬人，增長 4.66 倍；從其相對數來看，第三產業就業人數占總就業人數的比重，

1978 年為 12.2%，2012 年為 36.1%，相比增長近 2 倍。

表 11-1　1978—2012 年中國三次產業就業情況

年份	就業總數/萬人	第一產業 就業人員數/萬人	比重/%	第二產業 就業人員數/萬人	比重/%	第三產業 就業人員數/萬人	比重/%
1978	40,152	28,318	70.5	6,945	17.3	4,890	12.2
1979	41,024	28,634	69.8	7,214	17.6	5,177	12.6
1980	42,361	29,122	68.7	7,707	18.2	5,532	13.1
1981	43,725	29,777	68.1	8,003	18.3	5,945	13.6
1982	45,295	30,859	68.1	8,346	18.4	6,090	13.5
1983	46,436	31,151	67.1	8,679	18.7	6,606	14.2
1984	48,197	30,868	64	9,590	19.9	7,739	16.1
1985	49,873	31,130	62.4	10,384	20.8	8,359	16.8
1986	51,282	31,254	60.9	11,216	21.9	8,811	17.2
1987	52,783	31,663	60	11,726	22.2	9,395	17.8
1988	54,334	32,249	59.3	12,152	22.4	9,933	18.3
1989	55,329	33,225	60.1	11,976	21.6	10,129	18.3
1990	64,749	38,914	60.1	13,856	21.4	11,979	18.5
1991	65,491	39,098	59.7	14,015	21.4	12,378	18.9
1992	66,152	38,699	58.5	14,355	21.7	13,098	19.8
1993	66,808	37,680	56.4	14,965	22.4	14,163	21.2
1994	67,455	36,628	54.3	15,312	22.7	15,515	23
1995	68,065	35,530	52.2	15,655	23	16,880	24.8
1996	68,950	34,820	50.5	16,203	23.5	17,927	26
1997	69,820	34,840	49.9	16,547	23.7	18,432	26.4
1998	70,637	35,177	49.8	16,600	23.5	18,860	26.7
1999	71,394	35,768	50.1	16,421	23	19,205	26.9
2000	72,085	36,043	50	16,219	22.5	19,823	27.5
2001	72,797	36,399	50	16,234	22.3	20,165	27.7
2002	73,280	36,640	50	15,682	21.4	20,958	28.6
2003	73,736	36,204	49.1	15,927	21.6	21,605	29.3
2004	74,264	34,830	46.9	16,709	22.5	22,725	30.6
2005	74,647	33,442	44.8	17,766	23.8	23,439	31.4

表11-1(續)

年份	就業總數/萬人	第一產業 就業人員數/萬人	比重/%	第二產業 就業人員數/萬人	比重/%	第三產業 就業人員數/萬人	比重/%
2006	74,978	31,941	42.6	18,894	25.2	24,143	32.2
2007	75,321	30,731	40.8	20,186	26.8	24,404	32.4
2008	75,564	29,923	39.6	20,553	27.2	25,087	33.2
2009	75,828	28,890	38.1	21,080	27.8	25,857	34.1
2010	76,105	27,931	36.7	21,842	28.7	26,332	34.6
2011	76,420	26,594	34.8	22,544	29.5	27,282	35.7
2012	76,704	25,773	33.6	23,241	30.3	27,690	36.1

第四，1978年，第一產業就業人數及其比重遠超第二、三產業，到2012年，三者之間基本持平，呈現出「三分天下」之勢。

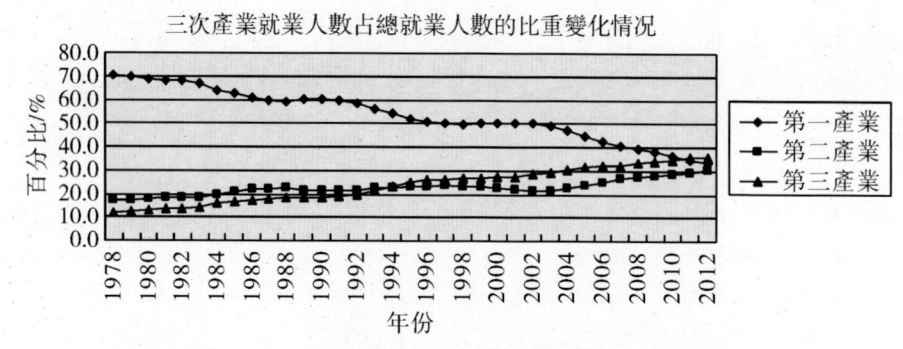

圖11-1 1978—2012年中國三次產業就業比重變化情況

（資料來源：《中國統計年鑑2013》）

11.1.2 產業間比較勞動生產率

所謂產業間比較勞動生產率，即產業的國民收入相對比重與產業勞動力相對比重之比。同時構建比較勞動生產率差異指數 S，衡量三次產業間比較勞動生產率的波動程度。

$$S = \frac{\sqrt{\sum_{i=1}^{3}(B_i - 1)^2}}{3}$$

上述公式中，S 為比較勞動生產率差異指數；B_i 為第 i 次產業比較勞動生產率。

根據表 11-2 和圖 11-2，從偏離方向上來看，第一產業為負向偏離，第二、三產業均為正向偏離，這表明第一產業勞動生產率低下，較多的勞動力佔有量生產了較少的產值。而第二、三產業勞動生產率相對較高。從數值來看，第一產業偏離度的絕對值較大，約為第二、三產業偏離度之和；第二產業偏離度值遠遠大於第三產業，但這一差距逐步減小，1991 年達到最小差值 5.6，隨後有所擴大，2012 年再次進入低點。三次產業結構的偏離度絕對值均呈現波動性下降趨勢，總偏離度的波幅較大。由此可見，中國第一產業勞動生產率低下，第二產業次之，第三產業勞動生產率相對較高。大量的勞動力滯留於第一產業；第二產業大量投資帶來了資本增加和技術進步，進而產生了排斥勞動的現象；第三產業吸納勞動力不足。因此，發展第三產業，提高第三產業的勞動力吸納能力，改善第三產業的外部環境，促進勞動力有序地向第三產業轉移乃是提高產業結構效益的唯一途徑，也是社會經濟健康發展的必經之路。

表 11-2　1978—2012 年間三次產業比較勞動生產率　　單位:%

年份	第一產業	第二產業	第三產業	比較勞動生產率差異指數	年份	第一產業	第二產業	第三產業	比較勞動生產率差異指數
1978	0.40	2.77	1.96	0.70	1996	0.39	2.02	1.26	0.41
1979	0.45	2.68	1.72	0.63	1997	0.37	2.01	1.29	0.41
1980	0.44	2.65	1.65	0.62	1998	0.35	1.97	1.36	0.41
1981	0.47	2.52	1.62	0.57	1999	0.33	1.99	1.40	0.42
1982	0.49	2.43	1.62	0.55	2000	0.30	2.04	1.42	0.44
1983	0.49	2.37	1.58	0.52	2001	0.29	2.02	1.46	0.44
1984	0.50	2.17	1.54	0.46	2002	0.27	2.09	1.45	0.46
1985	0.46	2.06	1.71	0.46	2003	0.26	2.13	1.41	0.47
1986	0.45	2.00	1.69	0.44	2004	0.29	2.05	1.32	0.44
1987	0.45	1.96	1.67	0.43	2005	0.27	1.99	1.29	0.42
1988	0.43	1.95	1.67	0.43	2006	0.26	1.90	1.27	0.4
1989	0.42	1.98	1.75	0.46	2007	0.26	1.77	1.29	0.37
1990	0.45	1.93	1.71	0.43	2008	0.27	1.74	1.26	0.36
1991	0.41	1.95	1.78	0.46	2009	0.27	1.66	1.27	0.34
1992	0.37	2.00	1.76	0.47	2010	0.28	1.63	1.25	0.33

表11-2(續)

年份	第一產業	第二產業	第三產業	比較勞動生產率差異指數	年份	第一產業	第二產業	第三產業	比較勞動生產率差異指數
1993	0.35	2.08	1.59	0.46	2011	0.29	1.58	1.21	0.31
1994	0.37	2.05	1.46	0.44	2012	0.30	1.50	1.24	0.3
1995	0.38	2.05	1.33	0.42					

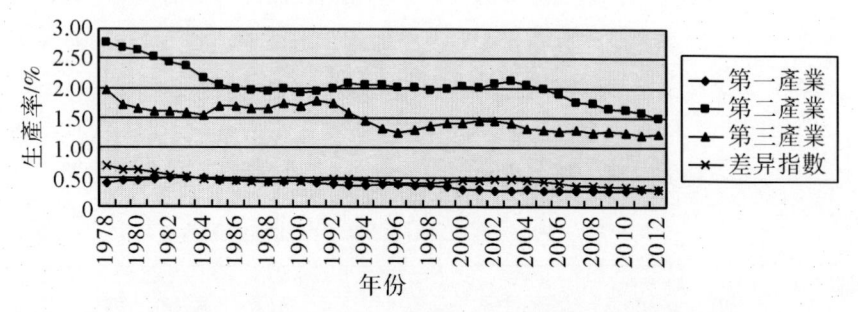

圖 11-2　1978—2012年間三次產業比較勞動生產率

(資料來源：根據表11-1和表11-2相關數據計算)

11.1.3 農業勞動力相對比重變動率

配第-克拉克定律、庫茲涅茨法則以及劉易斯的二元結構轉變理論等有關產業結構演變的相關理論，都認為農業勞動力相對比例的變動，體現了產業結構的優化。農業勞動力份額越大，即社會經濟中從事農業的勞動力越多，勞動生產率低，人均收入低，技術擴散較差。隨著經濟的發展，製造業興起，勞動力轉移至生產效率較高的製造業，農業勞動力份額下降，人均收入水準提高。當商業和服務業進一步發展，由於商業和服務業的收入水準比製造業高，勞動力轉移至商業和服務業部門，農業勞動力份額進一步下降，商業和服務業勞動力比重不斷上升。可見，農業勞動力份額的大小，體現了人均收入的高低，也說明了生產要素的替代。因此，通過農業勞動力相對比重變動率的大小，能夠較好地說明產業間勞動要素的替代。

$$XA = \frac{La}{L} \times 100\%$$

$$MXA = \left| \frac{La_t}{L_t} - \frac{La_0}{L_0} \right|$$

公式中：

XA——農業勞動力占全社會勞動力的相對比重；

MXA——農業勞動力相對比重變動率；

La——農業勞動力總數；

L——全社會勞動力總數；

La_t——報告期農業勞動力總數；

La_0——基期農業勞動力總數；

L_t——報告期全社會勞動力總數；

L_0——基期全社會勞動力總數。

根據表11-3中的數據可知，1978—2012年間，中國農業勞動力比重年變動率是不均勻的，變動率呈現週期性波動起伏的狀態。其中，1979—1983年、1987—1991年、1997—2003年農業勞動力比重變動率較低，最低僅為0；其他年份變動率較高，最高達到2.2。近年來較高的農業勞動力比重變動率表明農業勞動力向工業、服務業大量轉移，是中國產業結構升級的體現。但是，這一比率仍有上升的空間，勞動力資源的配置仍有待繼續優化。對此，中國政府應合理有效地運用相關政策，破解戶籍制度、農民城市化、公共服務優化等方面的難題，為農業勞動力向第二產業尤其是第三產業轉移提供有序、良好的外部環境。

進一步來說，由於需求收入彈性的影響，隨著經濟的發展，勞動力會從收入水準較低的農業部門依次轉移到收入水準較高的工業部門和商業、服務業部門。因此，勞動力的就業結構能夠反應一國的產業結構。進而產業間勞動力相對比重的年變動體現了產業結構的整體變動水準。因此，三次產業勞動力結構的年變動率可以用來衡量產業結構的整體變動。

根據表11-3中的數據可以看出，1978—2012年，中國三次產業就業相對比重的年變動率波動較大，最低僅為0.2%（1989年），最高為6.2%（1984年），這與第一產業就業比重的年變動率最小值與最大值的年份一致。同其他國家相比，1965—1985年產業結構變動較快，在此期間產業結構變動率韓國為1.7%，日本為2%，印度為0.8%，馬來西亞為2.3%（劉鶴、楊偉民，1999）。而1978—2012年中國三次產業就業相對比重的年變動率平均數為2.37%，中位數為2.1。可見，中國產業結構的年變動率較高，這源於中國1978年開始經濟體制改革以及由此帶來的高速增長的經濟水準。但是，中國產業結構升級的目標在於第三產業占主導地位。因此，在現階段中國產業結構的基礎上，需要繼續發揮政府政策引導的作用，促進產業結構升級。

表 11-3　1978—2012 年三次產業就業相對比重的年變動率　　單位:%

年份	第一產業	第二產業	第三產業	三次產業就業相對比重的年變動率	年份	第一產業	第二產業	第三產業	三次產業就業相對比重的年變動率
1978					1996	1.7	0.5	1.2	3.4
1979	0.7	0.3	0.4	1.4	1997	0.6	0.2	0.4	1.2
1980	1.1	0.6	0.5	2.2	1998	0.1	0.2	0.3	0.6
1981	0.6	0.1	0.5	1.2	1999	0.3	0.5	0.2	1.0
1982	0.0	0.1	0.1	0.2	2000	0.1	0.5	0.6	1.2
1983	1.0	0.3	0.7	2.0	2001	0.0	0.2	0.2	0.4
1984	3.1	1.2	1.9	6.2	2002	0.0	0.9	0.9	1.8
1985	1.6	0.9	0.7	3.2	2003	0.9	0.2	0.7	1.8
1986	1.5	1.1	0.4	3.0	2004	2.2	0.9	1.3	4.4
1987	0.9	0.3	0.6	1.8	2005	2.1	1.3	0.8	4.2
1988	0.7	0.2	0.5	1.4	2006	2.2	1.4	0.8	4.4
1989	0.8	0.2	0.6	1.6	2007	1.8	1.6	0.2	3.6
1990	0.0	0.2	0.2	0.4	2008	1.2	0.4	0.8	2.4
1991	0.4	0.0	0.4	0.8	2009	1.5	0.6	0.9	3.0
1992	1.2	0.3	0.9	2.4	2010	1.4	0.9	0.5	2.8
1993	2.1	0.7	1.4	4.2	2011	1.9	0.8	1.1	3.8
1994	2.1	0.3	1.8	4.2	2012	1.2	0.8	0.4	2.4
1995	2.1	0.3	1.8	4.2					

資料來源：根據表 11-1 相關數據計算得出。

11.2　產業間固定資產投資現狀分析

11.2.1　三次產業投資現狀

（1）三次產業總體投資

從表 11-4 中數據可以看出：三大產業投資結構中，第一產業占比很小，目前在總投資中占比不到 2%，最高值也不超過 4%。第一產業比重呈現波動性變化趨勢，經過很長一段時間的下降後，「十一五」規劃期間農林牧漁業的

投資比重開始反轉逐步上升，從 2005 年的 1.10%上升到 2010 年的 1.64%，表明國家正在加大對第一產業的扶持。

表 11-4　1993—2010 年三大產業固定資產投資規模　　單位：億元

年份	固定資產投資完成額			比重		
	第一產業	第二產業	第三產業	第一產業	第二產業	第三產業
1993	158.20	3,580.11	3,174.68	2.29	51.79	45.92
1994	183.41	4,941.25	4,433.72	1.92	51.70	46.39
1995	263.64	6,181.43	8,106.53	1.81	42.48	55.71
1996	336.05	7,043.27	10,008.65	1.93	40.51	57.56
1997	470.39	7,497.59	10,823.27	2.50	39.90	57.60
1998	683.84	7,462.54	12,955.94	3.24	35.36	61.40
1999	829.50	7,398.28	14,191.25	3.70	33.00	63.30
2000	892.56	7,921.12	15,429.14	3.68	32.67	63.64
2001	887.81	8,632.71	18,306.11	3.19	31.02	65.79
2002	1,106.08	10,703.22	21,132.45	3.36	32.49	64.15
2003	1,155.89	15,007.16	26,480.37	2.71	35.19	62.10
2004	643.32	22,989.30	34,987.66	1.10	39.22	59.69
2005	822.77	31,598.70	42,675.06	1.10	42.08	56.83
2006	1,101.71	39,759.88	52,610.77	1.18	42.54	56.28
2007	1,466.45	51,019.86	64,927.60	1.25	43.45	55.30
2008	2,256.12	65,036.11	80,875.01	1.52	43.89	54.58
2009	3,373.30	82,276.52	108,488.80	1.74	42.38	55.88
2010	3,966.08	101,047.81	136,401.04	1.64	41.86	56.50

資料來源：Wind 數據庫。

第二產業投資比重經歷了先下降後上升的變化，最低時為 31.02%，最高時為 51.79%，目前約為 42%。第二產業投資比重在 1993—2001 年間基本處於持續減少狀態，從 1993 年的 51.79%下降到 2001 年的 31.02%，隨後這一比值逐漸上升，尤其是 2002—2005 年間，投資比例大幅上升，每年約上漲 3~4 個百分點。其主要原因在於國民經濟過熱，房地產、汽車等行業的投資迅速增加，帶動了鋼鐵、建材等投資增長。「十一五」規劃期間，伴隨著城鎮化以及居民生活水準的提高，房地產和汽車產業仍是熱點，在其帶動下，第二產業投資比重不降反升。同時，在固定資產投資增速上，第二產業投資增速在 2000

年以後大部分時間裡快於第三產業,只是在 2008 年的金融危機後,受需求因素影響,製造業低迷,第二產業增速低於第三產業。可見,中國目前產業投資結構失衡。

第三產業投資比重經歷了一個先上升後下降的過程,2010 年為 56%左右。第三產業投資比重在經歷了 20 世紀 90 年代中後期快速增長的短暫春天後,從 2002 年開始下降,「十一五」規劃期間基本保持在 55%左右。

總體上,中國第一產業固定資產投資結構存在進一步優化的空間,即第一產業投資比重應繼續上升,第二產業投資比重偏大,第三產業投資比重有待提高。

(2) 第一產業投資現狀

2004 年以前,林業的固定資產投資規模比較大,尤其是在 1997—2002 年間,增長速度比較快,遠遠超過其他部門。2002 年開始,農業、畜牧業以及農林牧漁服務業的固定資產投資規模開始快速上升,2007—2009 年間固定資產投資增速迅猛,都在 50%以上,甚至 2008 畜牧業投資增速高達 130%,超過全行業投資增速 75 個百分點。目前,農業、畜牧業以及農林牧漁服務業的固定資產投資規模均已超過林業,增速也超過林業。漁業投資規模占比較小,2006 年以來增長速度較快。

表 11-5　1995—2009 年農林牧漁及農林牧漁服務業
新建固定資產投資　　　　　　　　單位:億元

年份	農業	林業	畜牧業	漁業	農林牧漁服務業
1995	23.94	5.02	3.50	1.60	7.11
1996	42.53	7.70	4.48	3.53	6.61
1997	54.46	14.06	7.93	3.50	16.11
1998	66.18	55.85	10.48	6.71	17.10
1999	62.57	90.60	11.07	6.99	21.61
2000	53.82	146.16	11.57	6.08	30.17
2001	56.98	209.51	12.79	6.00	37.85
2002	64.20	309.64	28.72	8.85	42.25
2003	72.25	70.97	43.43	9.96	61.63
2004	103.87	73.65	82.18	16.78	93.89
2005	139.60	109.23	119.69	36.74	131.44
2006	161.92	131.76	136.19	25.04	169.56
2007	203.85	171.41	209.76	35.47	237.14

表11-5(續)

年份	農業	林業	畜牧業	漁業	農林牧漁服務業
2008	302.90	225.05	482.74	41.84	324.75
2009	447.92	331.43	689.00	69.41	499.33

資料來源：Wind 數據庫。

(3) 第二產業投資現狀

採礦業投資額穩步增長，但其占總投資額的比重基本穩定在 8%~10% 之間；製造業投資額占比最大，且呈逐年上升趨勢，2012 年製造業投資額占第二產業投資額的比重達到 78.7%，占全社會固定資產投資的比重超過了 30%。電力、熱力、燃氣及水生產和供應業固定資產投資額在穩步上升，但其比重在 2003—2004 年略有上升後一直呈下降趨勢，2012 年這一比重下降至最低點 10.5%。建築業投資額逐漸增長，投資額所占比重較小，基本維持在 2%~3% 之間。總的來說，採礦業、電力、熱力、燃氣及水生產和供應業以及建築業投資額所占比重在逐漸減少，而製造業投資額所占比重迅速增加。但是，製造業增速卻在不斷降低，從 2005 年以前 40% 左右的增速下降到目前的 16% 左右，增速下降將會導致其在整體投資規模中的比重進一步上升受限。

表 11-6　2003—2012 年第二產業內部各行業固定資產投資額及比重

單位：萬元

年份	採礦業		製造業		電力、熱力、燃氣及水生產和供應業		建築業	
	投資額	比重/%	投資額	比重/%	投資額	比重/%	投資額	比重/%
2003	1,775.2	8.3	14,689.5	68.8	3,962.4	18.6	924.4	4.3
2004	2,395.9	8.3	19,585.5	68.1	5,795.1	20.2	964.0	3.4
2005	3,587.4	9.2	26,576.0	68.4	7,554.4	19.5	1,119.0	2.9
2006	4,678.4	9.7	34,089.5	70.3	8,585.7	17.7	1,125.5	2.3
2007	5,878.8	9.6	44,505.1	72.8	9,467.6	15.5	1,302.3	2.1
2008	7,705.8	10.0	56,702.4	73.7	10,997.2	14.3	1,555.9	2.0
2009	9,210.8	9.6	70,612.9	73.4	14,434.6	15.0	1,992.5	2.1
2010	11,000.9	9.3	88,619.2	75.0	15,679.7	13.3	2,802.2	2.4
2011	11,747.0	8.9	102,712.9	77.5	14,659.7	11.1	3,357.1	2.5
2012	13,300.8	8.4	124,550.0	78.7	16,672.7	10.5	3,739.0	2.4

資料來源：2013 年中國統計年鑒。

(4) 第三產業投資現狀

從投資規模上來看，交通運輸、倉儲和郵政業、房地產業以及水利、環境和公共設施管理業投資規模較大。交通運輸、倉儲和郵政業投資比重在 2003 年以後有所下降，目前穩定在 20% 左右的水準，房地產業在第三產業固定資產投資中的比重較高，達到 42%，而金融業、居民服務和其他服務業固定資產投資占比不到 1%，租賃和商業服務占比不到 2%。可以預見，未來傳統的第三產業占比將下降，而以金融業、商業服務業為代表的新興第三產業將有長足的發展。

從投資增速上來看，租賃和商業服務業的增速最快，年均複合增長率達到 40.3%，居民服務和其他服務業、住宿和餐飲業投資增速超過了 35%，文化、體育和娛樂業、金融業、批發和零售業、水利、環境和公共設施管理業、衛生、社會保障和社會福利業的固定資產投資增速分別在 26.7%~29.5%，超過了第三產業固定資產投資的平均增速。

11.3 小結

從就業結構來看，第一產業就業份額自 1978 年來減少近一半，第二產業則增長近一倍，第三產業就業份額在 1994 年超過第二產業，2011 年超過第一產業，成為吸納就業人數最多的產業，增長兩倍。可見，中國勞動要素逐漸從農業向製造業尤其服務業轉移。近年來較高的農業勞動力比重變動率（表 11-1，圖 11-1）也同樣表明農業勞動力向工業、服務業大量轉移。但是，目前中國三次產業就業份額呈現「三分天下」之勢，這是與產業間比較勞動生產率不相匹配的。從表 11-2 及圖 11-2 中可以看出，第一產業勞動生產率較低，但仍有大量的勞動力滯留第一產業，第二、三產業勞動生產率較高，但由於科技發展，對勞動者素質要求提高等原因，限制了第二、三產業吸納勞動力的能力，此外戶籍制度等原因阻礙了勞動力的充分流動。

從投資結構來看，第一產業占比很小，目前在總投資中占比不到 2%，最高值也不超過 4%。資本的有限投入，成為中國農業發展的一大短板，大量的勞動要素累積與有限的資本要素進入，成為造成中國第一產業結構偏離度為負的主要原因。第二產業投資比重經歷了先下降後上升的變化，其投資比重在 1993—2001 年基本處於持續減少狀態，從 1993 年的 51.79% 下降到 2001 年的 31%，隨後這一比值逐漸上升，尤其是 2002—2005 年，投資比例大幅上升。

表 11-7 2003—2012 年第三產業內部各行業投資額

單位：億元

行業	2003 年	2004 年	2005 年	2006 年	2007 年	2008 年	2009 年	2010 年	2011 年	2012 年
批發和零售業	922.73	1,272.96	1,716.37	2,265.33	2,880.32	3,741.84	5,132.81	6,032.19	7,439.42	9,810.67
交通運輸、倉儲和郵政業	6,289.38	7,646.23	9,614.03	12,138.12	14,154.01	17,024.36	24,974.67	30,074.48	28,291.66	31,444.90
住宿和餐飲業	422.98	560.79	808.77	1,095.70	1,519.43	1,959.22	2,625.38	3,366.76	3,956.63	5,153.47
信息傳輸、軟件和信息技術服務業	1,660.68	1,657.67	1,581.75	1,875.91	1,848.09	2,162.64	2,588.95	2,454.49	2,174.45	2,691.96
金融業	90.15	136.01	109.46	121.42	157.56	260.55	360.15	489.38	638.73	923.92
房地產業	13,143.43	16,678.87	19,505.32	24,524.38	32,438.90	40,441.82	49,358.51	64,877.29	81,686.06	99,159.31
租賃和商務服務業	375.53	420.82	549.56	725.55	949.34	1,355.86	2,036.18	2,692.56	3,382.82	4,700.40
科學研究和技術服務業	285.81	333.14	435.12	495.34	560.03	781.99	1,200.84	1,379.28	1,679.77	2,475.76
水利、環境和公共設施管理業	4,365.82	5,071.74	6,274.29	8,152.67	10,154.31	13,534.32	19,874.36	24,827.59	24,523.15	29,621.56
居民服務、修理和其他服務業	241.61	313.71	363.46	389.46	434.68	522.00	801.93	1,114.06	1,443.27	1,905.03
教育	1,671.14	2,024.82	2,209.20	2,270.24	2,375.56	2,523.75	3,521.18	4,033.61	3,894.59	4,613.00
衛生和社會工作	405.78	516.70	661.82	768.98	885.03	1,155.61	1,858.64	2,118.98	2,330.27	2,617.15
文化、體育和娛樂業	531.51	773.37	857.04	955.42	1,243.36	1,589.93	2,383.39	2,959.40	3,161.97	4,271.26
公共管理、社會保障和社會組織	2,153.74	2,437.44	2,926.82	2,990.53	3,166.05	3,748.49	4,735.92	5,676.58	5,647.79	6,047.40

資料來源：2013 年中國統計年鑒。

與此同時，第二產業產值份額也處於上升趨勢中，可見，資本要素的累積推動了第二產業的發展壯大。第三產業投資比重經歷了同樣一個過程，但第三產業勞動要素的快速累積，為第三產業產值份額的逐步提高提供了保證。

　　從三次產業產值份額與勞動及資本要素累積的關係來看，勞動與資本要素的累積與產值份額之間保持高度的正相關關係。從圖 11-3 中可以看出，第一產業方面，隨著勞動力的轉移，農業部門勞動力份額逐漸降低，而固定資產投資份額變化較小，因此，總的要素累積是減少的，導致產值份額的逐年降低。第二產業方面，產值份額的波動主要是由固定資產投資主導的。1994 年伴隨中國宏觀經濟調控的實施，工業投資迅速減少，得益於大量的勞動力從農業部門轉移至工業部門，使得第二產業產值份額呈現小幅下降，隨後 2002 年固定資產投資量猛增，產值份額也隨之有所上升。在第三產業中，產值份額與勞動要素累積高度相關，同時資本累積也發揮了一定的作用，從圖中可以看出，固定資產投資額的變化與產值份額的變化存在正向相關的關係。

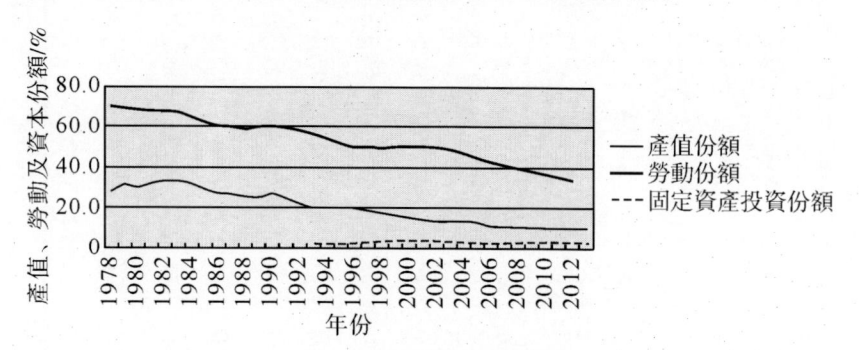

圖 11-3　第一產業產值份額與要素累積趨勢圖

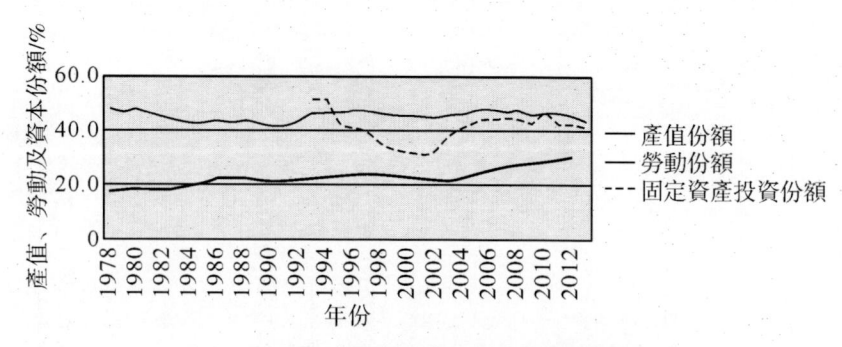

圖 11-4　第二產業產值份額與要素累積趨勢圖

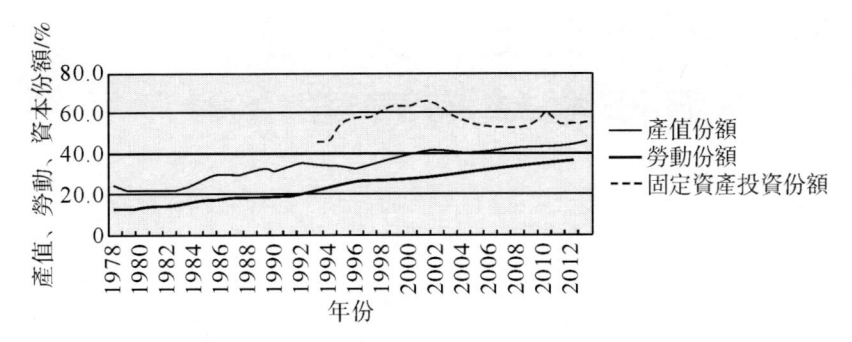

圖 11-5　第三產業產值份額與要素累積趨勢圖

　　整體而言，中國產業間勞動與資本要素配置直接影響了中國三次產業結構的變化。目前，中國第一產業勞動要素存量很大，資本累積不夠；第二產業資本份額與產值份額相近，但勞動份額相差較大；第三產業需要進一步發展以吸納更多的就業。可以說，中國產業間要素配置仍有巨大的改善空間。通過財政支出的合理安排，引導勞動與資本要素在產業間合理流動，是一項重大而迫切的任務。

12 財政支出、要素累積與產業結構實證檢驗

12.1 影響路徑

政府財政政策的主要手段包括稅收與財政支出，通過財政支出規模與結構的調整，影響資本與勞動這兩種生產要素在不同產業間的流動與累積，從而影響到產業結構的變動（圖10-1和圖10-2）。其作用效應主要體現在以下三個方面：第一，正向推動效應。政府通過配置財政支出，以有形之手彌補「無形之手」的缺位，一方面，政府致力於交通、通信等公共基礎設施的建設，直接增加全社會固定資產投資，在政府財政支出政策的引導下，私人資本也相應進入政府所鼓勵的行業，全社會固定資產投資增加，資本要素得以累積，從而促進生產；另一方面，政府通過社會保障制度的完善以及戶籍制度的改革等措施，增強勞動力的流動性，此外公共教育支出的增加直接提升了中國勞動者的素質水準，改善就業結構，促進產業結構的升級優化。第二，產業間替代效應。由於政府財政支出政策的導向作用，更多的財政支出用於支持第三產業的發展，第一、二產業的投入相對減少，這必然引起社會資本與勞動向第三產業流動，形成第三產業對第一、二產業的替代。第三，擠出效應。政府支出的增加會對私人資本產生擠出效應，例如政府對公共基礎設施的投資，一方面減少了私人資本的投資機會，另一方面增加了私人資本的投資成本，從而產生擠出效應。本部分通過2003—2012年31省（直轄市、自治區）的面板數據，實證檢驗政府支出通過影響對資本與勞動要素的累積從而影響中國產業結構變遷的效應。

12.2 模型構建

假設全社會生產函數為柯布-道格拉斯生產函數，即 $Y = AK^m L^{1-m}$，那麼則有：

$$\Delta GDP_{ijt} = \gamma_{ij0} + \gamma_{ij1} \Delta K_{ijt} + \gamma_{ij2} \Delta L_{ijt} + \gamma_{ij3} \Delta A + u_{ijt} \quad (12-1)$$

根據 Dar & AmirKhalkhali（2002）以及郭小東、劉長生與簡玉峰（2009），財政支出不僅通過科學支出、教育支出改善全要素生產率，還能夠影響資本與勞動要素的累積，進而對產出產生影響，於是則有：

$$A_{ijt} = \sigma_{ij0} + \sigma_{ij1} GI_{it} + \theta_{ijt} \quad (12-2)$$

$$GK_{ijt} = c_{ij0} + c_{ij1} GI_{it} + \pi_{ijt} \quad (12-3)$$

$$GL_{ijt} = \rho_{ij0} + \rho_{ij1} GI_{it} + \omega_{ijt} \quad (12-4)$$

將公式（12-2）、公式（12-3）、公式（12-4）代入公式（12-1），可得：

$$\begin{aligned}\Delta GDP_{ijt} &= \gamma_{ij0} + \gamma_{ij1} \Delta K_{ijt} + \gamma_{ij2} \Delta L_{ijt} + \gamma_{ij3} \Delta A + u_{ijt} \\ &= \varphi_{ij0} + \varphi_{ij1} \Delta K_{ijt} + \varphi_{ij2} \Delta L_{ijt} + \varphi_{ij3} \Delta A * GI_{it} + u_{ijt}\end{aligned} \quad (12-5)$$

$i = 1, 2, \cdots, 31$

$j = 1, 2, 3$

$t = 2,003, 2,004, \cdots, 2,012$

公式（12-5）中，GDP_{ijt} 表示 t 時期 i 省第 j 產業產值，用來衡量產業結構，K_{ijt} 表示 t 時期 i 省第 j 產業資本要素，L_{ijt} 表示 t 時期 i 省第 j 產業，GI_{it} 表示 t 時期 i 省政府支出規模，用生產性財政支出數據表示。參照趙志耘、呂冰洋（2005）、王麒麟（2011）的做法，主要包括基本建設支出、教育支出、科學技術支出、農林水事務支出、交通運輸支出。由於現有財政支出數據沒有按照三次產業劃分，本部分僅研究政府支出總規模對產業結構變化產生的影響。同時，從公式（12-3）、公式（12-4）可以看出，資本和勞動要素不僅來源於市場配置，而且政府的財政支出也同樣影響了資本和勞動的要素累積，因此，公式（12-5）採用差分形式，以消除多重共線性。

在研究財政支出對產業結構產生的影響之前，首先得研究財政支出對資本和勞動要素累積產生的影響。借鑑 Reaslo（2007）等人的研究成果，影響一個國家資本要素累積的主要因素有：GDP（國內生產總值）、GI（政府財政支出）、CITY（城鎮化率）、FDI（利用外商直接投資數）以及 S（居民儲蓄率）；

而影響一個國家勞動要素累積的主要因素有：GDP（國內生產總值）、GI（政府財政支出）、CITY（城鎮化率）、FDI（利用外商直接投資數）以及 POP（人口自然增長率）。於是設定方程：

$$\Delta K_{ijt} = \alpha_{ij0} + \alpha_{ij1}\Delta GI_{it} + \alpha_{ij2}\Delta GDP_{ijt} + \alpha_{ij3}\Delta FDI_{it} + \\ \alpha_{ij4}\Delta CITY_{it} + \alpha_{ij5}\Delta S_{it} + \xi_{ijt} \quad (12\text{-}6)$$

$$\Delta L_{ijt} = \beta_{ij0} + \beta_{ij1}\Delta GI_{it} + \beta_{ij2}\Delta GDP_{ijt} + \beta_{ij3}\Delta FDI_{it} + \\ \beta_{ij4}\Delta CITY_{it} + \beta_{ij5}\Delta POP_{it} + \lambda_{ijt} \quad (12\text{-}7)$$

12.3 實證分析

12.3.1 數據來源

本部分利用 2003—2012 年 31 省（直轄市、自治區）面板數據分析政府財政支出對產業結構變化的影響。其中，GI（政府財政支出）為生產性財政支出，通過累積法得到，主要包括基本建設支出、教育支出、科學技術支出、農林水事務支出、交通運輸支出；K（資本）採用全社會固定資產投資數代替；L 為各省市年末就業人數；FDI 為各省市直接利用外商投資數，通過年平均匯率折算得到；CITY（城鎮化率）由年末城鎮人口除以總人口數得到；S（居民儲蓄率）由各省市年末居民儲蓄存款總額除以當年 GDP 得到。各數據均來源於《中國統計年鑒 2004—2013》以及各省、市、區統計年鑒。

12.3.2 實證分析結果

先對公式（12-6）、公式（12-7）進行迴歸估計，Hausman 檢驗表明，採用固定效應模型。差分後使用 OLS 估計方法進行估計。由於分別考察財政支出對三次產業資本和勞動要素的影響，因此有 6 個方程式，分別進行迴歸後結果如下：

表 12-1　財政支出對各產業資本和勞動要素累積的影響

因變量		GI α_{ij1} (β_{ij1})	GDP α_{ij2} (β_{ij2})	FDI α_{ij3} (β_{ij3})	CITY α_{ij4} (β_{ij4})	S (POP) α_{ij5} (β_{ij5})
K	j=1	0.008	0.011**	0.06*	0.056	2.608***
	j=2	1.084***	0.032	0.647*	4.998	8.547*
	j=3	1.509***	0.100***	0.085	-0.327	19.273***

表12-1(續)

因變量		自變量系數				
		GI	GDP	FDI	CITY	S（POP）
		α_{ij1} (β_{ij1})	α_{ij2} (β_{ij2})	α_{ij3} (β_{ij3})	α_{ij4} (β_{ij4})	α_{ij5} (β_{ij5})
L	j=1	0.030*	0.002***	-0.030	-1.200	0.003
	j=2	0.004	-0.001	0.087	-1.082	-0.106*
	j=3	-0.03*	-0.003	0.040*	-0.460	0.039

註：*、**、***分別表示1%、5%、10%置信水準。

從表12-1中可以看出，大部分系數為正，表明GI、GDP、FDI、CITY、S以及POP對產業間生產要素的累積產生了正向作用。其中，GI（政府支出）的系數分別為$\alpha_{i11}=0.008$，$\alpha_{i21}=1.084$，$\alpha_{i31}=1.509$，$\beta_{i11}=0.03$，$\beta_{i21}=0.004$，$\beta_{i31}=-0.03$，可見，財政支出對產業間資本與勞動要素累積的作用大小差別較大。財政支出增加對資本要素累積影響較大，而對勞動要素累積影響較小。從資本要素上來看，隨著政府支出的增長，對第一產業投資帶動較小，對第二、三產業投資帶動較大，且第三產業係數遠大於第二產業，這與當前中國的基本經濟事實是相符合的，即農業投資較小，工業與服務業投資較大，在21世紀初的追求經濟增長的「政治錦標賽」過程中，地方政府缺乏科學有效的財政支出結構，大量投資於「見效快」的第二產業，隨著經濟結構扭曲、增長後勁不足、效益不高等問題的出現，轉型期地方政府逐漸改變投資方向，加大對基礎設施等第三產業支出。從勞動要素累積上看，財政支出的影響作用較小，且產業間差距不大。但是，財政支出對第三產業勞動要素累積產生了負向作用，從短期來看，其原因主要在於：其一，根據上一章所採用的世界通用的三次產業分類方法，第三產業主要包括金融業、電信業、交通運輸業、文化體育業、旅遊業以及娛樂業等。可見第三產業主要為知識型產業，對勞動者的素質有更高的要求，而當前中國的勞動者總體素質還不能滿足這一要求，隨著財政對第三產業投入的增長，第三產業的發展必然會對素質較低的勞動者產生排擠，這也中國當前存在的結構性失業現象是相符合的；其二，從表12-1中可以看出，財政支出對第三產業正向作用很強，表明第三產業主要為資本密集型產業，對勞動產生替代效應，從而產生了就業人數減少的現象。這一研究結論與蔡昉等（2009）的研究成果基本一致。

接下來考察資本和勞動要素累積對三次產業結構的影響，即對公式（12-5）迴歸。通過Hausman檢驗，該式採用固定效應模型。通過對2003—2012年31個省（直轄市、自治區）的面板數據進行pool迴歸，可得財政支出

通過全要素生產率對三次產業結構的影響系數分別為 $\varphi_{i13}=0.280$、$\varphi_{i23}=1.348$、$\varphi_{i33}=1.465$，均有較強的正向促進作用，但對第三產業的促進作用最大。資本要素對三次產業產值的影響系數分別為 $\varphi_{i11}=-0.052$、$\varphi_{i21}=0.01$、$\varphi_{i31}=0.141$，勞動要素對三次產業產值的影響系數分別為 $\varphi_{i12}=0.288$、$\varphi_{i22}=0.104$、$\varphi_{i32}=-0.927$，根據上文財政支出對資本和勞動要素累積的效應系數，可計算出財政支出通過資本和勞動要素累積進而對產業結構產生影響的效應系數，有：

$$\alpha_{i11} \times \varphi_{i11} = 0.008 \times -0.052 = -0.000,416 \qquad (12-8)$$

$$\alpha_{i21} \times \varphi_{i21} = 1.084 \times 0.01 = 0.010,84 \qquad (12-9)$$

$$\alpha_{i31} \times \varphi_{i31} = 1.509 \times 0.141 = 0.212,8 \qquad (12-10)$$

$$\beta_{ij1} \times \varphi_{i12} = 0.030 \times 0.288 = 0.008,64 \qquad (12-11)$$

$$\beta_{ij1} \times \varphi_{i22} = 0.004 \times 0.104 = 0.000,416 \qquad (12-12)$$

$$\beta_{ij1} \times \varphi_{i32} = -0.03 \times -0.927 = 0.027,81 \qquad (12-13)$$

公式（12-8）、公式（12-9）、公式（12-10）表示財政支出對三次產業間資本要素累積產生影響進而影響三次產業產值結構，公式（12-11）、公式（12-12）、公式（12-13）表示財政支出對三次產業間勞動要素累積產生影響進而影響三次產業產值結構。從中我們可以看出，財政支出通過對第三產業的資本要素累積產生正向影響，進而作用於第三產業產值的促進作用最強，通過第二產業資本要素累積以及第三產業勞動要素累積進而影響產業產值的作用較小，而通過對第一產業資本要素累積、第二、三產業勞動要素累積進而影響產值的作用很小。

但是，財政支出通過影響全要素生產率進而影響三次產業產值的效應系數分別為0.280、1.348、1.465，均遠遠大於財政支出通過資本、勞動要素累積所產生的效應系數。中國財政支出對三次產業產值的影響系數分別為0.289（0.28+0.000,416+0.008,64）、1.359（1.348+0.010,84+0.000,416）和1.706（1.465+0.212,8+0.027,81），可見中國財政支出對產業結構調整發揮了巨大的作用。

12.4 小結

從以上分析中可以看出：

第一，不論是通過資本、勞動要素累積，還是通過全要素生產率對三次產業產值產生影響，財政支出對中國第三產業的促進作用最強，第二產業次之且

影響系數與第三產業接近，第一產業最弱，這與中國近年來產業結構調整的發展軌跡是一致的，即 2013 年以前「二、三、一」形式的產業結構逐漸向「三、二、一」形式過渡，且第三產業產值份額逐步擴大，第二產業次之，第一產業產值份額在逐步減小。

　　第二，中國財政支出對第一產業資本累積影響較小，對第二產業資本累積影響較大，對第三產業資本累積影響最大；中國財政支出對三次產業的勞動要素累積影響均較小，這主要在於包括戶籍制度在內的制度性約束下，以及社會保障服務體系的不健全，削弱了勞動力的自由流動，在比較固定化的就業模式下，財政支出對三次產業間勞動力的就業影響均較小。此外，實證分析檢驗表明財政支出對第三產業勞動要素累積產生了負向作用，主要是由於目前中國勞動者素質水準仍然較低，不能完全適應金融、電信等對知識水準要求較高的第三產業的發展，以及第三產業資本密集型的行業特徵進而短期內產生資本對勞動的替代作用。

　　第三，財政支出通過影響第三產業資本與勞動要素累積進而對第三產業產值產生影響的效應較強，而其他效應系數都很小，甚至可以忽略不計。可見，當前財政政策引導產業結構調整的一項重要手段，便是通過擴大對第三產業的財政支出，可以引導社會資本對第三產業的投資增加，從而迅速擴大第三產業產值份額，優化中國產業結構。

　　第四，財政支出通過全要素生產率影響產業產值的作用遠遠大於通過資本與勞動要素累積影響產業產值的作用，這驗證了當前經濟發展過程中知識的重要性。隨著「知識經濟」概念的提出，世界各國尤其注重科技教育對經濟發展的重要推動作用，中國自然不能置身其外。加大對科學教育的財政支出力度，提高中國全要素生產率，將是未來中國產業結構調整的重要舉措之一。

　　第五，財政支出對中國產業結構調整產生了巨大的導向作用，這一重要作用不容置疑。未來，優化財政支出規模與結構是調整與升級產業結構的有效工具。在尊重市場機制發揮決定作用的前提下，充分發揮財政政策對產業結構調整的重要作用。

13 主要結論與政策建議

13.1 主要結論

　　第11章，產業間要素累積分析。本章從三次產業間的就業與固定資產投資兩個方面說明了產業間要素累積。中國產業間勞動與資本要素配置直接影響了中國三次產業結構的變化。目前，中國第一產業勞動要素存量很大，資本累積不夠；第二產業資本份額與產值份額相近，但勞動份額相差較大；第三產業需要進一步發展以吸納更多的就業。可以說，中國產業間要素配置仍有巨大的改善空間。通過財政支出的合理安排，引導勞動與資本要素在產業間的合理流動，是一項重大而迫切的任務。

　　第12章，財政支出、要素累積與產業結構實證檢驗。政府財政政策的主要手段包括稅收與財政支出。由於財政支出對要素流動產生正向推動效應、產業間替代效應以及擠出效應，地方政府通過財政支出規模與結構的調整，影響資本與勞動這兩種生產要素在不同產業間的流動與累積，從而影響到產業結構的變動。本章利用2003—2012年中國31省（直轄市、自治區）的面板數據分析政府財政支出對產業結構變化的影響，實證檢驗發現：第一，不論是通過資本、勞動要素累積還是通過全要素生產率對三次產業產值產生影響，財政支出對中國第三產業的促進作用最強，第二產業次之且影響系數與第三產業接近，第一產業最弱；第二，中國財政支出對第一產業資本累積影響較小，對第二產業資本累積影響較大，對第三產業資本累積影響最大；中國財政支出對三次產業的勞動要素累積影響均較小；第三，財政支出通過全要素生產率影響產業產值的作用遠遠大於通過資本與勞動要素累積影響產業產值的作用，這驗證了當前經濟發展過程中知識的重要性。可見，財政支出的作用不容置疑。積極發揮

財政支出政策引導資本與勞動要素在產業間的合理流動，對中國產業結構調整具有重大意義。

13.2 政策建議

政府應當轉變原有的產業調控思路，即摒棄原有的盲目投資、實施項目、給補貼的調控方式，應當尊重市場的決定性作用，從競爭性領域退出，擴大企業自主權，而對市場失靈的地方，政府應當果斷出手，發揮財政政策的調控作用，如保護環境、維護市場公平競爭秩序、推動創新等。

13.2.1 積極優化產業結構

政府應當積極追求財政支出總量有限條件下的結構優化，進而實現以最小的支出規模和最優的支出結構達到有效的產業結構調整目標。財政支出結構的優化，應當以國家產業發展政策為導向，合理地安排財政支出，一是要提高政府運行效率，嚴格控制龐大的行政管理費等非生產性支出；二是要逐步從競爭性領域退出，擴大對公共交通、通信等基礎設施建設，提高政府提供公共服務的能力與水準；三是擴大對教育、科技方面的支出，推動全社會創新能力提高，改善勞動者素質，以適應知識經濟條件下產業結構升級對勞動力素質的要求。

13.2.2 創造產業轉移條件

完善社會保障服務體系，解決戶籍制度困境下勞動力流動性的問題，為人口向第三產業轉移創造有利條件。目前，中國已經開始實行各項有利於人口流動的民生政策，如社會保險帳戶異地轉移、積分落戶、逐步廢除戶籍二元制等等，大大促進了中國區域間、產業間的人口流動，有利於中國產業結構的調整。

13.2.3 提高全要素生產率

經濟發展不可避免地面臨邊際報酬遞減的困境，根據索洛模型，全要素生產率的提高能夠破解這一困境，改善資本邊際報酬。本部分的實證研究同樣也表明，全要素生產率的提高對產業結構的優化具有重要作用。一方面，增加研

發支出，促進技術進步，激勵創造更多的科研成果，推動創新型社會的建立是一項緊迫的任務，除了一定的財力支持，還需要建立健全完善有效的激勵制度來推動科技進步；另一方面，知識成果的運用，企業對新技術新方法的採用，產品科技含量的提高，是提高全要素生產率的重要手段。當前，隨著社會開放程度的提高，新知識新技術的可獲得性日益增強，因此，科技研發並不是主要的制約因素，新技術的應用才是至關重要的一步。建立、激勵企業採用新技術的機制比鼓勵研發顯得更為迫切。

第三部分

流轉稅和所得稅對產業差異性效應的實證分析

14 導論

14.1 研究背景

目前，國際經濟形勢處於較嚴峻的狀態，特別是國際金融危機和歐債危機的爆發，整個國際經濟環境也呈現出惡化的趨勢，不管是哪種類型發展的國家經濟都受到比較大的影響。經濟增長速度變緩甚至下降、人民就業困難、政府財政收入銳減都是影響所表現出來的特徵，這些特徵在發達國家尤為突出。現如今國際政治、經濟形勢呈現複雜多變態勢，國內經濟發展具有一定難度和問題，而這些難度具有深層次影響的，如何保證經濟增長成為主要關注焦點。從微觀角度來看，中國經濟發展所面臨的問題主要表現為：企業經濟效益嚴重低下，經營風險不斷加劇。從宏觀角度來看，早在2013年問題主要表現為：中國GDP增長速度出現略微下滑，工業增加值增長速度也後勁不足，消費品銷售額增速出現下滑，從而反應出消費者消費信心指數呈下降趨勢，消費動力不強，對外貿易額不論是出口還是進口都緩慢下降，國外需求不強的勢頭，成為制約經濟增長的因素。此外，各級財政收入出現缺口。

但現在，面對如此艱難的經濟環境，在中央政治局會議上，前國家主席胡錦濤曾要求在對經濟形勢做判斷及開展工作時，要把握好一個工作基調，即「穩中求進」。2013年這一屆政府對於經濟的發展要求又「穩」又「好」，「穩」在經濟底部發展，「好」在調整經濟發展結構。今年，在兩會上中央又重點強調了一系列的宏觀調控政策和手段，如：要求簡政放權，深化改革，激活市場、政策實效長短結合；要求穩中求進、合理穩定市場的預期，重點由貨幣和財政促進總量轉變為總量促進財政和貨幣，強調存量的重要性，並加強注意處理好保持經濟形勢平穩發展、調整優化目前經濟結構以及有效管理通貨膨脹預期三者之間的關係，積極地出拾一系列有針對性的政策措施努力穩增長。

毋庸置疑，市場經濟市場產生波動，其帶來的危害有時相當大，我們要努力減輕或避免危害的發生，而且要根據目前經濟形勢因勢利導，為提高增長質量做出應有的努力。目前，為取得中國經濟的良性可持續的發展，政府需要在各個方面做出努力，加強對經濟宏觀和微觀兩方面的指導性，善於利用調控政策，力爭在工作中取得成功。而在政府許多宏觀調控的政策手段中，稅收政策手段發揮了相當重要的作用，就目前尋求的稅制結構為加快轉變經濟發展新模式提供了堅實的基礎，並為經濟發展模式的形成發揮了不容忽略的影響，同時為加快經濟的增長，為中國盡快脫離全球經濟動盪所帶來的不良影響發揮了不可預估的良好作用。

　　目前，中國三大產業的結構失衡，已逐漸成為制約中國經濟可持續發展的重要原因，於是，如何去完善目前的產業結構，調整並且優化產業結構便成為政府和各界學者關心的重點。有學者提出來我們要充分地發揮市場機制來調整產業結構，這從理論上來講是行得通的，但是，我們都知道市場調節的有效性是需要比較長時間的，並且也非常有可能會因為市場失靈導致效率的低下。因此，便有更多的學者將焦點放到了政府身上，期待政府對市場發展更具有指導性。稅收是政府宏觀調控政策中具有可操作性的政策，政府可以根據對於產業結構中產生的問題來制定相應的稅收政策進而對產業結構實施有效的手段和措施。稅收是國家為實現其職能，憑藉政治權力，按照法定規定，通過稅收手段強制地、無償地徵收參與國民收入和社會產品的分配和再分配取得財政收入的一種形式。因此，可以看稅收對於中國三大產業的發展歷程中一直起著較為關鍵的作用。本部分通過實證來研究稅收政策中微觀政策手段即流轉稅和所得稅對於三大產業產值差異性以及產業結構的影響，從而為中國新一輪的稅制結構的改革和促進三大產業發展即調整產業結構做出具有重要借鑑意義的政策建議。

14.2　研究創新與不足之處

14.2.1　研究創新

　　第一，通過研究，我們會發現我們對於稅收政策第一個階段是通過稅收總收入對經濟增長調整的效應，第二階段是通過稅制結構對經濟增長調整效應，第三階段由於產業結構調整是目前經濟調整的主要方向，因此目前研究的重點是稅制結構對產業經濟量或者結構調整效應，這些都為我們後續研究提供了非

常有利的參考和借鑑。但是從總體來看，以上的研究都是稅收對於產業結構調整效應的要不然是從宏觀總量這個角度的考察，要不然就是從微觀角度來考察，稅制結構對於產業結構調整，這大大地降低了對現有的稅收政策即中國稅制結構進行結構性的調整的可操作性以及指導性。鑒於目前，中國還處於經濟轉軌的關鍵時期，不論是我們的經濟環境還是我們的經濟政策都是處於不斷變化的過程中，因此我們的稅收政策對於三大產業的效應其實更為複雜。所以，要想很好地分析稅收對於三大產業發展的影響，就非常有必要進一步地細化且深入考察稅收對於三大產業及其結構的發展趨勢的影響，通過新的視角即次宏觀的角度來考察，即系統的考察稅制結構中最重要的兩個主體，流轉稅和所得稅對產業經濟「量」與「質」的研究，因為只有這樣，才能夠增強相關實證考察對於政策制定指導作用，才能使得我們的稅收政策有利於目前產業結構發展的要求，並且最終有助於中國產業經濟的可持續發展並有利於考察稅制改革合理性的方向。所以，本部分在目前理論研究以及實證研究的基礎上，運用實證的分析方式分析稅制改革以來，目前稅制條件下，稅收制度與中國三大產業發展及結構優化的作用效力，尋求最有力的政策變量，為中國接下來的稅制改革及優化提供有力且有價值的實證依據。

第二，本部分選用的實證方法是經濟學分析中偏向研究宏觀經濟的計量模型，即 VAR 向量自迴歸模型。本部分將六組變量分為四組，分別研究流轉稅收入和所得稅收入對第一、二、三產業增加值以及產業結構的影響，並對實證結果的分析對比。這與傳統的簡單迴歸分析相比，具有更高的可信度和較低的誤差。

14.2.2 不足之處

由於從 1994 年開始實行「分稅制」改革，有些稅種才開始開徵，並且形成一些複合型稅種，所以基於數據連續性和可比性方面考慮，數據跨度從 1994—2011 年。對於面板數據樣本量不足，可能會對結果造成影響。對於樣本量不足問題，本身就是本部分的一個不足之處，減輕對輸出結果的影響，在建立模型之前，對數據要做完善的分析處理，防止數據可能出現的「突變性」等問題。

14.3 研究思路和框架

本部分主要研究的是流轉稅稅收收入和所得稅稅收收入對中國的三大產業

產值以及產業結構產生的差異性效應的分析，主要包括了以下的內容：

第一，將稅收政策對經濟影響相關的國內外研究的綜述進行整理，並將該領域的研究分為兩個階段，第一階段是稅收收入與經濟增長之間的的關係，分為三個觀點，分別是「促進論」「阻礙論」和「無關論」。第二階段是稅制結構與經濟增長，並過渡到產業經濟的影響。首先介紹稅制結構變遷歷史，其次介紹稅制結構與經濟增長、產業經濟之間聯繫。然後梳理中國三大產業的綜述，重點介紹基於財稅思想的三大產業的研究綜述。

第二，對本部分一些相關的理論綜述進行闡述。首先闡述流轉稅以及所得稅的發展歷史和概述。其次，闡述稅制結構對產業經濟的影響機制以及流轉稅和所得稅對產業經濟結構的影響效果，並介紹三大產業目前的理論概述。

第三，對於中國流轉稅稅收收入和所得稅稅收收入以及三大產業的發展現狀進行詳細分析，分為流轉稅和所得稅的比較，基於流轉稅和所得稅的絕對額以及流轉稅和所得稅年增長率的比較分析。中國第一、二、三產業增加值的比較，基於三大產業增加值的絕對額和三大產業增加值分別占國內生產總值的比較分析，並對以上經濟變量現狀進行評論。

第四，本部分的重點內容是流轉稅和所得稅對三大產業增加值以及產業結構（第二、三產業占 GDP 的比例）的差異性效應的 VAR 分析。首先，對數據進行選取和處理（首先去除價格變動因素，其次再取對數形式），將變量分為四個變量組，第一產業的變量組：LnLS、LnSS、LnY1，第二產業的變量組：LnLS、LnSS、LnY2，第三產業的變量組：LnLS、LnSS、LnY3。產業結構變量組：LnLS、LnSS、LnJS。其次，對各經濟變量的時間序列的平穩性進行檢驗、協整檢驗、格蘭杰因果檢驗，以及根據 AIC、SC 等原則對滯後階數檢驗。再次，對 VAR 模型內生變量的選擇及識別條件進行研究分析。最後，通過建立的 VAR 向量自迴歸模型，得到實證結果，本部分主要是從脈衝回應以及方差分解分析兩個方面對四個變量組進行實證分析，得出相關的經濟結論並進行詳細的分析。

第五，將以上得到的結論進行總結，並針對中國的流轉稅和所得稅對於三次產業產值以及產業結構影響的差異性提出合理的政策建議。

15 文獻綜述

經濟增長問題一直是全球關注的焦點，實現經濟的可持續發展是每個國家的最終目標，政府作為宏觀調控的主體，使用多種政策手段對經濟總量及質量進行全面的調控。但稅收政策作為最重要的政策工具之一，發揮的作用也不容忽視。但對稅收政策與經濟增長的關係，學術界關注的內容有所不同。大致分為了兩個階段：第一階段是稅收收入總量與經濟增長之間的關係；第二階段，隨著 1994 年中國「分稅制」改革，稅制結構成為大家關注焦點，且產業結構失衡也是目前學術界焦點，因此不少學者開始轉向稅制結構與產業經濟之間關係。絕大部分學者在實證研究稅制結構產業經濟時，往往用流轉稅和所得稅之比來衡量稅制結構變量。

15.1 稅收收入與經濟增長關係

長期以來，學者們對稅收收入與經濟增長之間的關係一直爭論不休。稅收影響經濟增長的機制分為宏觀與微觀兩個角度。宏觀角度研究的是宏觀的稅負對於經濟增長的整體效應。微觀的角度研究的是稅收收入結構以及稅率對於經濟增長的整體效應。大致分為了三種觀點：「促進論」「阻礙論」和「無關論」。

「促進論」即稅收收入可以提高經濟增長。烏力和亞那戈娃（Uhlig & Yanagawa, 1997）利用重疊的「內生增長模型」作探討，她認為稅收對經濟增長具有積極的促進作用。巴羅和盧卡斯的模型被卡波盧波（Capolupo, 2000）進行修正，本研究認為稅收是擴大再生產行為，從而促進經濟增長，並進一步指出位於 60%~70% 的稅率界限時能夠促進增長。（Roeger, 2007）羅杰選擇利用內生經濟增長模型，分析了稅收效應在以商品和勞動力市場扭曲為條

件的狀態，發現經濟的低速增長以及從業人員的低就業是由市場行為引起的，經濟最優增長的目標可以由稅收行為來持續實現，同時假如稅收沒有進入開放經濟體，那麼利潤會成為外國資本考慮因素，由低利潤流向高低潤從而損傷東道國福利。門多薩（Mendoza et al., 1997）利用了實證檢驗和 26 年的 11 個 OECD 國家面板數據，研究得出對私人投資、生產要素所得稅是對其呈現負效應，私人投資率卻與消費稅顯示正效應，並且經濟的增長率會被所得稅降低，但又與消費稅呈顯著關係。在國內，郭慶旺和呂冰洋（2004）研究中國的稅收收入的增長能夠帶動經濟的增長，並且在不同地區和不同行業具有差異性。

「阻礙論」即稅收收入可以阻礙經濟增長。國內學者安體富（2003）利用中國小、中、大口徑的宏觀稅負和國內生產值增長率進行統計檢驗，並證實經濟增長跟中國宏觀稅負是負效應作用。

「無關論」即稅收收入與經濟增長是無關的。Mannas、Anoton（1986）研究表明，所得稅對經濟的增長率負作用是極其微小的。Lee（1991）經濟增長都不會被平均稅率和邊際稅率所影響，並且 GDP 實際轉增長率、投資就業率和邊際所得稅率三者之間毫無關係。Jogerson（1963）在構建資本成本理論模型基礎上進行研究，限定條件下，稅收政策中提高資本成本並且降低資本的邊際收益率都會抑制投資增長，自然經濟也很難得到發展。Broke（1980）由 Cass-Koopmans「單部門」模型升級成消費者、政府和公司所構建「三部門」模型。國內學者劉建民、宋建軍（2005）卻認為對經濟增長率對宏觀稅負的變化的是沒有什麼實質變化的，相關係數僅為 -0.262，呈現出微小的負相關關係。

從以上研究可以看出稅收政策與經濟增長的問題不論是在理論還是在實證方面在學界已經研究得非常成熟了，研究結果的不確定性說明稅收政策對於經濟影響是較為複雜，它需要限定在某一特殊條件下才能達到某些影響。但這些成果為後面更深入細化研究稅收政策對於目前中國經濟質量影響提供了很好的理論基礎，但已經不適合目前中國要求的穩定良性的經濟發展需要了，經濟結構的變化，需要我們去探索他們對於稅收所產生的更具體的影響。從 1994 年「分稅制」改革以後，稅制結構的調整如何促進經濟發展成了人們關注的焦點。

15.2 稅制結構研究的文獻綜述

15.2.1 稅制結構變遷

劉志成（1992）提出，新中國成立以來，中國的稅制結構的變遷都是很典型的強制性的制度變遷，並且變遷後的效果都不一樣。1994 稅制結構改變是新中國成立以來規模最大、範圍最廣並且程度最深的一次改變。它的過程是自上而下的，由於主體是國家，所以呈現出強制性的改變形式。1994 年由於納稅人的稅收結構之間的差異變化到現有的收入再分配。中國的稅制結構改變主要體現為兩個階段：一是由複合的稅制到單一的稅制再到目前的複合稅；二是以流轉稅為主體的稅制結構過渡到成為以流轉稅和所得稅兩者並重雙主體的稅制結構。中國稅制結構的變遷目標形式與目前稅收制度的效率是相呼應的，但在現今條件下我們的徵管水準和目前經濟發展真實水準會影響這種呼應，兩者會隨時發生偏差。簡單來說，稅收制度被稅制結構決定，稅制結構又可以作用稅收制度。在 1994 年以後的稅制結構改革中，稅制結構便成為流轉稅和所得稅雙主體稅制結構。但從中國稅收制度的影響來看，流轉稅仍然一直占主導地位，所得稅只扮演了一個配角。形成目前目標模式制度的差異是由多方面原因所導致的：第一，粗放型的經濟增長模式，重量不重質，效率低下，企業收益率很低；第二，居民收入普遍偏低，主要原因是中國還是發展中國家，生產力水準、技術低下影響了人均生產總值，自然居民的收入就會偏低；第三，偷漏稅現象很嚴重。站在商業角度來看，帳簿設置不健全，管理不力，會計制度未好好執行。站在私人視角，隱性收入很高，納稅意識普遍不高等因素。所以目前更多學者提出要積極進行稅制改革，以「雙主體」稅種逐漸代替以流轉稅為主體的稅制結構。

15.2.2 稅制結構與經濟增長問題的文獻綜述

國內學者在對稅制結構與經濟增長相關關係做了大量研究，一部分學者認為，稅制結構對中國經濟發展有重要作用。李紹榮、耿瑩（2005）利用實證研究表明：經濟總體的規模會被所得稅類、資源稅類以及行為稅類比重增加，則經濟總體規模增加，經濟總體規模會被財產稅、特定目的稅類比重增加，則經濟總體規模縮小。劉海慶、高凌江（2011）認為在已經設定的稅負下，經濟增長可以通過不斷優化稅制結構來提升，流轉稅和財產稅份額的增加對經濟

增長也是有重要作用的，所得稅和其他的稅種所占份額的增加對經濟的增長是不利的。吳玉霞（2009）對中國經濟增長的區域稅收結構的影響研究表明：不同的稅收結構對經濟增長的影響在不同區域顯示不同的結果。而一部分學者認為，稅制結構對於經濟增長的作用是微弱的。比如劉軍（2006）通過分析實證和理論相結合，認為對於經濟增長，中國目前的稅制結構所產生的影響是很小的，且實證研究也支撐了此觀點，稅制結構系數每上升或者下降1%，隨之經濟增長率就會下降或者上升0.7%。趙志耘（2010）基於VAR模型的脈衝回應函數，分析了從1994到2007年中國稅收總負擔，對稅收結構與經濟增長的長期效應的動態效果，研究發現：在目前稅制情況下，稅制結構和稅收負擔兩者對於經濟增長的產生的作用不是很大，但是經濟增長對稅制結構和稅收負擔這兩者產生的作用非常大。主要有以下兩個結論：一是經濟增長會加快稅收負擔的增長，直接稅的份額會隨之增加。二是直接稅的份額會被稅收負擔的增長所促進，但與此相反，直接稅份額的增加將抑制稅負。另一部分學者認為，直接稅與經濟增長呈現弱正相關關係，而間接稅造成了負增長和經濟。比如範廣軍（2004）根據中國從1981到1998年的數據，基於實證方法分析得出：農業稅、關稅所屬的直接稅對於拉動經濟增長不具有效力反而會拖累其增長，因此增加直接稅的份額是明顯不會促進經濟增長的，間接稅對於經濟增長雖有一些拉動但是不明顯，所以提高間接稅份額並不會造成經濟增長的負效應。

從以上的研究中可以看出，稅制結構中最重要的兩個稅種就是流轉稅和所得稅，研究稅制結構的變遷歷史就是研究流轉稅和所得稅轉型和比重變化的歷史，研究稅制結構與稅收負擔的關聯關係，稅制結構與經濟增長的關聯關係很大程度上是研究流轉稅和所得稅與這兩者的關聯關係。越來越多學者更頻繁地利用這兩個主體稅種項下的稅種來研究對經濟影響效應，但結論各有不同，主要原因是各自所限定的稅種不一樣，因此結論也有所不同。但目前經濟增長速度變緩，究其原因，主要是三大產業發展失衡阻礙了經濟增長，影響了經濟運行的效率。稅制結構對於產業經濟發展的影響有多大、該如何影響成了目前關注的焦點。

15.3 稅制結構對於產業經濟的影響

有大量國外學者研究了稅制結構與產業經濟增長問題。Arthur（1981）用墨西哥的樣本研究發展中國家的稅制結構變革與產業經濟的聯繫，研究表明第

一產業和第二產業的比重與該國稅制結構有關，直接稅比重與該國第二產業比重呈正相關，但與第一產業呈負相關。Schwell（2008）用 OECD 國家不同類型公司來分析稅制結構與行業的生產力和投資量的關係，得出企業稅與該企業所屬的行業的生產力和投資量呈負向關係，特別是追求技術進步的企業，所以不利於產業的優化。而自 1994 年以來越來越多國內學者開始研究該課題，梁強、賈康（2013）從產業結構優化調整角度來看稅制改革整個歷程，思考稅制改革未來調整方向，得出目前「營改增」對第二產業與第三產業發展非常有必要。武少岑（2011）用增值稅、營業稅以及消費稅研究稅收收入三次產業之間的關係，得出這三個稅種對我產業結構升級是具有積極意義的，但是不同稅種對不同產業會產生差異性影響。劉華、黃永明（1994）分析了中國稅制改革前後的總體情況，主要是通過兩個手段，即用稅負程度序號和產業發展指標做對比，無論是之前還是之後的稅制改革，發現兩者之間存在弱相關性，表明流轉稅調整產業結構功能不是特別令人信服的。但楊斌（2002）認為在目前市場條件下，流轉稅對產業調節作用要大於個人所得稅。以上研究主要是從理論層面來討論稅制結構是否能對產業經濟質量提供較好的調節作用，國內有少數學者從實證角度來研究，稅收政策對產業經濟的影響。如：張斌（2011）用 VAR 模型分析關稅對於產業經濟調整功能，得出：關稅在短期內對第一產業有積極的作用，對第二產業有負面的作用，對第三產業作用不明確。王春香（2008）基於企業的利潤模型研究增值稅、營業稅、所得稅變化對企業盈利情況的變化，發掘各個稅種之間數量上的聯繫，特別是對各行業的差異性影響，從而得出稅收對於產業結構影響程度。黃威（2011）用 PVAR 研究直接稅和間接稅對中、東、西部地區投資的影響，得出差異性結論：直接稅對中部地區的投資有負面影響，間接稅對東部地區投資有負面影響，直接稅和間接稅對西部地區影響都不明顯，從而得出直接稅和間接稅對各地區行業的影響。

從以上已有研究成果可以看出，大部分都集中在宏觀層面稅收對產業經濟影響以及微觀層面稅制結構或是單一幾個稅種對產業經濟影響，並且方向不是正對於產業經濟總量方面就是產業結構質量方面，影響結論具有爭議性。沒有更系統研究稅制結構對於產業經濟整個發展影響，即系統全面的研究稅制結構項下兩個主體稅種流轉稅和所得稅對於產業經濟「量」（三個產業值）以及「質」（產業結構）的影響。本部分基於實證的角度著重分析稅制結構最主要兩大主體即流轉稅和所得稅對產業經濟「量」（三大產業值）和「質」（產業結構）差異性的影響，進一步細化，尋找出最強的政策變量，為中國目前產業可持續發展提出更可靠、更有指導性的建議。

15.4 基於財稅思想的三大產業發展

國內學者把稅收持續增長的原因歸結於產業結構的變化。如閆坤（2008）在分析引起稅收總收入快速增長的原因時得出，隨著經濟結構的優化調整，第一產業增加值占 GDP 的比值是目前正在下降的，而第二、三產業增加值占 GDP 的比例值呈上升趨勢，且第二、三產業增長速度比 GDP 的增長速度略快，工商業的增加值和第三產業所產生的營業收入構成了中國的稅收收入，因此目前這種模式的增長推動了中國的稅收收入的增加。吳濤（2002）指出，當前世界經濟是知識經濟時代，它已成為主體，中國應優先考慮重點高新技術服務，從而促進中國傳統行業的分化和組合使其高科技、財稅政策能積極支持科技成果轉化和使用，通過金融投資、稅收政策和稅制改革等措施，加快中小企業的發展，加大對發展中國家的支持，主要是依靠科學和教育。又指出中國應當努力學習並借鑑全世界各國的經驗加快中國財稅政策改革與調整，積極扶持高新技術產業發展，為這些產業發展提供良好政策環境，比如美國直接採取增加研發經費政策，日本採取高科技產品稅收補貼政策。苑廣睿（2004）提出，當三大產業結構調整需要財稅政策促進時，應當站在長遠期經濟增長目標的角度，合理地確定財政收支水準，同時結合各種財政政策工具綜合使用，以便促進產業間和產業內部結構不斷調整。目前產業區域的佈局面臨越來越均衡的態勢，產業所有制結構以及組織結構合理化程度越來越高。產業結構調整明顯會促進經濟的增長，經濟的增長又促進稅收的增長。站在發展角度來看，產業結構的演進模型主要是面向行業從第一到第二產業為主要特點，然後以第三產業為主的發展模式。國務院在「十二五」規劃期間就大膽預測了中國三大產業結構發展的趨勢，第一產業地位會逐步下降，但仍保有一定地位，第三產業比重則不斷上升，同時第二、三產業將漸漸成為支撐中國經濟增長最主要的力量。中國政府確定了產業結構調整的發展模式，形成以高新技術產業為主導、以基礎設施產業和製造產業為支撐、全面發展服務業的產業發展格局。

在產業結構調整與經濟增長的關係上，劉偉、李紹榮（2010）研究了中國三次產業變動對經濟增長的影響效應，利用生產函數工具，得出：經濟增長拉升效果最好的是第三產業，這也符合目前產業結構調整的方向。同時，國內其他的學者研究也得到了與他們相同的結論，說明經濟增長因素中產業結構變動是具有一定效力的，付凌（2011）通過定量新的產業結構度量的指標，稱

為產業結構高級化角度值，利用該角度值論證了產業結構的優化提升了中國的經濟增長，但是高級化了的產業結構對經濟增長的促進作用不是很明顯，這個結論反應出中國目前的經濟發展模式是典型粗放式的發展。

15.5　文獻評述

從已有的文獻可以得出，稅收政策對於經濟發展的作用一直都是各界學者的焦點問題。主要分為以下幾個階段：第一階段是研究稅收總收入與經濟增長的關係，研究表明國內外學者所研究的結論出現了差異性，主要是因為稅收政策對經濟的影響具有複雜性，它需要限定在某一特殊條件下才能達到某些影響。但這些成果為後面更深入細化研究稅收政策對於目前中國經濟質量影響提供了很好的理論基礎，但已經不適合目前中國要求的穩定良性的經濟發展需要了，經濟結構的變化要求我們更具體地去探究稅收對其影響的功能。從1994年「分稅制」改革以後，稅制結構的調整對於如何促進經濟發展成了人們關注的焦點。第二階段是研究稅制結構對經濟增長的影響。而稅制結構與經濟增長的關聯關係很大程度上是研究流轉稅和所得稅與這兩者的關聯關係。越來越多的學者也更多地利用這兩個主體稅種項下的稅種來研究對經濟影響效應，但結論各有不同，主要原因是各自所限定的稅種不一樣，因此結論也有所不同。第三階段是研究稅制結構對產業經濟的影響。從已有研究成果看出大部分都集中在宏觀層面稅收對產業經濟影響以及微觀層面稅制結構或是單一幾個稅種對產業經濟影響，並且方向不是針對產業經濟總量方面就是產業結構質量方面，影響結論具有爭議性。沒有更系統研究稅制結構對於產業經濟整個發展影響，即系統全面的研究稅制結構項下兩個主體稅種流轉稅和所得稅對於產業經濟「量」（三個產業值）以及「質」（產業結構）的影響。且實證研究是比較少數的。本部分就是基於 VAR 實證模型來探究流轉稅和所得稅對產業經濟整體的影響效應。試圖尋找最強的政策變量，研究稅制結構變化如何給予產業經濟優良發展最有效的作用，加強政府宏觀調控政策科學性、指導性和有效性。

16 理論基礎分析

16.1 流轉稅和所得稅概述

　　流轉稅以產品生產和流通流生成的金額或數量等以及服務營業額作為稅收徵收對象。這種稅收收入主要來自商品生產和流通過程，它主要由工商業產品銷售、批發以及零售銷售構成，同時購買商品、採購農業、森林、畜牧業、水產品等，比如付款金額和進口商品的數量也是稅收收入的一部分。不是商品交易所產生的營業額，而是指從事商品生產以及商品交換的企業、機構或者個人從事經營活動時產生的營業收入，比如交通、建設、服務行業、金融保險等行業的業務收入。流轉稅就是把商品流轉中所產生的流轉額作為徵稅對象的一種稅收形式，流轉額徵稅也擴大到服務性行業非商品的流轉過程，流轉稅基本概念大致如此。經歷了多年的改革變遷，中國稅制改革被完善且得到良性發展，目前完善的流轉稅體系基本上被確立。從構成的種類來看，增值稅、消費稅、營業稅以及關稅是流轉稅中最主要的四種稅種。學術界對流轉稅形成的目的進行研究，主要有以下幾個方面：第一，銷售商品、提供勞務的銷售額以及營業收入是主要的徵稅依據，生產、管理成本和費用變化不會對其產生影響，這樣確保了國家取得及時、穩定並且可靠的財政收入。納稅義務在納稅人銷售商品、提供服務的過程中就已經形成了，這種特徵把國家稅收和全社會各個生產環節緊密地聯繫到一起去了，那麼商品的生產規模擴大發展良好，那麼稅收收入也會隨之增加，自然國家取得財政收入的基礎就更加牢靠了；第二，它是典型的間接稅性質的稅種，若商品和服務以從價方式計稅，就會顯示出稅收與價格的緊密關係，國家則更容易通過稅收政策調節產業政策和消費政策，稅收作為經濟槓桿對於經濟宏觀調控能力就會得到體現。

　　所得稅，又稱所得課稅、收益稅，指國家對法人、自然人和其他經濟組織

在一定時期內的各種所得徵收的一類稅收。它主要以所有符合規定納稅義務人取得的所得額為課稅對象。當前所得稅制度已經建成，從構成的種類來看主要有兩種，即企業所得稅和個人所得稅。目前對於所得稅定義的特點有以下三個：第一，通常是把純粹的收入所得當作徵稅對象。第二，它具有直接稅的特性，即稅收負擔沒有轉嫁性，納稅人和稅負實際負擔人是同一人，正是由於這一特性，所得稅可以直接調節納稅人的收入，所得稅是採取累進稅率，自然對於個人收入差距的調整是具有積極作用的。所得稅政策還可以促進國家產業政策達到良好實施效果，對企業所得徵稅，體現了所得稅作為經濟調節的槓桿發揮了宏觀調控作用。第三，所得稅徵收稅額涉及企業的成本和費用，督促了企業建立健全的會計制度以及會計帳簿規範，更好地促進了企業科學核算以及科學的管理體制。站在經濟意義的角度來看，首先，相對於流轉稅，對商品徵稅是比較有效率的，但是對於收入公平分配的作用不是特別大，所得稅一大特性就是能夠促進社會的公平，但是效率低下。為了提高社會公平狀態維持良好發展，付出一定徵稅成本是非常必要的。所以所得稅是可以提高社會經濟效益的，並且能夠促使資源優化配置，減少配置效力的損失。其次，所得稅徵收能夠達成兩個效率，即經濟效率與行政效率。優化社會資源配置，降低成本和社會負擔的分配是其經濟效益。徵稅成本減少，國家實際收入不被損害，同時對納稅人額外負擔減少這就是所得稅的行政效率。

16.2　稅制結構對產業經濟的影響機制

16.2.1　直接作用

稅制結構是可以直接作用到產業中資源配置以及成本的結構，從而影響產業經濟發展，促進產業結構的發展。就對產業經濟的影響而言，不同稅種所影響的角度是不一樣的，稅制結構中最主要的兩個稅種是流轉稅和所得稅，上文已經提到流轉稅是以商品的流轉額為對象，所得稅是以各種所得為徵稅對象，儘管兩者對產業經濟產生的影響不同，但都與市場主體的生產經營狀況有關，影響市場主體的選擇以及運轉，會產生一定的微觀效應，從宏觀上來看，同時又能影響這個產業結構的變化。稅收是通過生產替代效應來體現對產業的整個影響。從整個社會角度來看，政府對各行業選擇性徵稅或是實行不同稅收政策，從而產生對行業發展以及結構變化，這就是稅收的生產替代作用。例如，若市場只存在兩種行業，X行業與Y行業，當政府採取對X行業徵稅或是實行

一定的稅收優惠，會導致這兩個行業的相對價格比率和行業的邊際成本比率發生替代性的變化，資源會重新配置，為了達到新的利潤最大化，因此 X 行業的生產規模會被縮小，稅負輕的 Y 行業擁有了更多資源。

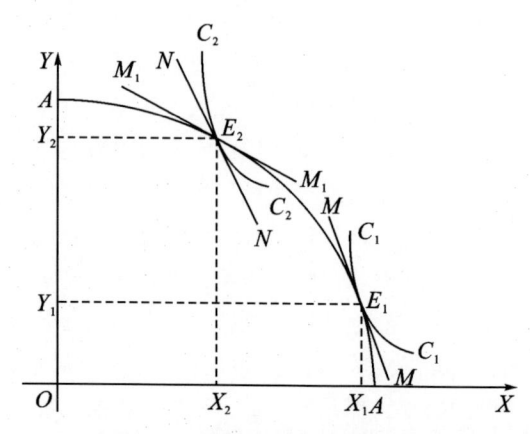

圖 16-1 稅收政策的生產替代效應

圖 16-1 中，AA 為生產可能性邊界，X 行業與 Y 行業在一定社會資源下所有不同產量的組合，CC 表示消費者無差異曲線，E_1 為無差異曲線 CC_1 與生產可能性邊界的切點，線 MM 的斜率表現為 A 行業與 B 行業的邊際成本比率同時也表現為兩種行業產品的相對價格比。在政府沒實行差別稅收政策前，初始點為 E_1 點，此時生產成本率和兩種行業產品的邊際替代率是一樣的。

$MRS_{XY} = U_X/U_Y = MC_X/MC_Y = MRT_{XY}$

假如政府僅對 X 行業產品徵稅 T，此時：

$U_X/U_Y = P_X/P_Y = MC_X（1+T_X）/MC_Y$，

則 $MRS_{XY} = U_X/U_Y = P_X/P_Y > MC_X/MC_Y = MRT_{XY}$

從上述公式可以看出，X 行業與 Y 行業的資源配置發生了改變，主要是因為 X 行業產品承受了更多的稅負，成本被拉高了，收益被降低了，市場會自發作用把更多資源流向成本低收益高的 Y 行業，一直作用到兩個行業的邊際生產率與邊際產品替代率相同為止。如圖 16-1 所述，當對 X 行業徵稅時，兩個行業的邊際成本比率變大，切線斜率因此發生改變，切點由 E_1 改變為 E_2，從圖中明顯可以看出，兩個行業的產品相對價格發生變化，X 行業產品相對價格變高，MM 上升為 M_1M_1，兩個行業產量也發生較為明顯變化，由 X、Y 變為 X_1、Y_1。

所以可以得出，只要對企業徵稅，不論是哪種稅，稅負多少，最後這些稅負都會記到企業的生產成本中去，那麼稅制結構及稅種的改變就會導致企業的

成本發生變化進而對企業經濟效應產生作用，成本低的企業收益就會高，收益高的企業得到不斷發展，成本高的企業收益低，收益低的企業規模自然慢慢縮小甚至是退出了市場，這都會影響產業值以及產業結構的改變。同時徵稅對象的不同，稅種設置的不同，稅收優惠政策的不同會帶來產業結構的變化，這些措施會影響到一個企業的成本，從而影響企業產品的收益及附加值，會讓資源由耗能高、耗水多、耗物多向耗能低、耗水低、耗物低流動，於是產品附加值高、技術含量高的企業得到發展，這樣便推動了產業結構的升級優化。

16.2.2 間接作用

稅收政策可以通過稅種的設置、稅率高低規定以及稅式支出手段來影響產業經濟的需求結構從而影響投資結構，對產業的產值以及產業結構升級產生作用。

一是稅收政策可以影響產業消費需求結構，行業結構可以通過行業消費需求結構的影響，而且還可以影響中間體行業的產業結構。比如，對個人所得稅的設定，可以影響個人財富存量以及增量的變化，通過個人偏好影響產業經濟的發展。對增值稅、消費稅、營業稅、關稅等流轉稅的設定，可以影響各行業產品的比較價格，導致不同稅種、不同稅負水準下的產品消費不同，面對產品的比較銷售價格，消費者選擇不同，消費需求發生改變，從而帶動消費品的供給結構也隨之發生改變，並最終影響產業結構發生變化。例如，我們用消費稅舉例，利用差別稅率，使不同消費品稅負不同。

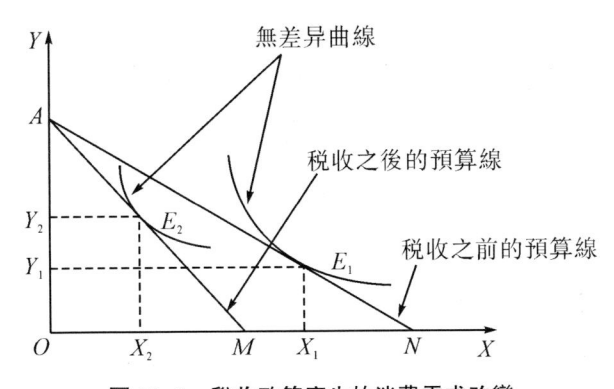

圖 16-2　稅收政策產生的消費需求改變

在圖 16-2 中，X、Y 代表兩種消費品，AN 為消費者預算線，在此，我們假設，徵稅前價格為 P_1、P_2，消費品需求量分別為 X_1、Y_1，收入為 M，預算約束方程為：

$$P_1X_1+P_2Y_1=M$$

假如只對消費品 X 徵稅，則預算約束方程變為：

$$(P_1+T_X)^*X+P_2^*Y_1=M$$

對消費品 X 徵稅，相當於把 X 價格提高了，但消費品 Y 價格沒有發生變化，導致兩者之間的比較價格發生改變，由於 X 購買成本提高了，所以消費者會減少對 X 的消費，增加對 Y 的消費，於是消費預算線由 AN 變為 AM，消費量也由原來的 X_1、Y_1 變為 X_2、Y_2。表明稅收政策會引起消費者需求變化，進一步會影響消費品供給結構，最終影響產業經濟的發展方向。

二是產業經濟中的投資需求也可以被稅收政策所改變。產業比較收益率可以影響私人投資，受投資偏好影響，投資較多的行業，其上游產業的發展也會被帶動，因為原材料及設備需求會變旺。稅收政策可以改變各行業的比較收益率，從而影響投資偏好的流向。比如徵企業所得稅，可以影響企業整體財富總量及增量，影響企業收益，徵流轉稅，可以影響企業生產能力和產品的收益率，從而影響企業資源配置導向，進而影響行業結構。

稅收政策也會影響消費需求和投資需求的比例關係，進而影響產業發展。因為消費和儲蓄組成可支配收入，兩者此消彼長。儲蓄又是消費的源泉，稅種的設定以及稅收優惠政策可以改變消費與儲蓄比較價格，兩者產生替代效應，影響儲蓄偏好。消費與儲蓄比例的改變會導致消費與投資結構的改變，進而影響產業經濟發展方向。

16.3 流轉稅和所得稅對於產業經濟的影響效果

流轉稅方面，流轉稅對經濟增長與發展會發生一定作用。中國的流轉稅所採用的都是從價計稅這種方法。銷售商品以及勞務的價格與稅收收入之間呈正向比例關係，前者對於後者存在著較大的影響。若稅率一定的話，價格越高，徵收的稅收就越多，流轉稅和價格是密切相關的。產品的價格包含稅金，不僅促進企業加強了經濟核算，改善了經營管理，還可以根據國家的經濟政策，配合著價格，發揮稅收調節生產和消費的作用，並促進國家經濟規劃、協調發展，影響了國民經濟的發展。

所得稅方面，所得稅會對經濟增長和發展產生一定影響。經濟增長有多方面因素共同促成，消費、投資這兩者因素所起的作用最大。消費需求能夠直接被個人所得稅影響，隨之帶動投資需求被其影響。企業所得稅稅後可支配收入

水準，直接影響稅後可支配收入水準，影響投資回報率，進而影響投資。

流轉稅和所得稅在目前市場經濟條件下影響產業經濟主要是通過直接或間接干預手段來達成，即通過改變市場經濟中的某些因素從而再經過市場機制傳導作用來影響產業經濟，而這些經濟因素就是稅收政策作用於產業經濟的媒介。直接手段主要影響產業中企業的生產成本，產生稅收價格替代效應，引起產業值及結構的變動。間接手段主要通過稅收影響產品比較價格從而影響消費者消費需求及投資需求，從而影響產業值及結構的變動。不管是那種手段都是作用於供給因素，影響需求因素。

首先，從需求因素來考慮，所得稅中企業所得稅政策及個人所得稅政策通過改變收入以及財富的分配狀況或者增值稅、消費稅、營業稅、關稅改變消費品的比較價格從而影響政府的消費需求結構以及私人消費需求結構然後通過選擇的宏觀稅負水準變化的政府和私人消費需求的稅收結構比例，並最終影響消費品產業內部結構，即資源會自發配置到需求有利偏好的消費品企業中去，這是對於消費品的影響。同時，流轉稅還能改變不同行業的成本從而影響不同產業的比較收益率或者所得稅和流轉稅的設置可以直接提高個人對特定投資品購買偏好並且改變投資品的相對價格等措施來影響私人的投資需求，再通過宏觀稅負變化影響政府和私人投資需求率水準，最終影響投資品的產業內部結構，即投資品市場的資源會自動配置到收益率高且具有投資偏好的投資品行業中去，這是對投資的影響。

其次，從供給因素來考慮，稅收政策中最明顯的企業所得稅及個人所得稅可以通過改變工資率來鼓勵勞動力在各產業之間轉移或政府通過流轉稅對不同產業以及不同產品實施有差別的稅負來改變相關的產業以及產品的收益率，既影響產品的成本率又影響人工成本率，進而影響該產業的收益率，從而影響了資本對於不同產業以及產品的偏好，改變了投資的方向，最終影響了產業結構。供給因素下流轉稅和所得稅對產業經濟影響機制可見圖16-4。

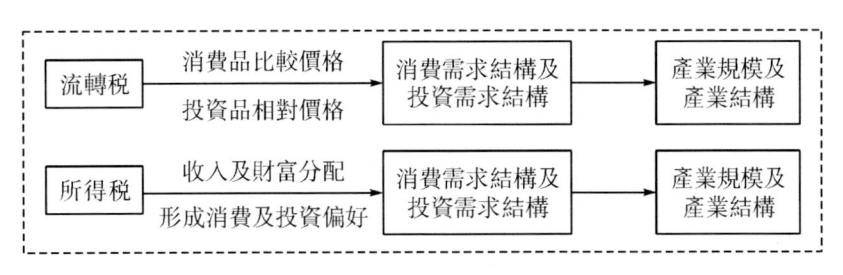

圖16-3 需求因素下流轉稅和所得稅對產業經濟影響流程圖

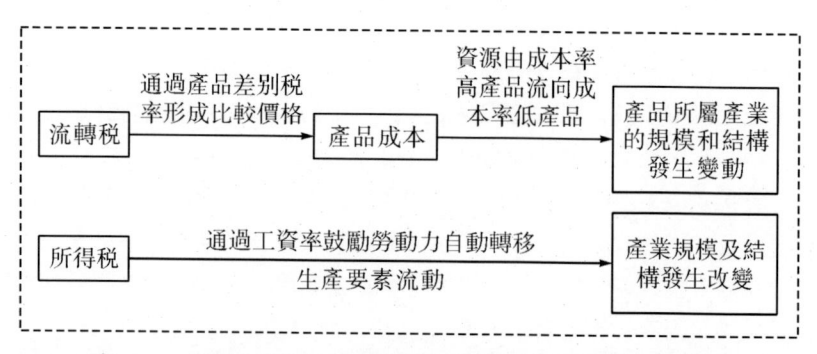

圖 16-4　供給因素下流轉稅和所得稅對產業經濟影響的流程圖

　　流轉稅和所得稅政策是通過基本的稅收制度以及稅收支出手段來影響產業政策中的總供給和總需求變化，從而影響三次產業產值的變動以及結構的變動。流轉說是稅收制度中重要的一種稅種，對經濟生活中商品或者服務等設置不同的稅率以及不同的稅收優惠，主要是配合價格來調節生產和消費，影響商品和服務的規模等來改變總供給與總需求的變動。所得稅也是稅收制度中重要的一種稅種，也是通過不同的稅率以及不同的稅收優惠，進而改變社會的收入或者財富分配，來影響各產業之間總供給與總需求的變動，而這些變動會引起第一產業、第二產業和第三產業要素累積的變動，推動了要素在三大產業之間的流動，從而影響三大產業的生產值以及結構的變化。

16.4　三大產業及產業結構概述

　　現今，對三大產業界定有很多種說法，但處於主流的說法是根據目前社會活動的發展情況來界定的，簡單來說就是根據物質由簡單到複雜的過程，加工手段由簡單到複雜的一個過程。第一產業是最不複雜的產業，不是說物質的不複雜，而是指物質的出產不需要複雜加工手段的產業。第二產業為半加工型產業，所出產的物質需要經過一定程序和手段加工。第三產業是較為複雜的產業，需要物力、人力的加工配合來形成，比如目前的服務業。目前，中國對三個產業的劃分主要為：第一產業主要指農業（林業、畜牧業等）；第二產業主要指的是工業和建築行業（製造業、電力、水、採礦等）；第三產業主要指服務業（金融業、租賃業、旅遊業等）[①]。目前，中國三大產業發展表現為：第

[①] 三大產業界定參見 2003 年國家統計局 14 號文件《三次產業劃分規定》。

一產業增加值有所下降，第二產業增加值上升且上升幅度穩定，第三產業增加值有所上升，上升幅度偏弱。

　　產業結構的概念始於20世紀40年代左右，從這一理論發展的整個過程來看，產業結構的定義都是模糊不清，沒有一個統一的說法，有學者認為是各產業的關係結構，也有學者認為是產業內部企業之間的聯繫。但權威的說法是，產業結構是指各產業中一個國家的經濟總量和比例的各部門和質量的關係。「量」是指各產業在社會生產總量中所占的比例，它可以研究在限定的時期內產業之間聯繫以及通過何種聯繫所表現出來的經濟技術數量上面的體現。「質」是指產業整個結構是由哪些行業構成，它可以動態的研究各產業之間技術的聯繫以及以何種方式聯繫的不斷發展的過程。一個國家的產業結構由多方面要素構成，它可以體現一個國家各種資源如何在各行業內進行分配和配置，產業結構和經濟結構、地區形勢一起構成了整個國家的經濟發展結構與模式。因此，通過它可以直觀地研究一個國家經濟發展水準。想要取得國家的可持續健康的發展，實現真正意義上的現代化，就必須根據自己的國情和發展形勢推進本國的產業結構變化調整，產業結構優化有助於提高經濟結構運行的高效益和高效率，為高質量、高速度的經濟增長奠定良好基礎。

17 流轉稅和所得稅以及三大產業發展現狀

17.1 流轉稅與所得稅目前發展狀況

圖 17-1 是 1994 年至 2011 年期間流轉稅稅收收入的絕對額和所得稅稅收收入的絕對額的比較，這兩組數據都經過了消除物價變動影響，選擇的物價指數是居民消費價格，並且以 1994 年為基期，即 CPI（1994）= 100。從圖 17-1 中我們可以明顯看出來流轉稅稅收收入總額從 1994 年的 4,120 億元上升到 2011 年的 36,621.45 億元，增長約 9 倍。所得稅總收入 781.19 億元，1994 年上升到 13,691.51 億元，2011 年增長約 17.5 倍。可以看出，流轉稅稅收收入總額在 1994 年至 2011 年期間一直都在所得稅稅收收入總額之上，兩者差距是有些慢慢縮小的，從 1994 年流轉稅稅收收入總額與所得稅稅收收入總額之比為 5.3：1，到 2011 年流轉稅稅收收入總額與所得稅稅收收入總額之比為 2.7：1。這張圖反應現今中國稅制結構的真實情況，即中國的 1994 年實行分稅制，稅制結構是以流轉稅為主體，所以中國的流轉稅稅收收入額一向比較高，但最近幾年，稅制結構從流轉稅單一主體向流轉稅和所得稅雙主體過渡被政府和學術界的學者不斷主張，所得稅發展迅速，雖然還不及流轉稅稅收收入總額，但是與其的差距卻在慢慢地縮小。

圖 17-2 反應的是 1994 年至 2011 年期間流轉稅稅收收入的增長率和所得稅稅收收入的增長率的比較。從圖 17-2 中可以明顯地看出，流轉稅稅收收入的增長率波動的幅度較小，基本上逐年上升，流轉稅稅收收入的增長率出現了三段連續四年上升的態勢，而從所得稅稅收收入的增長率可以很直觀地看出其波動的幅度比較大，沒有呈現出明顯的長期的上升或者下降的態勢，2001 年

所得稅增長率突然增加有可能是因為個人所得稅結構在 2000 底發生巨大改變，個人所得稅由原來工薪所得、個體商戶經營所得轉變為了工薪所得、個體商戶經營所得及利息、股息、紅利占主要份額[①]。而且可以從圖中看出，前期流轉稅的稅收收入增長率基本在所得稅稅收收入增長率之上，但是從後期看出，所得稅稅收收入增長率後來居上超過流轉稅的增長率，這也符合目前政府倡導的「雙主體」稅制發展模式。

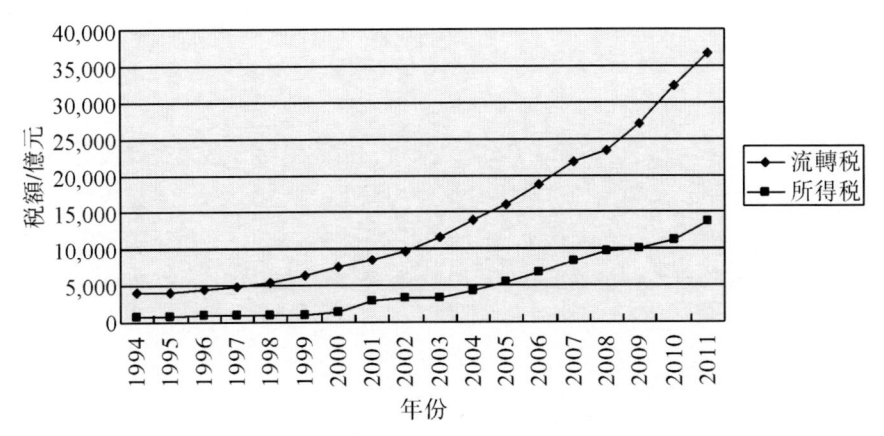

圖 17-1　1994—2011 年中國**流轉稅稅額與所得稅稅額**

（資料來源：《稅務統計年鑒》及中經網統計數據）

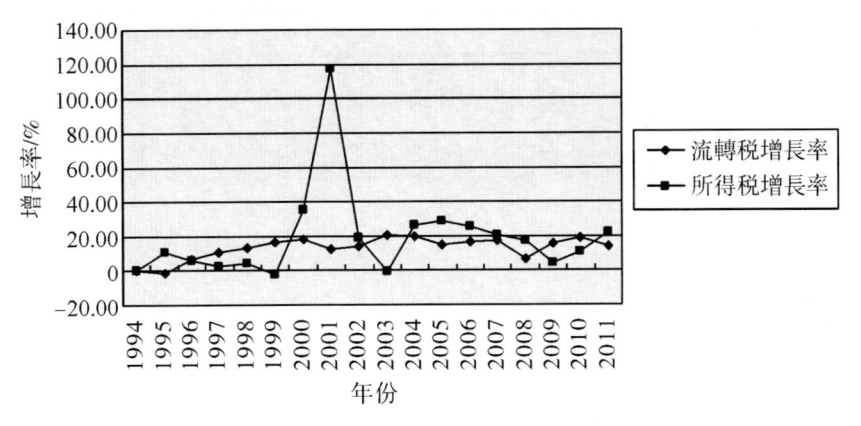

圖 17-2　1994—2011 年中國**流轉稅與所得稅年增長率**

（資料來源：《稅務統計年鑒》及中經網統計數據）

---

① 數據的突變性不排除個別異常點，由特殊政策背景或數據來源不合理性引起。

17.2 三大產業目前發展狀況

圖 17-3 中 Y1、Y2、Y3 分別代表第一產業值、第二產業值、第三產業值。圖中反應 1994—2011 年期間 Y1、Y2、Y3 增加值各自的比較。從圖中可以明顯看出，第一產業的增加值居於圖表的最下方，是三個產業中最小的，其次排在第二層次的是第三產業，第二產業居於圖表中最後的位置，說明三個產業中，第二產業實現增加值最高，第三產業的增加值位列第二。同時，我們也能從圖中看出第一產業增加值的幅度比較小，也說明第一產業發展較為穩定，而第二產業和第三產業增加值的上升幅度比較大，並且，第三產業的增加值曲線更為陡峭，說明第三產業增加值上升的趨勢比第二產業更為明顯一些。這個符合中國目前的產業結構的狀況，從大力發展第二產業轉向更注重優先發展以服務業為主的第三產業且穩定發展好第二產業，最後還要注重第一產業的基礎性地位。

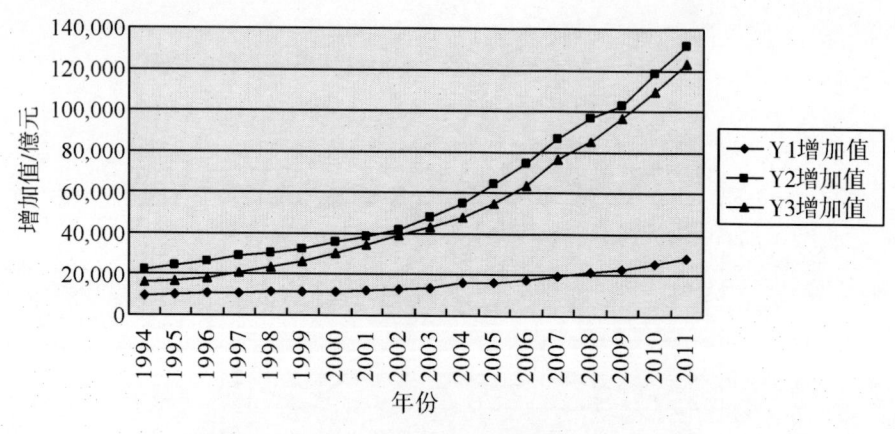

圖 17-3　1994—2011 年三大產業增加值的比較

（資料來源：《中國統計年鑒》）

從圖 17-4 可以看出，從 1994—2011 年期間，第一產業增加值占 GDP 的比重是漸漸下降的，從 1994 年第一產業增加值占 GDP 約 6.6%逐漸下降到 2011 年第一產業占 GDP 比重的 2.7%左右。第二產業增加值占 GDP 比重是有些小的波動幅度，但可以明顯看出是略微下降的，從 1994 年第二產業增加值占 GDP 比重的 67.9%左右下降到 2011 年第二產業增加值占 GDP 比重的 30.97%左右。第三產業增加值占 GDP 比重也是有些小的波動幅度，但明顯是

呈上升態勢的，但基本維持在 25% 到 40% 之間的，說明近幾年中國的第三產業發展還是比較穩定的。同樣，也是符合目前產業結構調整的態勢，以優先發展第三產業為主。

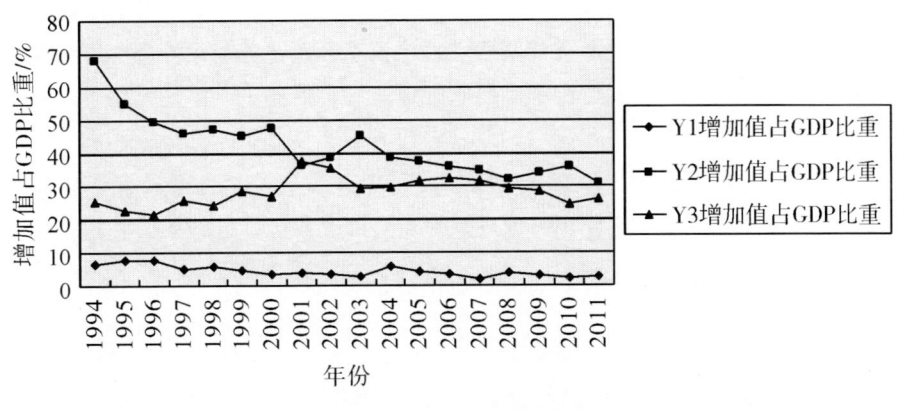

圖 17-4　1994—2011 年第一、二、三產業增加值占 GDP 的比重比較

(資料來源：《中國統計年鑑》)

17.3　小結

首先，流轉稅稅收收入總額基本是一直高於所得稅稅收收入總額，並且流轉稅占整個稅收收入的比例是高於所得稅占整個稅收收入的比例的。但是近幾年可以明顯看出，兩者的差異在慢慢縮小。流轉稅每年增長率是維持在一個穩步增長的狀態，而所得稅增長率波動幅度則比較大，近幾年來看，增長勢頭是快於流轉稅的。這說明，中國目前所倡導的由單一的流轉稅為主體的稅制結構正穩步地向「雙主體」即流轉稅與所得稅並重的稅制結構發展。流轉稅和所得稅對於第二、第三產業的影響是深遠的，新的稅制結構必然會影響到各個產業之間的要素流動，從而影響到各個產業的增加值，進而影響產業結構的發展變化。

其次，從三大產業的發展狀況可以看出，發展的最迅猛的是第三產業，它占 GDP 的比重是穩步上升的，其次是第二產業，它的增加值一直是三個產業中最高的，但也可以看出它占 GDP 的比重是逐年下降的趨勢，最後是第一產業，增加值是三個產業最小的，占 GDP 的比重也逐年略微下降。而根據研究，一個國家，若第三產業占 GDP 比例越大對於經濟的良性發展也是越有利的，

雖然中國近幾年來第三產業不斷發展，發展勢頭良好，但其占 GDP 的比重還是不及第二產業，這跟中國一直以來的粗獷型的經濟發展模式有關，存在單純依靠自然資源的情況，只重產量，不重質量。因此，為了改善中國經濟發展模式，使中國經濟朝著健康、持續的方向發展，必須進行產業結構的優化。

最後還要注重第一產業的基礎性地位，第一產業必須保持著不可替代的基礎地位，它的穩步發展直接決定了國內經濟社會的穩定，也是第二產業與第三產業發展的支撐基礎。

從以上的數據分析來看，中國的產業經濟發展還是有很多有待改進的地方，並且其改變是多種原因促成的，這需要國家和全社會的扶持和關注。

18 流轉稅和所得稅對三大產業影響效應的實證分析

18.1 變量的選取以及數據的處理

由理論綜述分析得出，流轉稅和所得稅對產業經濟產生一定程度的影響，所以本部分選取了流轉稅、所得稅和三大產業增加值以及產業結構六個變量的指標來實證分析稅收政策對於三大產業增加值以及產業結構變動的影響效應。本部分中，流轉稅這個變量用流轉稅稅收收入的總額來表示，記做 LS，本部分選取的流轉稅稅收總額是以增值稅、消費稅（包含了海關代徵的進口增值稅和消費稅）、營業稅以及關稅在這三個稅的總和。所得稅這個變量是以所得稅稅收收入的總額來表示，記做 SS，本部分選取的所得稅稅收收入是以個人所得稅和企業所得稅兩稅之和來確定。三大產業的增加值就是以每個產業相較於上一年增加的產值來表示，分別記作 Y1、Y2、Y3，產業結構以第二和第三產業產值之和占 GDP 比值表示，記做 JS。以上的數據全部來自《中國稅務年鑒》《中國統計年鑒》和中經網的統計數據庫，數據的頻率為年度數據，時間的跨度為 1994—2011 年。

在此要特別說明一下，本部分選擇 1994—2011 年的流轉稅和所得稅研究稅收政策對於三大產業增加值以及產業結構影響效應的原因有以下幾點：

首先，1994 年中國進行了分稅制的改革，對中國的稅制結構進行了較大範圍的改革，有些稅種開始明確徵稅，有些稅種被暫停開徵，這次改革對中國的經濟產生了比較大的影響。從考慮數據的連續性角度來看，研究的樣本量從 1994 年開始，可以在一定程度上防止數據斷裂、沒有可比性，從而可能造成對實證效果的影響。

其次，稅收制度在 1994 年改革後，基本決定了流轉稅為主體的稅收複合稅制結構。但隨著中國經濟的發展，近年來，流轉稅和所得稅兩大稅種的稅制結構模式都在不斷被提及，並慢慢形成，特別是最近幾年的增值稅轉型的改革使得中國流轉稅的收入逐漸地減少，更加促成了流轉稅和所得稅雙主體地位的形成。就因為考慮到流轉稅和所得稅在整個稅制結構的重要地位，所以本部分選取了這兩個稅種作為研究的對象，是具有較強的典型性的，能夠更好地反應目前的稅制模式對於三大產業產值以及產業結構的影響效應。不可否認，還有一些小的稅種，但是由於收入很少、開徵時間很短、記錄不全等問題使得這些數據連續性比較差，本部分就不予考慮了。

為了消除價格水準變動對所選取的六個變量的影響，首先，筆者用中國的居民消費價格指數對各個經濟變量進行了價格平減的調整，選取 CPI，以 1994 年為基期，即 CPI（1994）= 100。其次，為了消除時間序列數據可能存在異方差問題並且考慮減緩數據的劇烈波動，所以在進行價格平減調整後對各個變量再取自然對數。

18.2　模型的選擇以及建立

1980 年西蒙斯向量自迴歸模型將被引入經濟學研究的範疇，由於向量自迴歸是把系統中每一個內生變量作為系統內的每個內生變量的滯後階數的函數來構造出模型，所以它不是簡單的單變量自迴歸，成為的是時間序列的多元變量自迴歸，改變了聯立方程的解釋複雜經濟問題的主體地位。向量自迴歸是非結構性的多元方程模型，經常被描述為時間序列預測系統和隨機擾動對變量系統的動態效果，從而分析隨機擾對於經濟變量的動態衝擊，最終解釋各種經濟衝擊對經濟變量的影響。VAR 模型對於各政策變量單位變化的影響可以散布到以後各期，所以，採用這個模型是可以準確並且清楚地解釋各個政策變量的變化對於經濟變量的影響，它主要是通過脈衝回應（impulse response）和方差分解（variance decomposition）來更深入地探討多個內生變量的動態關係。

18.3 各經濟變量的平穩性檢驗

通常情況下,選擇的經濟變量的時間序列的統計規律是隨著時間的推移而發生變化的,這表明所選擇的變量是不平穩的,不平穩的經濟變量對它們進行經濟學統計分析時可能會出現「偽迴歸」的問題。所以,在進行模型估計之前,要對各變量的平穩性做檢驗。檢驗變量時間序列的平穩性有 DF、ADF(Augmented Dickey Fuller)、PP 檢驗。本部分選擇 ADF 檢驗,利用 Eview6.0 計量軟件。檢驗結果如表 18-1。

表 18-1 時間序列的平穩性檢驗

變量	顯著水準/%	臨界值	ADF 值	P 值
LS	1	-4.004,425	-0.835,880	0.776,8
	5	-3.098,896		
	10	-2.690,439		
SS	1	-3.886,751	-0.034,296	0.942,4
	5	-3.886,751		
	10	-3.052,169		
Y1	1	-3.886,751	1.955,596	0.999,5
	5	-3.052,169		
	10	-2.666,593		
Y2	1	-3.886,751	2.206,670	0.999,8
	5	-3.052,169		
	10	-2.666,593		
Y3	1	-3.886,751	1.858,277	0.999,4
	5	-3.052,169		
	10	-2.666,593		
JS	1	-3.886,751	-2.282,411	0.187,9
	5	-3.052,169		
	10	-2.666,593		

對表 18-1 的輸出結果分析得到,六個經濟變量 ADF 的水準值都是大於其在 1%、5%、10%的顯著性水準的臨界值的,說明各變量要接受「存在單位根」的原假設,這六個經濟變量的水準序列都是不平穩的時間序列。所以,在對這六個變量時間序列進行一階差分再做 ADF 檢驗,檢驗的結果如表 18-2。

表 18-2　時間序列的一階差分的平穩性檢驗

變量	顯著水準/%	臨界值	ADF 值	P 值
DLS	1	-3.959,148	-3.435,278	0.026,4
	5	-3.081,002		
	10	-2.681,330		
DSS	1	-3.959,148	-3.559,843	0.021,0
	5	-3.081,002		
	10	-2.681,330		
DY1	1	-3.920,350	-3.199,428	0.039,1
	5	-3.065,585		
	10	-2.673,459		
DY2	1	-3.959,148	-3.827,482	0.002,0
	5	-3.081,002		
	10	-2.681,330		
DY3	1	-3.920,350	-3.324,631	0.031,0
	5	-3.065,585		
	10	-2.673,459		
DJS	1	-3.920,350	-6.014,888	0.000,2
	5	-3.065,585		
	10	-2.673,459		

經過了一階差分以後，我們可以從表18-2的輸出的結果中明顯看出，六個經濟變量ADF的水準值明顯小於在1%、5%、10%顯著性水準下的臨界值，表明五個變量均要拒絕「存在單位根」的原假設，說明這六個變量一階差分以後的時間序列是平穩的。這表明流轉稅稅收收入（DLS）、所得稅稅收收入（DSS）、三大產業的增加值（DY1、DY2、DY3）以及產業結構（IS）都是一階單整的，即是I（1）。隨後，本部分利用這一階單整的序列做迴歸分析，就不會再出現偽迴歸的問題。

18.4　變量的協整檢驗

協整檢驗主要是檢驗各經濟變量之間是否具有協整關係，也是對模型中的自變量和因變量是不是具有研究價值的檢驗。協整檢驗有Pedroni檢驗，這種檢驗是建立在Johansen檢驗的基礎之上的。本部分則根據數據的特徵採用了

Pedroni 檢驗法，分析輸出結果中 p 值在 10%的顯著性水準下是不是小於 0.1，若是小於 0.1 則說明兩者存在協整關係，是具有研究的價值和意義的。本部分用的是 Johansen 檢驗，結果見表 18-3。

表 18-3　Johansen 協整檢驗

三組協整檢驗	零假設	特徵根	跡統計量	P 值	最大特徵值	P 值
第一產業的變量組	無協整	0.937,307	56.459,79	0.000,0	41.542,49	0.000,0
	至多一個協整	0.628,507	14.917,30	0.060,9	14.853,37	0.040,3
第二產業的變量組	無協整	0.905,577	43.608,45	0.000,7	35.399,49	0.000,3
	至多一個協整	0.413,115	8.208,965	0.443,3	7.993,906	0.379,3
第三產業的變量組	無協整	0.776,873	35.195,54	0.010,8	22.500,24	0.031,9
	至多一個協整	0.569,428	12.695,30	0.126,5	12.639,60	0.088,9
產業結構變量組	無協整	0.788,561	40.748,11	0.001,9	23.307,31	0.024,3
	至多一個協整	0.529,153	17.440,79	0.025,2	11.298,33	0.139,9

通過表 18-3 輸出的結果，可以得到以下結論：在 1%和 5%的顯著性的水準下，第一產量組的特徵根和最大特徵值分別拒絕了原假設，無協整和至多一個協整，兩者的 p 值都小於 0.1，說明第一產量組的三個經濟變量至少是存在兩個協整向量的，表明這三個變量是存在著協整關係的。從第二產量組的協整檢驗可以看出，特徵根和最大特徵值在 1%的顯著水準下拒絕了原假設——無協整，它的 p 值小於 0.1，說明第二產量組的三個經濟變量至少是存在一個協整向量的，表明這三個變量也是存在著協整關係的。第三產量組的協整檢驗在 1%和 5%的顯著性的水準下，第三產量組的特徵根和最大特徵值分別拒絕了原假設，無協整和至多一個協整，兩者的 p 值都小於 0.1，說明第三產量組的三個經濟變量至少是存在兩個協整向量的，表明這三個變量是存在著協整關係的。產業結構變量組的協整檢驗在 1%產業結構組的特徵根和最大特徵值分別拒絕原假設，無協整，且 p 值小於 0.1，表明存在著協整關係。

所以從以上結果分析看出，第一、第二、第三產量組以及產業結構組的變量都是存在協整關係的，說明各個組中的變量是存在長期穩定的關係，這樣，本部分可以進一步地對變量做迴歸，迴歸的結果也是有意義的。

18.5 經濟變量的格蘭杰因果檢驗

格蘭杰因果檢驗可以對變量在經濟系統中是否存在因果關係進行檢驗，它解決了自變量 x 能否引起因變量 y 變化的問題，主要能解決的是 y 在多大程度上被 x 所解釋，以及加入 x 的滯後值後，分析自變量 x 對因變量 y 的解釋程度或者自變量 x 的變化對因變量 y 的變化影響能貢獻多大程度。所以，當自變量 x 對因變量 y 兩者相關係數在統計分析上很顯著或者 x 對 y 變化貢獻度很高的話，我們就可以表示 x 格蘭杰了 y。本部分想為流轉稅和所得稅對三大產業的影響提供更有力根據。表 18-4 是流轉稅和所得稅對三大產業的格蘭杰檢驗結果。

表 18-4　格蘭杰因果檢驗

檢驗組	原假設	F 值	P 值
第一產業變量組	LS 不能 Granger 引起 Y1	3.692,85	0.075,24
	SS 不能 Granger 引起 Y1	2.996,63	0.005,41
第二產業變量組	LS 不能 Granger 引起 Y2	15.306,8	0.001,56
	SS 不能 Granger 引起 Y2	5.374,17	0.036,08
第三產業變量組	LS 不能 Granger 引起 Y3	0.003,55	0.953,33
	SS 不能 Granger 引起 Y3	0.183,53	0.074,87
產業結構變量組	LS 不能 Granger 引起 JS	0.429,16	0.738,56
	SS 不能 Granger 引起 JS	8.508,92	0.009,82

根據表 18-4 輸出的結果可以得出：第一產量組中，流轉稅在顯著性水準下 p 值小於 0.1，拒絕原假設，說明流轉稅在格蘭杰檢驗下影響了第一產業的生產值。所得稅在顯著性水準下 p 值小於 0.1，拒絕原假設，說明所得稅在格蘭杰檢驗下對第一產業生產值影響的效果明顯。

第二產量組中，流轉稅在顯著性水準下 p 值小於 0.1，拒絕原假設，說明流轉稅在格蘭杰檢驗下影響了第二產業的生產值。所得稅在顯著性水準下 p 值小於 0.1，拒絕原假設，說明所得稅在格蘭杰檢驗下對第二產業生產值影響的效果明顯。第三產量組中，流轉稅在顯著性水準下 p 值大於 0.1，不能拒絕原假設，說明流轉稅在格蘭杰檢驗下影響第三產業的生產值效果不是太明顯。所得稅在顯著性水準下 p 值小於 0.1，拒絕原假設，說明所得稅在格蘭杰檢驗下影響了第三產業生產值。產業結構變量組中，流轉稅在顯著性水準下 p 值大於

0.1，不能拒絕原假設，說明流轉稅在格蘭杰檢驗下影響產業結構的效果不是太明顯。所得稅在顯著性水準下 p 值小於 0.1，拒絕原假設，說明所得稅在格蘭杰檢驗下是影響產業結構的。

18.6　VAR 模型滯後階數的檢驗

建立 VAR 模型確定合適的滯後階數是非常必要的，這是因為，如果滯後階數很短的話，那麼所構造的向量自迴歸的模型動態的特徵反應不好，但是如果滯後階數太長的話，那麼模型中的參數就會變得很多，自由度就削弱了，會直接導致模型中參數有效性的破壞。我們經常用的滯後階數檢驗方法有施瓦茨準則（SC）、赤池準則（AIC）（兩個準則都是取值最小的準則來確定）、LR、FPE 和 HQ 五種方法。檢驗的結果如表 18-5。

表 18-5　VAR 模型滯後檢驗

Lag	LogL	LR	FPE	AIC	SC	HQ
0	68.435,89	NA*	1.75e−08	−9.347,984	−9.211,043	−9.360,660
1	76.822,80	11.981,30	2.01e−08	−9.260,400	−8.712,637	−9.311,105
2	86.343,72	9.520,917	2.38e−08*	−9.334,817*	−8.376,231*	−9.423,551*

註：* 表示 10% 的顯著水準。

從表 18-5 輸出的結果明顯可以看出，在五個評價的統計量中有四個認為應該建立二階的 VAR 模型是比較合理的，表明建立滯後期為二的 VAR 能夠消除隨機誤差中可能出現的自相關問題。

18.7　變量之間估計式的表達

在數據的處理以及滯後階數判斷的結果的基礎上，本部分建立的 VAR（2）模型：

$$\begin{bmatrix} DLSt \\ DSSt \\ Y1t \end{bmatrix} = A_1 \begin{bmatrix} DLSt-1 \\ DSSt-1 \\ Y1t-1 \end{bmatrix} + A_2 \begin{bmatrix} DLSt-2 \\ DSSt-2 \\ Y1t-2 \end{bmatrix} + \begin{bmatrix} e1t \\ e2t \\ e3t \end{bmatrix} \quad (第一產量組)$$

$$\begin{bmatrix} DLSt \\ DSSt \\ Y2t \end{bmatrix} = A_1 \begin{bmatrix} DLSt-1 \\ DSSt-1 \\ Y2t-1 \end{bmatrix} + A_2 \begin{bmatrix} DLSt-2 \\ DSSt-2 \\ Y2t-2 \end{bmatrix} + \begin{bmatrix} e1t \\ e2t \\ e3t \end{bmatrix} \quad (第二產量組)$$

$$\begin{bmatrix} DLSt \\ DSSt \\ Y3t \end{bmatrix} = A_1 \begin{bmatrix} DLSt-1 \\ DSSt-1 \\ Y3t-1 \end{bmatrix} + A_2 \begin{bmatrix} DLSt-2 \\ DSSt-2 \\ Y3t-2 \end{bmatrix} + \begin{bmatrix} e1t \\ e2t \\ e3t \end{bmatrix} \quad (第三產量組)$$

$$\begin{bmatrix} DLSt \\ DSSt \\ DJSt \end{bmatrix} = A_1 \begin{bmatrix} DLSt-1 \\ DSSt-1 \\ DJSt-1 \end{bmatrix} + A_2 \begin{bmatrix} DLSt-2 \\ DSSt-2 \\ DJSt-2 \end{bmatrix} + \begin{bmatrix} e1t \\ e2t \\ e3t \end{bmatrix} \quad (產業結構組)$$

而根據1994—2011年的數據建立的VAR（2）模型表示為：

$$\begin{bmatrix} DLSt \\ DSSt \\ Y1t \end{bmatrix} = \begin{bmatrix} 0.066 & 2.413 & 0.989 \\ -0.074 & 0.298 & 0.032 \\ -0.270 & -1.392 & 0.079 \end{bmatrix} \begin{bmatrix} DLSt-1 \\ DSSt-1 \\ Y1t-1 \end{bmatrix} +$$

$$\begin{bmatrix} 0.219 & 0.679 & -0.210 \\ 0.070 & -0.402 & 0.044 \\ -0.002 & 0.192 & 0.343 \end{bmatrix} \begin{bmatrix} DLSt-2 \\ DSSt-2 \\ Y1t-2 \end{bmatrix} +$$

$$\begin{bmatrix} 0.122 \\ -0.147 \\ -0.085 \end{bmatrix} \quad (第一產量組)$$

$$\begin{bmatrix} DLSt \\ DSSt \\ Y2t \end{bmatrix} = \begin{bmatrix} 0.145 & 1.597 & 0.725 \\ -0.084 & 0.351 & 0.002 \\ -0.446 & 1.479 & 0.102 \end{bmatrix} \begin{bmatrix} DLSt-1 \\ DSSt-1 \\ Y2t-1 \end{bmatrix} +$$

$$\begin{bmatrix} 0.294 & 0.391 & -0.151 \\ 0.082 & -0.389 & 0.074 \\ -0.018 & -2.268 & 0.405 \end{bmatrix} \begin{bmatrix} DLSt-2 \\ DSSt-2 \\ Y2t-2 \end{bmatrix} +$$

$$\begin{bmatrix} 0.134 \\ -0.008 \\ -0.039 \end{bmatrix} \quad (第二產量組)$$

$$\begin{bmatrix} DLSt \\ DSSt \\ Y3t \end{bmatrix} = \begin{bmatrix} 0.290 & 2.666 & -0.223 \\ -0.047 & 0.330 & -0.009 \\ -0.731 & -0.996 & 0.297 \end{bmatrix} \begin{bmatrix} DLSt-1 \\ DSSt-1 \\ Y3t-1 \end{bmatrix} +$$

$$\begin{bmatrix} 0.066 & 0.253 & 0.242 \\ 0.082 & -0.367 & -0.016 \\ 0.228 & 0.132 & -0.357 \end{bmatrix} \begin{bmatrix} DLSt-2 \\ DSSt-2 \\ Y3t-2 \end{bmatrix} +$$

$$\begin{bmatrix} 0.151 \\ -0.105 \\ 0.137 \end{bmatrix} \quad (第三產量組)$$

$$\begin{bmatrix} DLSt \\ DSSt \\ DJSt \end{bmatrix} = \begin{bmatrix} 0.172 & -0.067 & -0.330 \\ 1.901,7 & 0.332 & 2.468 \\ -0.132 & -0.011 & -0.563 \end{bmatrix} \begin{bmatrix} DLSt-1 \\ DSSt-1 \\ DJSt-1 \end{bmatrix} +$$

$$\begin{bmatrix} 0.083 & 0.075 & -0.141 \\ -0.355 & -0.444 & -0.355 \\ -0.061 & -0.002 & -0.262 \end{bmatrix} \begin{bmatrix} DLSt-2 \\ DSSt-2 \\ DJSt-2 \end{bmatrix} +$$

$$\begin{bmatrix} 0.108 \\ -0.154 \\ 0.030 \end{bmatrix} \qquad (產業結構組)$$

對 VAR 模型進行脈衝回應分析和方差分解分析的前提是 VAR 模型首先必須是穩定的，所以本部分對模型的穩定性進行檢驗。根據 AR 根的圖和表，得出被本部分估計的 VAR 模型全部根的倒數全部是在圓內的，這說明本部分所建立的 VAR（2）模型是穩定。

18.8　脈衝回應分析

脈衝回應函數，主要是研究衝擊到其他變量的內生變量的 VAR 模型的影響，根據上述功能的估計，根據以上的函數估計式，可以得到流轉稅和所得稅分別對三大產業生產值的脈衝回應圖。由於本部分的所有變量都是取自然對數的差分來做的，所以係數代表了各自的彈性。

18.8.1　第一產業生產值對流轉稅和所得稅的脈衝回應

從圖 18-1 可以看出，當第一產業生產值受流轉稅的衝擊時，在前 12 期的反應有較大幅度的波動，從第 13 期開始，衝擊時逐漸地減弱。首先，在 0 期是沒有反應的，在 0 期之後到 3 期之間，主要表現為流轉稅的一個正的衝擊，即在第 1 期時對第一產業的生產值有負的影響，在第 2 期時達到負的影響最大化。而在 3 期之後到 4 期之間表現為流轉稅的一個正衝擊，即在 3 期與 4 期之間表現為對第一產業生產值正的影響最大化。反應在數值即是，當流轉稅的增長率下降 1% 時，第一產業生產值的增長率在 0 期不變，在第 1 期上升 0.004%，在第 2 期，增長率達到 0.12%，在第 3 期之後經歷下降，增長率的下降在第 3 期與第 4 期之間達到最大化，增速回落至 0.003%，在第 4 期以後又會上升，一直到達 0.004%，然後就會逐漸地減弱，到 16 期後基本趨於 0。

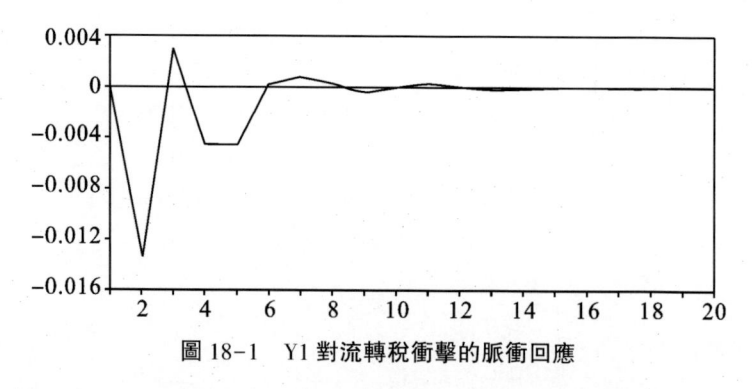

圖 18-1　Y1 對流轉稅衝擊的脈衝回應

　　從圖 18-2 可以看出第一產業生產值對來自所得稅的衝擊時，在前 14 期的反應是有較大幅度的波動的，從第 15 期開始，衝擊時逐漸地減弱。首先，同樣在 0 期是沒有反應的，在 0 期到 4 期是呈現出所得稅的負衝擊，具體體現為所得稅的一個負衝擊的影響，在第 2 期時負衝擊達到最大化。在第 4 到第 5 期表現為所得稅的正的衝擊，且也到達所得稅對第一產業生產值達到正衝擊的最大化，隨後又變化為負衝擊，在第 7 期以後衝擊的效果減弱，從第 14 期時所得稅對第一產業生產值的衝擊效果變為了 0 左右。反應在數值上是：在 0 期時，當所得稅增長率下降 1% 時，第一產業生產值的增長率無變化，但 0 期之後會上升，在第 2 期時達到最大，上升為 0.07%，隨後增長率上升速度變緩，在第 4 期時增長率開始下降，下降的最大值會達到 0.01%，隨後第一產業生產值會逐漸上升，一直上升至 0.01%，然後慢慢減弱，到 14 期時基本上變為 0。

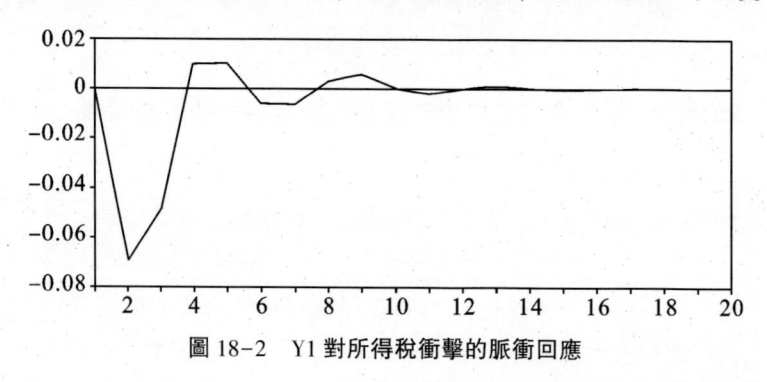

圖 18-2　Y1 對所得稅衝擊的脈衝回應

　　從圖 18-3 可以得出，第一產業的生產值對來自流轉稅的衝擊的動態累積效應在前 5 期波動的幅度是很大的，在第 5 期達到最小值 -0.019%，從第 5 期後波動的幅度逐漸地減弱，到了第 12 期後基本穩定，長期累積效應是為負的，穩定在 -0.018% 左右，表示當流轉稅的增長率上升 1% 時，第一產業生產值的增長率的累積效應最小為 -0.018%，長期累積效應為負。

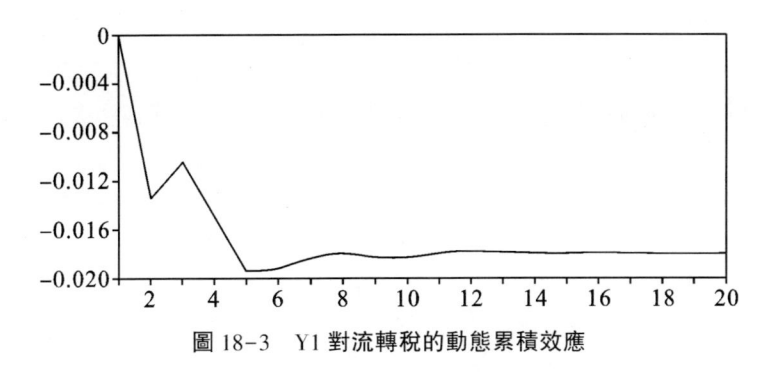

圖 18-3　Y1 對流轉稅的動態累積效應

從圖 18-4 可以得出，第一產業的生產值對來自所得稅的衝擊的動態累積效應在前 9 期波動幅度非常明顯，在第 3 期達到最小值為-0.12%，隨後又緩慢上升一些，在第 5 期達到-0.10%，最後又下降一些，經過小幅度的波動後，穩定在-0.11%左右，長期累積效應為負，這表明當所得稅增長率上升 1%時，第一產業生產值增長率累積效應會達到最小值-0.12%，最後穩定在-0.11%，長期累積效應為負。

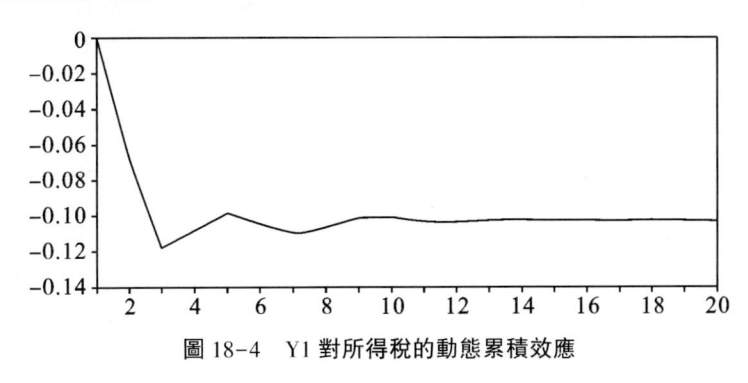

圖 18-4　Y1 對所得稅的動態累積效應

18.8.2　第一產業生產值對流轉稅和所得稅的脈衝回應分析的小結

首先，流轉稅對第一產業生產值是有影響的，影響的時期是比較長的，長期動態累積效應是為負的，即表明減少流轉稅稅收入可以增加第一產業的生產值，是有促進的作用的。這說明了，流轉稅的減少對中國的第一產業的發展是有作用的，我們在發展第一產業時，要注意適度減少流轉稅的稅負水準，這對促進第一產業的健康有序發展還是起到一定作用的。其次，所得稅對第一產業生產值影響較為大些，影響的時期更為長些，長期動態累積效應也為負的，表明減少所得稅稅收入同樣可以增加第一產業的生產值，促進作用更明顯，這表明，我們在發展第一產業時要注意所得稅稅負水準的合理範疇，對於第一產業

健康快速發展會起到更大的作用。

總的來看,第一產業生產值對流轉稅還是所得稅的回應軌跡基本是相同的,唯一不同的就是相應的力度和強度不一樣。無論是流轉稅還是所得稅對當前產業產值的影響都不明顯,這表明稅收政策的影響有一個滯後效應。具體來說,是因為產業的發展過程很複雜,不能輕易達成的,產品的結構、投資的結構、技術的結構、企業的組織形式都會對產業經濟造成影響的,稅收政策對產業經濟的影響不會立刻顯現,但是隨著時間推移,會逐步體現出來,短期內,流轉稅和所得稅對第一產業生產都會產生負向的影響。這說明,減稅可以促進第一產業的發展,但相比來說,所得稅在短期內對第一產業的發展影響會更大些,所以國家在發展第一產業要更注意所得稅的影響。而長期來,兩者的影響效應都變成微弱的正影響,這可能是由於市場規則不斷完善,一些促進第一產業的措施不斷起到作用,稅收政策手段地位下降所導致的。

18.8.3 第二產業生產值對流轉稅和所得稅的脈衝回應

從圖18-5的輸出結果可以看出,第二產業的生產值對來自流轉稅的衝擊,在前10期波動的幅度是很明顯的,在10期之後波動幅度明顯減弱,在16期之後基本是在0上下波動,具體表現為給流轉稅一個正衝擊,在第2期時達到最大的負影響,隨後影響減弱,漸漸變為正影響,在第5期時達到最大的正影響,隨後影響又逐漸削弱,變為負影響,並且影響的程度也隨著時間的推移發生改變。反應在數值的表現為:當流轉稅的增長率上升1%時,第二產業生產值在第1期時下降0.006%,在第2期時會下降到最大化0.009%,經過第4期後的爬升,在第5期第二產業生產值的增長率會上升到最大化0.002%,然後又在第6期時,增長率下降至0.003%,隨後逐漸減弱,在16期後基本趨於0。

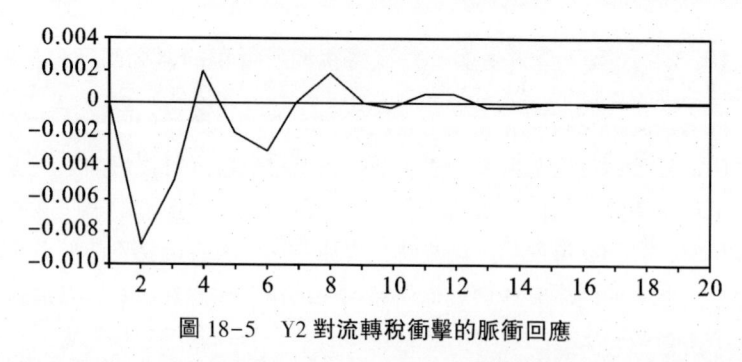

圖18-5　Y2對流轉稅衝擊的脈衝回應

從圖18-6的輸出結果可以看出,第二產業的生產值來自所得稅的衝擊,在前11期波動的幅度比較明顯,在11期之後波動幅度減緩,在第16期之後

基本是在 0 左右波動。具體表現為給所得稅一個正衝擊，在第 2 期時到達最大的正影響，隨後影響急遽下降，在第 3 期時達到最大的負影響，然後負的影響也慢慢改變，在第 6 期時又變為正影響，第 7 期時又下降為負影響，第 7 期之後波動逐漸地減緩，影響程度也慢慢減弱。而反應在數值上就是，當所得稅增長率上升 1%，第二產業的生產值在第 1 期是上升，上升 0.01%，在第 2 期上升到最大化，上升幅度達到 0.03%，隨後急遽下降，在第 3 期時增長率下降了 0.045%，隨後在第 6 期時增長率又上升到 0.01%，在第 7 期又下降到 0.005%，隨後波動的幅度開始慢慢變緩，在 16 期之後基本趨於 0。

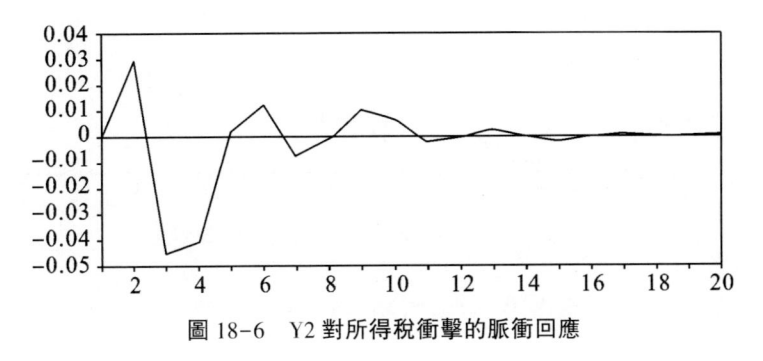

圖 18-6　Y2 對所得稅衝擊的脈衝回應

從圖 18-7 的輸出結果可以看出，第二產業的生產值對來自流轉稅衝擊後的動態累積在前 12 期波動的幅度比較大，在 3 期先下降到一個小的拐點，達到 0.014%，隨後下降幅度有所減緩，在第 4 期時，影響減少到 0.012%，但隨後又下降到第二個拐點，且達到了最大值 0.017%，第 12 期以後逐漸平穩，長期動態累積效應為負，維持在 0.014% 左右。這表明，當流轉稅的增長率上升 1% 時，第二產業生產值增長率累積效應最小可以達到 -0.017%，長期穩定在 -0.014%，長期動態累積效應為負。

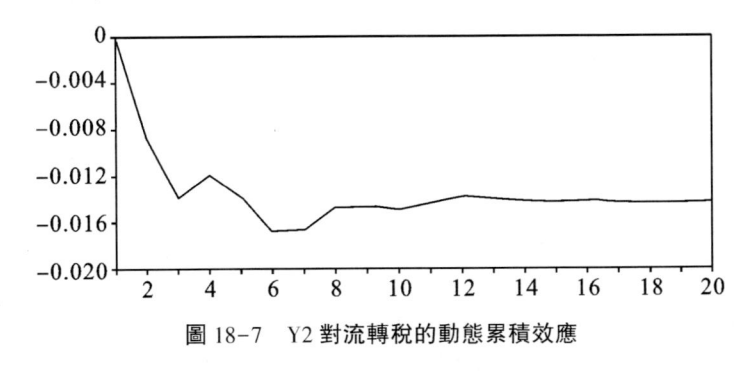

圖 18-7　Y2 對流轉稅的動態累積效應

從圖 18-8 的輸出結果可以看出，第二產業的生產值對來自所得稅衝擊後

18　流轉稅和所得稅對三大產業影響效應的實證分析　141

的動態累積效應在前 10 期波動幅度明顯，在第 1 期時約為 0.01%，在第 2 期時達到最大值水準為 0.02%，到了第 4 期到達最小值水準，為-0.055%，經過 10 期以後，波動基本不再明顯，16 期以後基本在-0.04%左右，長期的累積效應為負。這表明，當所得稅的增長率上升 1%時，第二產業的生產值增長率最大可以到達 0.02%，而最小可以下降到-0.055%，長期穩定在-0.04%，長期動態累積效應為負。

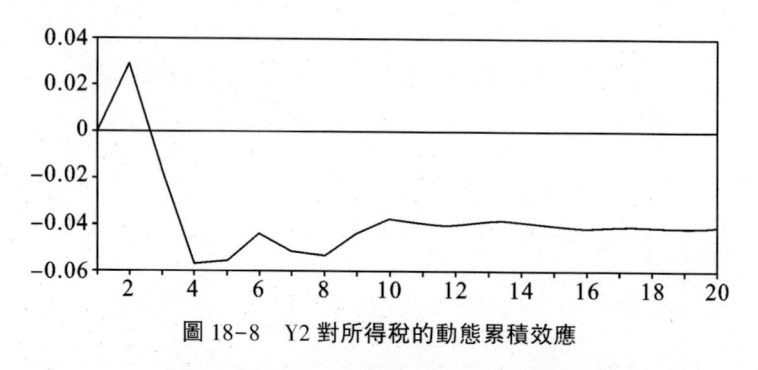

圖 18-8　Y2 對所得稅的動態累積效應

18.8.4　第二產業生產值對流轉稅和所得稅的脈衝回應分析的小結

首先，從流轉稅這個角度來看，從影響的程度和影響的時間來看，流轉稅對第二產業生產值的增加還是有一定積極作用的，它的長期累積效應為負，這表明減少一定的流轉稅對於第二產業的發展是有一定幫助的，我們在發展第二產業的時候要注意適度減少流轉稅的稅負水準，對促進第二產業快速健康發展有一定作用。其次，所得稅對第二產業生產值影響較大，影響的時期更長，長期動態累積效應也為負的，表明減少所得稅稅收收入同樣可以增加第一產業的生產值，促進作用更明顯，這表明我們在發展第二產業時要注意所得稅稅負水準的合理範疇，為了第二產業的發展，政府應當注重所得稅中企稅方面的稅收優惠等措施，使加大企業對第二產業的投資等。

與第一產業衝擊比較來看，流轉稅和所得稅在當期同樣不會對第二產業的生產值有什麼影響，這仍然可以用稅收政策的滯後反應來解釋。同樣的，第二產業生產值對流轉稅和所得稅的回應形狀基本是相同的，唯一不同的就是回應的程度不同。短期來看，政府取得的流轉稅的收入的過程對第二產業要素累積的變動的影響程度比所得稅要微弱一些，這可能會導致各產業之間的要素累積相對替代程度不大，產業結構變動速度也會小一些，這有可能和我們市場的機制不完善、流轉稅體制不健全、容易轉嫁稅負等對供給和需求的仲介因素影響不明顯有關，所以作用於第二產業的效果就比不上所得稅那麼明顯。這就要我

們不斷加強健全我們的流轉稅體系，同時繼續發揮所得稅對第二產業發展的作用。

18.8.5 第三產業生產值對流轉稅和所得稅的脈衝回應

從圖18-9的輸出結果可以看出，第三產業生產值對來自於流轉稅的衝擊，在前11期是具有較大的波動幅度的，在12期之後波動幅度變緩，在第17期以後基本在0左右波動。表現為，當給流轉稅一個正的衝擊時，第三產業生產值的增長率在第2期是就下降到最大值，隨後下降速度變慢，在第4期時增長率上升，並且達到最大值，然後增長率又下降，在第6期時達到第三個拐點。反應在數值上時表現為，當流轉稅的增長率上升1%時，第三產業生產值的增長率在第1期下降為-0.008%，在第2期下降到最大值，達到-0.014%，隨後增長率下降速度變緩，在第4期時，增長率變為上升，並且達到最大值0.002%，但到了第6期後增長率又下降為-0.002%，然後逐漸減弱，在第17期之後基本趨於0。

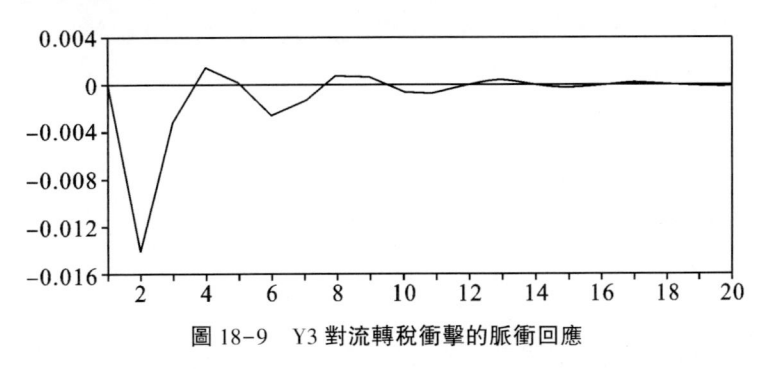

圖 18-9　Y3對流轉稅衝擊的脈衝回應

從圖18-10的輸出結果可以看出，第三產業生產值對來自所得稅的衝擊在前15期波動幅度都比較大，在15期之後波動幅度減弱，在第20期時基本在0左右波動。具體表現為，當給所得稅一個正衝擊時，第三產業生產值的增長率在第3期是下降到最大值的，隨後下降的速度減弱，在第5期時上升，到第6期，增長率上升到最大值，隨後增長率上升速度明顯變慢並且開始下降，在第8期時又下降到第二個拐點，在第10期又有小幅度的回升，增長率上升到第三個拐點。反應在數值上的表現就是，當所得稅的增長率上升1%，第三產業生產值的增長率在第1期下降為-0.025%，在第3期下降到負的最大值，為-0.045%，到了第6期增長率有上升，並且達到最大值0.018%，然而，在第8期又下降為-0.015%，第10期時小幅回升到0.01%，隨後逐漸減弱，經過上下波動後，在第20期趨於0。

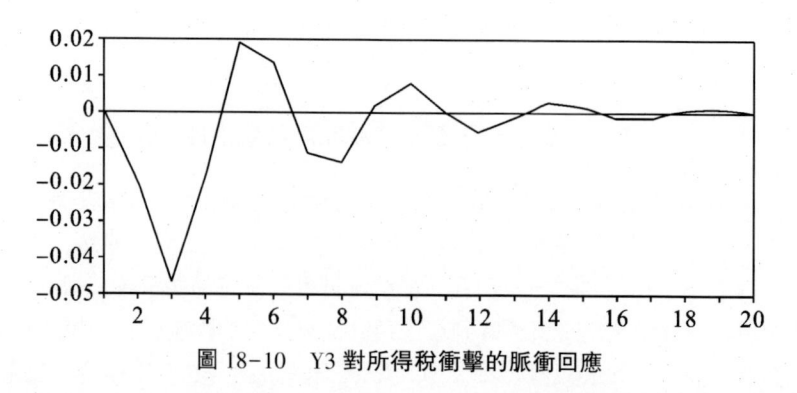

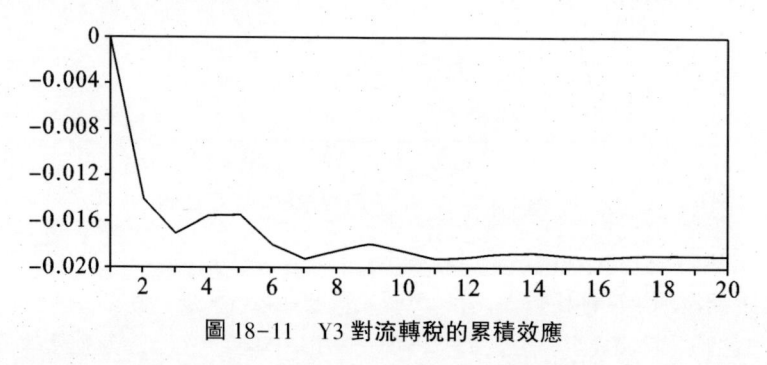

图 18-10　Y3 对所得税冲击的脉冲回应

从图 18-11 的输出结果可以看出，第三产业生产值对来自流转税冲击的动态累积效应在前 11 期波动幅度比较大，在第 3 期达到第一个拐点-0.017%，然后负影响减弱，在第 5 期达到图中第二个拐点，随后负影响又增强，在第 7 期达到最小值-0.019%，在第 12 期之后逐渐稳定下来，稳定在-0.018%，长期累积效应为负。即当流转税的增长率上升 1%，第三产业生产值增长率在第 3 期下降为-0.017%，随后负影响减弱，在第 5 期变为-0.015%，然后负影响又增强，在第 7 期达到最小值-0.019%，随着上下波动反应后，基本维持在-0.017%，长期累积效应为负。

图 18-11　Y3 对流转税的累积效应

从图 18-12 的输出结果可以看出，第三产业生产值对来自于所得税的冲击的动态累积效应在前 13 期波动幅度明显，在第 4 期就到达到最小值-0.085%，然后负影响减弱，在第 6 期达到图中第二个拐点为-0.05%，随后负影响又变强，在第 8 期到达第三个拐点为-0.075%，后又小幅度回升一些，在第 13 期之后波动幅度就不太明显了，第 16 期之后基本维持在-0.07%左右。这表明，即当所得税的增长率上升 1%时，第三产业生产值的增长率在第 4 期就下降到最小值-0.085%，然后负影响减弱，第 5 期时增长率下降为-0.05%，随后，在第 8 期时又下降到-0.075%，在第 13 期之后只是小幅度波动，基本稳定在

-0.07%，長期累積效應為負。

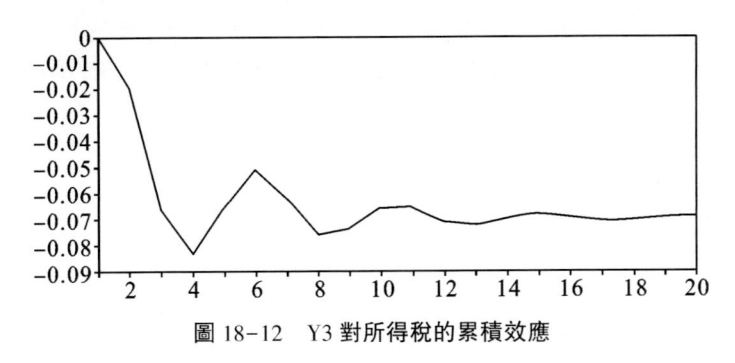

圖18-12　Y3對所得稅的累積效應

18.8.6　第三產業生產值對流轉稅和所得稅的脈衝回應分析的小結

從上文的數據分析可以看出，首先，流轉稅對於第三產業生產值有影響，在短期內作用是比較明顯的，長期累積效應為負，這說明適當減少流轉稅在短期內對第三產業的發展是非常必要的，第三產業的發展應當注意流轉稅起到的作用，由於第三產業以服務業為主，所以流轉稅在第三產業作用很大的一個稅種就是營業稅。政府在發展第三產業，可以從供給角度出發，對一些服務設計一些差別稅率以及某些行業的稅收優惠措施，使資本技術由資源配置低的部門向資源配置高的部分流動，推動第三產業高速健康的發展。其次，所得稅對於第三產業生產值的影響程度更大，並且作用的時間更長，長期累積效應為負，這說明合理設計所得稅體系、減少所得稅稅負水準對第三產業的發展更為有利。目前，中國政府正在進行產業優化升級，大力推動第三產業的發展，在發展第三產業時，一定要注意利用所得稅為第三產業的經濟效應。在企業所得稅方面，可以對第三產業某些行業實施減免稅、再投資退稅、加速折舊、投資稅收抵免、延期納稅等措施，完善第三產業的投資結構，促進第三產業良性發展，也可以通過職工教育經費的支出影響該產業的勞動力的質量，推動第三產業的發展。同時在個人所得稅方面，既可以通過對工資率的影響來推動勞動力在第三產業中的流動，也可以增加個人的稅收淨收入，鼓勵增加在第三產業的服務與商品的支出。

同時，我們也注意到流轉稅和所得稅在當期同樣對第三產業生產值沒影響，自然也可以用稅收政策的滯後效應去解釋，且兩者衝擊軌跡基本也一致，但強度和程度不同，可以明顯注意到，所得稅對第三產業的影響效果對比流轉稅在三個產業中最好，這可能是由以下原因造成：第一，增值稅改革比較落後，不利於第三產業的發展。根據已有的研究，生產型企業繳納增值稅平均稅

負在3%左右，但生產型企業繳納營業稅平均稅負最低是3%，有些服務型的企業稅負都在5%，可以看出繳納營業稅的企業稅負水準明顯高於那些繳納增值稅的企業，這種情況會限制服務業的發展，最終將導致中國經濟模式轉變出現困難。第二，流轉稅的稅制結構是粗放型經濟發展的溫床，會進一步推進粗放型經濟發展。以增值稅、營業稅、消費稅為主體的間接稅體系會造成經濟發展方式粗放，這種稅制體系會是轉變發展模式的掣肘。第三，流轉稅的稅制結構會助長通貨膨脹的形成，反過來通貨膨脹又會進一步促進流轉稅收入的增加，最後對政府與居民消費造成擠壓。這是因為流轉稅是以貨物和勞務價格為基礎來計稅的，如果商品價格高，那麼商品的稅負水準也會提高，由於流轉稅有間接稅的性質，所以產生高稅負可以通過價格轉嫁，這樣商品的價格會進一步增加，這樣形成了一個惡性循環的過程。於是市場微觀主體在消費時就會不可避免地承擔這個高稅負，這樣就造成了對微觀主體消費的擠壓，消費能力提不上去，經濟發展就難以繼續。所以，為了更好地發展第三產業，政府不光要有所得稅良好的經濟效應，同時要注意完善流轉稅稅制體系改革營業稅制度。

18.8.7 產業結構對流轉稅和所得稅脈衝回應

從圖18-13的輸出結果可以看出，產業結構對來自流轉稅的衝擊在前16期是具有較大的波動幅度的，在17期之後波動幅度變緩，在第19期以後基本在0左右波動。這表現為當給流轉稅一個正的衝擊時，產業結構優化率在第2期時就下降到負的最大值，隨後下降速度變慢，在第3期時增長率上升，並且達到最大值，然後增長率又下降，在第5期時達到第三個拐點。反應在數值上時表現為，當流轉稅的增長率上升1%時，產業結構優化率在第1期下降為-0.008%，在第2期下降到負的最大值，達到-0.012%，隨後增長率下降速度變緩，在第3期時，增長率變為上升，並且達到最大值0.008%，到了第5期後增長率又下降為-0.004%，然後逐漸減弱，在第19期之後基本趨於0。

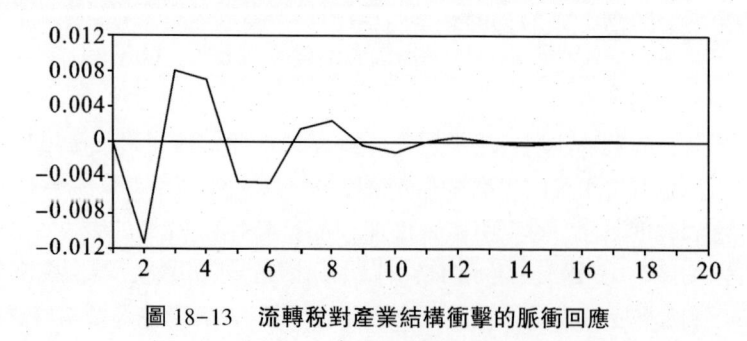

圖18-13 流轉稅對產業結構衝擊的脈衝回應

從圖 18-14 的輸出結果可以看出，產業結構對來自於所得稅的衝擊，在前 13 期波動幅度都比較大，在 14 期之後波動幅度就減弱了，在第 16 期時基本在 0 左右波動。表現為，當給所得稅一個正衝擊時，產業結構在第 2 期時下降到最大值，隨後下降的速度減弱，在第 3 期時上升，到第 4 期，增長率上升到了最大值，隨後增長率上升速度明顯變慢並且開始下降，在第 5 期時又下降到第二個拐點。反應在數值上的表現就是，當所得稅的增長率上升 1%，產業結構在第 2 期下降到負的最大值，為-0.025%，到了第 4 期增長率又上升，並且達到最大值 0.005%，然而，在第 5 期又下降為-0.002%，第 7 期時小幅回升到 0.001%，隨後逐漸減弱，經過上下波動後，在 16 期時趨於為 0。

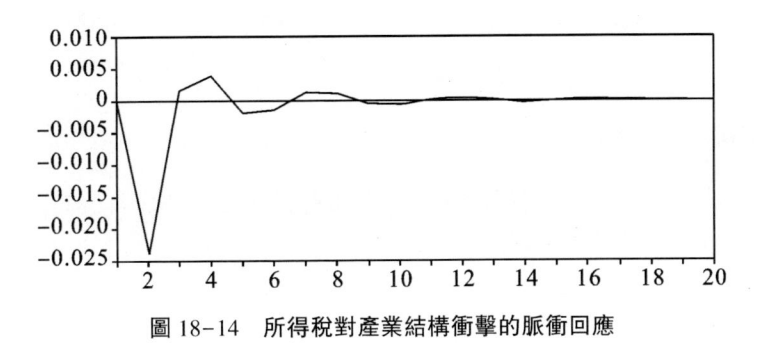

圖 18-14　所得稅對產業結構衝擊的脈衝回應

從圖 18-15 的輸出結果可以看出，產業結構對來自流轉稅衝擊的動態累積效應在前 13 期波動幅度比較大，在第 2 期達到第一個拐點-0.012%，然後負影響減弱，在第 4 期達到圖中第二個拐點，隨後負影響又增強，在第 6 期達拐點-0.004%，在第 13 期之後逐漸穩定下來，穩定在-0.003%，長期累積效應為負。

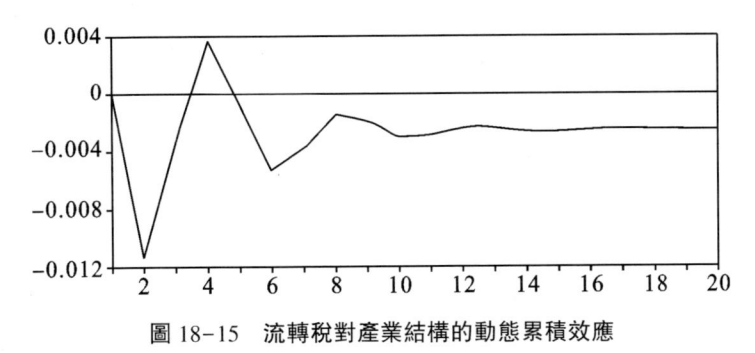

圖 18-15　流轉稅對產業結構的動態累積效應

從圖 18-16 的輸出結果可以看出，產業結構對來自所得稅的衝擊的動態累積效應在前 10 期波動幅度明顯，在第 2 期就到達到最小值-0.015%，然後負

影響減弱，在第 4 期達到圖中第二個拐點為-0.001%，隨後負影響又變強，在第 6 期到達第三個拐點為-0.011%，後又小幅度回升一些，在第 10 期之後波動幅度就不太明顯了，第 11 期之後基本維持在-0.06%左右。

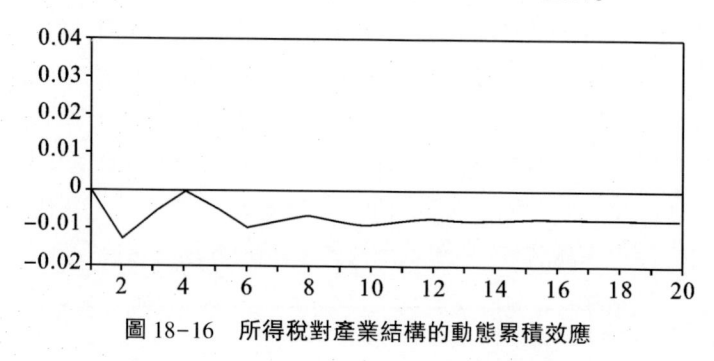

圖 18-16 所得稅對產業結構的動態累積效應

18.8.8 小結

從得出的結果可以看出流轉稅和所得稅對產業結構衝擊的回應軌跡是差不多的，但是回應程度在時間上是有差異的。在當前階段，流轉稅和所得稅將不會直接影響產業結構，前文也已經說過稅收政策具有「時滯性」的主要原因是產業結構的優化是需要時間以及各種有利因素的，不是一個一蹴而就的過程，隨著時間的推移，稅收政策對於產業結構的效果會逐漸顯現。從上圖可以看出，在短時間內，所得稅對於產業結構優化的調整效應是大於流轉稅的，說明短時間內國家取得所得稅收入會對生產要素在不同行業與部門的累積變動效應是強於流轉稅的，這可能與中國流轉稅體系不健全從而導致了對產業內供給和需求等因素影響不明顯有關。而長期來看，流轉稅對於產業結構的優化調整效應是大於所得稅的，並且影響時期要長於所得稅，這導致了在不同時期內流轉稅和所得稅對於產業結構調整的力度是不一樣的，隨著時間的推移，流轉稅和所得稅對產業結構的調整力度將減弱，減稅對產業結構調整有負面影響，但由於中國市場經濟尚不健全，市場規則稍顯混亂，一些有利於產業結構調整的稅收政策效果會在各種因素下逐漸被削弱。

18.9 方差分解分析

脈衝回應函數反應了一個內生變量系統的影響，它是 VAR 中基於內生變量的一種函數類型，對 VAR 中某些內生變量進行衝擊，然後觀察衝擊後內生

變量會有怎樣的效果。它的主要特點是專注分析和解決的內容比較細緻，但對於想要直接得到直觀結果來說就不是那麼便利。所以，針對這個問題，西蒙在1980年提出方差分解這個方法，該方法致力於通過貢獻度來反應每個衝擊變量的影響程度，而每一個衝擊可能會對內生變量產生差別影響。方差分解不同於脈衝回應函數，需要通過時間序列來觀察分析，它可以通過較為直觀的觀察得到結果。方差分解是將系統中每個內生變量的波動分解成與各方程信息相關的組成部分，從而瞭解各隨機擾動的相對重要性。因此，用相對方差貢獻率來表示每個貢獻的內生變化的影響。

表 18-6　第一產業方差分解結果

滯後期	第一產業生產值	所得稅	流轉稅	滯後期	第一產業生產值	所得稅	流轉稅
1	100.000,0	0.000,000	0.000,000	11	85.083,40	8.008,220	6.908,375
2	95.461,51	2.120,630	2.417,858	12	85.050,72	8.029,186	6.920,096
3	92.707,52	3.297,207	3.995,272	13	84.968,12	8.040,778	6.991,098
4	88.835,98	7.231,713	3.932,311	14	84.965,47	8.043,889	6.990,640
5	88.789,41	7.257,013	3.953,578	15	84.928,87	8.051,291	7.019,835
6	86.503,52	7.748,166	5.748,312	16	84.927,89	8.051,030	7.021,084
7	86.390,38	7.705,006	5.904,612	17	84.914,47	8.054,748	7.030,778
8	85.623,89	7.935,120	6.440,992	18	84.912,52	8.054,449	7.033,026
9	85.425,48	7.925,013	6.649,511	19	84.908,52	8.055,891	7.035,589
10	85.236,19	8.000,843	6.762,964	20	84.906,68	8.055,889	7.037,427

從表18-6可以看出，在第1期時第一產業生產值的增長率的變動完全是由自身的衝擊所導致，從本身的標準誤差來看標準誤差，貢獻率為100%，隨後自身所產生的的貢獻度逐漸下降，其對第一產業的貢獻度保持在84%之上。但流轉稅稅收收入和所得稅稅收收入的貢獻度卻在慢慢上升，在第2期和第3期時，所得稅稅收收入對第一產業生產值的貢獻度為2.12%和3.29%，略微小於流轉稅稅收收入對第一產業生產值的貢獻度，分別為2.41%和3.99%，說明在期初時，所得稅對第一產業生產值的影響是略微小於流轉稅對第一產業生產值的影響。但從第4期開始，所得稅對第一產業生產值的貢獻度要大於流轉稅對第一產業生產值的貢獻度，且增加速度明顯比流轉稅要快一些。最後，隨著時間的推移，所得稅對第一產業生產值的貢獻度在第15期穩定在8.05%左右，流轉稅對第一產業生產值的貢獻度維持在7.03%左右。簡而言之，第一產業生

產值增長率波動的貢獻率中，除了自身的貢獻率為84%之上外，所得稅的貢獻程度最大為8.05%，其次是流轉稅貢獻程度7.03%，可以看出兩者的差異不太大。

表 18-7 第二產業方差分解結果

滯後期	第二產業	所得稅	流轉稅	滯後期	第二產業	所得稅	流轉稅
1	100.000,0	0.000,000	0.000,000	11	65.979,77	27.160,46	7.859,774
2	73.246,31	20.142,90	6.610,795	12	65.978,18	27.161,19	7.860,629
3	73.124,67	20.085,16	6.790,175	13	65.977,35	27.160,88	7.861,764
4	70.440,01	21.952,26	7.607,733	14	65.977,03	27.161,11	7.861,863
5	70.160,60	22.210,46	7.628,950	15	65.976,79	27.161,04	7.862,170
6	69.031,08	23.142,59	7.826,328	16	65.976,76	27.161,06	7.862,180
7	67.026,95	25.140,32	7.832,730	17	65.976,68	27.161,03	7.862,293
8	65.993,08	26.162,82	7.844,095	18	65.976,66	27.161,04	7.862,292
9	65.989,31	26.162,46	7.848,230	19	65.976,64	27.161,04	7.862,320
10	64.983,94	27.160,93	7.855,131	20	65.976,64	27.161,04	7.862,321

從表 18-7 可以看出，在第 1 期時第二產業生產值的增長率的變動完全是由自身的衝擊所導致，從本身的標準誤差來看標準誤差，貢獻率為100%，隨後自身所產生的貢獻度逐漸下降，其對第二產業的貢獻度保持在66%之上。同樣地，流轉稅稅收收入和所得稅稅收收入貢獻度也在慢慢上升，可以明顯觀察到，所得稅稅收收入對第二產業生產值增長率的貢獻度始終大於流轉稅對第二產業生產值增長率的貢獻度，並且所得稅對第二產業生產值貢獻率的波動幅度很大，隨著時間推移，所得稅對第二產業生產值增長率衝擊的貢獻度從第10期維持在 27.16%，流轉稅對第二產業生產值增長率衝擊的貢獻度從第 6 期穩定在 7.8%左右。總而言之，第二產業生產值增長率波動的貢獻度中，除了本身的貢獻度穩定在66%之上外，所得稅衝擊的貢獻度最大，為 27.16%，其次是流轉稅，貢獻度穩定在 7.8%左右。從這可以看出所得稅的貢獻度是流轉稅貢獻度的將近 4 倍。

表 18-8　第三產業方差分解結果

滯後期	第三產業	所得稅	流轉稅	滯後期	第三產業	所得稅	流轉稅
1	100.000,0	0.000,000	0.000,000	11	61.258,54	29.521,92	9.219,543
2	70.914,33	21.079,00	8.006,674	12	61.262,36	29.507,03	9.230,607
3	70.761,63	21.820,38	8.417,991	13	61.268,10	29.501,06	9.230,844
4	62.482,67	28.466,41	9.050,922	14	61.267,42	29.501,90	9.230,681
5	61.726,39	29.387,33	8.886,284	15	61.263,16	29.499,00	9.237,835
6	61.288,45	29.641,44	9.070,114	16	61.260,00	29.499,61	9.240,394
7	61.565,51	29.529,32	8.905,171	17	61.258,19	29.501,25	9.240,564
8	61.536,90	29.510,27	8.952,831	18	61.258,69	29.500,81	9.240,498
9	61.410,80	29.476,91	9.112,290	19	61.258,57	29.500,73	9.240,703
10	61.326,47	29.440,99	9.232,538	20	61.258,57	29.500,72	9.240,704

　　從表 18-8 可以得出，在第 1 期時第三產業生產值的增長率的變動完全是由自身的衝擊所導致，從本身的標準誤差來看標準誤差，貢獻率為 100%，隨後自身所產生的的貢獻度逐漸下降，其對第三產業的貢獻度保持在 61% 之上。與第二產業情況類似，流轉稅稅收收入和所得稅稅收收入貢獻度也在慢慢上升，可以明顯觀察到，所得稅稅收收入對第三產業生產值增長率的貢獻率始終大於流轉稅稅收收入對第三產業生產值增長率的貢獻度，並且所得稅稅收收入對第三產業生產值貢獻率的幅度波動幅度很大，隨著時間推移，所得稅對第三產業生產值增長率衝擊的貢獻度從第 7 期維持在 29.50% 左右，流轉稅對第三產業生產值增長率衝擊的貢獻度從 10 期穩定在 9.20% 左右。總而言之，第三產業生產值增長率波動的貢獻度中，除了本身的貢獻度穩定在 61% 之上外，所得稅衝擊的貢獻度最大為 29.50%，其次是流轉稅，貢獻度穩定在 9.20% 左右。可以看出所得稅稅收收入的貢獻度是流轉稅稅收收入貢獻度的將近 4 倍，三個產業方差分解相比較，稅收政策對第三產業貢獻最大，占 38% 左右。

表 18-9　產業結構方差分解

滯後期	產業結構	所得稅	流轉稅	滯後期	產業結構	所得稅	流轉稅
1	100.000,0	0.000,000	0.000,000	11	81.269,84	5.708,038	13.022,12
2	98.389,45	0.857,676	0.752,868	12	80.872,32	5.023,198	13.504,48
3	96.528,95	2.462,797	1.008,254	13	80.700,06	5.552,856	13.747,08

表18-9(續)

滯後期	產業結構	所得稅	流轉稅	滯後期	產業結構	所得稅	流轉稅
4	95.915,18	2.837,519	1.214,730,5	14	80.462,18	5.540,983	13.987,83
5	95.813,15	2.982,586	1.204,253	15	80.014,52	5.599,241	14.386,24
6	93.656,21	3.755,272	2.588,519	16	79.404,23	5.651,233	14.644,53
7	89.622,87	4.467,664	5.904,61	17	78.746,96	5.698,312	15.554,73
8	86.058,05	4.853,230	9.088,715	18	78.075,11	5.794,448	16.130,45
9	83.635,78	5.306,060	11.057,260	19	77.421,65	5.894,66	16.683,38
10	82.118,10	5.638,194	12.243,710	20	76.811,06	5.970,422	17.208,52

從表18-9可以看出，在第一期時產業結構的變動主要是來自自身的衝擊所引起的，貢獻率為100%，隨著後身貢獻度慢慢下降，但也一直保持在77%左右。流轉稅稅收收入和所得稅稅收收入對產業結構變動的貢獻度逐漸上升，從表中可以看出，在前幾期所得稅稅收收入對於產業結構的變動的貢獻度要大於流轉稅稅收收入，但在第7期以後，流轉稅稅收收入對於產業結構的變動的貢獻度卻大於了所得稅稅收收入，這與之前脈衝回應的結果是一致的。在第9期以後，所得稅稅收收入對產業結構變動的貢獻度就一直維持在5%~6%，而流轉稅稅收收入對產業結構變動的貢獻度一致維持較明顯幅度的增長。說明在短期內，所得稅稅收收入對產業結構優化變動效應要大於流轉稅稅收收入，長期來看，流轉稅稅收收入對產業結構優化變動的影響更為明顯一些。因此，可以得出產業結構變動有76.81%是由自身來影響的，有23.19%是由稅收政策來影響的。

18.10 小結

首先，流轉稅稅收收入衝擊對第一產業、第二產業、第三產業的貢獻度分別為7.03%、7.8%和9.20%。這表明流轉稅稅收收入衝擊對第三產業生產值的貢獻度是最大的，其次是對第二產業生產值衝擊的貢獻度，而對第一產業生產值衝擊的貢獻度是最小的。所得稅稅收收入衝擊對第一產業、第二產業、第三產業的生產值的貢獻度依次為8.05%、27.16%和29.50%。可以看出，所得稅稅收收入衝擊對第三產業生產值的貢獻度是最大的，其次是對第二產業生產值衝擊的貢獻度，而對第一產業生產值衝擊的貢獻度也是最小的。可以得出，

從產業產值總量方面來看，流轉稅和所得稅的稅收政策都是有一定調節功能，特別是所得稅對於總量調節優於流轉稅。

其次，流轉稅和所得稅對於產業結構優化變動的貢獻度分別為 17.21% 和 5.97%。短期來看，所得稅調節產業結構變動效果好，長期來看，流轉稅調節產業結構變動效果更為明顯、力度更強一些。可以得出，從產業結構方面來看，流轉稅和所得稅的稅收政策同樣具有一定調節功能，但相比所得稅，流轉稅對結構的調節更具有優勢。

根據以上的分析結果可以得出，總量方面，流轉稅和所得稅對三大產業的生產值的影響效果是存在明顯的差異性的，並且在各自的產業間也是存在著兩者的不同。對於三個產業的發展和調整首要是注意所得稅稅制體系所產生的經濟效應，特別是在發展第三產業和第二產業時，要特別注意所得稅稅制體系的合理設計，這也符合目前產業優化升級對於稅制結構向「雙主體」改革的要求，即由單一流轉稅向流轉稅和所得稅並重過渡的要求。同樣地，也不能忽略流轉稅起到的重要作用，要加大對流轉稅體系的改革，中國目前流轉稅稅負過重，占了整個稅收收入大約40%左右，並且要加大營業稅制度改革，促進第三產業健康良性發展。產業結構方面，流轉稅和所得稅對結構的影響程度也具有差異性，表現在不同階段的差異性，流轉稅調節效果更直接，所得稅調節效果更隱蔽。這可能與中國市場體制尚不健全、市場規則稍顯混亂有關，要求我們在不同階段去分別強調流轉稅和所得稅的宏觀的調控能力，從而促使中國產業結構能夠朝更加優化的方向變動。

19 主要結論與政策建議

19.1 主要結論

　　目前中國經濟發展強調經濟增長質量以及政府宏觀調控的科學性和效率性，稅收政策作為國家宏觀調控的重要手段，對於產業經濟健康發展是具有重大作用。本部分通過建立 VAR 模型，運用脈衝回應以及方差分解對 1994 年以來中國的流轉稅和所得稅對於產業經濟影響，即對三大產業值（總量）以及產業結構（結構）兩方面影響，得出以下結論：

　　第一，三大產業增加值對流轉稅和所得稅衝擊的脈衝回應圖軌跡是相似，只是回應的程度和力度不同，兩者都會對三個產業增加值產生微弱負效應。流轉稅對第三產業增加值影響最大，其次是第二產業，最後是第一產業。同樣，所得稅也是對第三產業增加值影響最大，其次是第二產業，最後是第一產業。在總體來看，所得稅對三個產業增加值的影響都要大於流轉稅所產生的影響。說明對產值影響方面，所得稅調節功能好於流轉稅。

　　第二，產業結構對流轉稅和所得稅衝擊的脈衝回應圖軌跡仍然相似，只是回應強度不同，兩者對產業結構都會產生微弱負效應。在短期來看，所得稅相比較流轉稅對產業結構調整的影響效應會強烈一些，但從長期來看，相比所得稅，流轉稅對產業結構調整的影響效應更好。這說明在結構影響方面，流轉稅調節功能優於所得稅。

　　第三，不論是對三個產業值的影響還是對產業結構的影響，流轉稅和所得稅的貢獻度都不是很高，這說明產業經濟的發展因素是各方面作用的結果，稅收政策僅是其中一個很小的方向。

19.2　政策建議

筆者針對本部分實證結果所得出的結論，提出以下政策建議：

第一，在產值方面，所得稅對總量調節相比較於流轉稅更具優勢。我們需要進一步推動企業所得稅改革，完善個人所得稅制度，逐步提高個人所得稅在稅收總收入的比重。未來我們國家個人所得稅改革需要朝兩個相互聯繫的目標努力：一是，在稅制調整中要逐步地提高個人所得稅比重，因為個人所得稅的調節功能是建立在籌集收入總量的基礎上的，若占稅收收入占比不高是不足以承擔起扭轉稅制累退性任務。二是，要不斷加快推進「綜合與分類結合」的稅制改革，提高個稅對收入來源多、高收入階層的調節力度，同時要加強差別化的費用扣除，從而降低中低收入者的負擔。通過宏觀稅負水準調節消費品及投資品的需求結構，進而影響消費品和投資品產業內的需求結構：①通過人員工資率推動勞動力在各產業流動性；②通過職工教育經費支出影響各產業勞動力質量；③通過個人稅收淨收入影響對各產業商品以及服務的支出，從而推動產業經濟良性發展。完善企業所得稅制度，主要是通過稅收優惠來發揮作用，要根據不同階段所要實現的發展目標來制定適合的企業所得稅的優惠辦法。例如：在農業、交通、能源工業、通信業和市政建設等基礎產業和基礎設施的投入應該給予最優惠的企業所得稅，對投資機械工業、石油化工、汽車、電子工業以及建築業的支柱性工作也要給與一定稅收優惠政策，但同時要考慮產業規模要求，並要注意技術進步企業。對於服務行業等新興行業也要照顧其發展的需要。我們要重視稅收的優惠形式，應當逐漸的減少減免稅直接優惠的形式，針對不同情況合理地去運用投資稅收抵免等間接的優惠形式。

第二，在結構調整方面，從長期來看，流轉稅調節效果比所得稅要好。在市場經濟完全條件下，所得稅調節強於理應強於流轉稅，流轉稅在市場經濟條件下稅負轉嫁機制會得到充分發揮。在中國市場經濟體制不健全、市場規則不完善情況下，流轉稅配合著價格調節生產與消費，對產業結構方面的調整是具有相當重要的作用的。因為低稅是鼓勵生產和消費的，而高價會限制生產和消費。在目前中國經濟情況下，我們要重視流轉稅對產業結構優化調整的良好效應，進一步完善流轉稅改革並且努力調整流轉稅的稅負結構，減輕流轉稅稅制的累退性。①完善增值稅，在增值稅「擴圍」同時降低日用生活品以及食品

等在居民生活消費中占較大比重商品的稅率，加快生產型增值稅向消費型增值稅改革，以免生產型增值稅對產業結構的優化調整產生逆向調節。同時放寬一般納稅人的判定標準，讓更多小規模納稅義務人加入其行列，削弱增值稅對小微企業的歧視，從而鼓勵私人投資進入。②完善消費稅制度改革，強調消費稅的調節功能。消費稅調整方向：一是由原來的價內稅性質轉化為價外稅性質。價外稅特點為商品價格是不含稅的，但在消費該商品時需要另付稅金。低稅率的應稅消費品的價格出售表明，商品價格和消費稅是是分離的數量關係，消費者在購買商品時一目了然。這樣，是國家限制的消費品還是特殊消費品種類，消費者在購買時就能有一個清晰的認知，從而影響了消費者的消費行為，從而觸動產業規模及結構變化。二是由原來生產環節徵稅劃分到流通環節徵稅。因為在生產環節徵稅容易讓納稅人有轉嫁減輕稅負的機會，不利於消費稅的調節功能。③完善營業稅制度改革。一是劃分營業稅徵稅範圍。現行稅制改革的方向是擴大增值稅的稅基，營業稅逐步被收窄稅基。為了拓寬增值稅的稅基，把交通運輸業以及建築安裝業放入其徵稅範圍已經達成共識了。這樣可以去改變目前增值稅片面的去重視生產型行業稅基狀況的問題，逐步轉向生產型和非生產型行業稅基並重，以適應中國經濟增長模式的轉變以及第三產業快速發展的需要，同時也有利於增強其抵扣鏈條的嚴密性。此外，這也有利於稅收徵收管理，降低了稅收徵管成本。二是增加對稅目概括性的規定條款。為了增加營業稅對於經濟發展的經濟性以及適用性，設立一個概括性的稅目在營業稅暫行條例是非常有必要的，即「其他應稅勞務和經營行為」。只有這樣才能把不斷出現的新型經營行為和勞務快速納入到營業稅範圍，政策的滯後效應就會被減弱，兼顧了營業稅徵收範圍，又增加政府財政做出貢獻，同時又保持了各企業主公平，保證市場有序發展。④完善關稅制度改革。一是要優化關稅結構，提高關稅的保護力度。關稅稅率的調整應當從初級品到中級產品最後到最終產品，稅率的調整力度應當隨著加工程度不斷深化調高，同時比例要協調，以便從行業良性發展的角度來制定整個過程的關稅稅率。二是實現多樣化的徵稅標準。例如，可以通過關稅配額制度，研究滑動關稅、季節關稅、徵收差額關稅，考慮徵收報復關稅以及必要時徵稅反補貼關稅和反傾銷關稅來實現多樣化的徵稅標準。三是完善海關的估價制度。如盡快制定符合現狀的《關稅》條例，與 WTO 海關估價協議以及新修訂的《海關法》等相適應。同時加強成交價格的審定並統一各地海關的執行政策，以免關稅向「低處流」。

第三，無論是對三大產業產值還是對產業結構，稅收政策的貢獻度並不是

很大，說明稅政策對於產業經濟效應沒想像的那麼大，這就要求我們站在制度和政策的角度而言，進一步完善市場經濟，需求良好的政策環境，為宏觀調控的稅收政策奠定了堅實的基礎，明確稅收政策對於產業經濟的作用的機制，並要求對目前稅收制度進行改革，挖掘稅收政策的潛力，進一步發揮稅收體系中對產業經濟調節的支持力度，提高並完善稅收政策的宏觀調控力，同時也促進稅制改革更加科學和具體。

第四部分

稅收對三大產業結構的影響分析

20　導論

20.1　研究背景

　　黨的十九大以來，中國經濟增長速度逐漸放緩，中國經濟進入「新常態」①，同時各項改革也進入攻堅區和深水區，就業乃是民生之本，中國人口眾多，需要就業人數龐大，面對當前嚴峻的經濟發展形勢，就業問題是中國政府當前及以後在民生方面需要面臨的最大考驗。就業不僅僅是一個經濟方面的問題，而且還是一個社會問題。就業是個人獲得收入的基礎，有了收入，民生才會有所改善，整個社會才能夠穩定與發展。中國當前的就業形勢很嚴峻，就業問題無論是從就業的總量上還是從就業的結構上看，都將長期存在。尤其中國的結構性失業問題越來越嚴重。2017年末中國就業人員數量為 77,540 萬人，比上年末增加了 37 萬人，其中城鎮就業人員數量 42,462 萬人，比上年末增加了 1,034 萬人。全國三大產業就業人員中，第一產業的就業人員占比是 27.0%；第二產業的就業人員占比是 28.1%；第三產業的就業人員占比 44.9%。全年城鎮新增就業人員數量是 1,351 萬人，城鎮失業人員再就業數量是 558 萬人，就業困難人員數量是 177 萬人。年末城鎮登記人員失業數量是 972 萬人，其中城鎮登記失業率是 3.90%。結構性就業壓力最大的當屬大學生就業了，2017 年中國大學應屆生畢業人數是 795 萬人，2018 年的中國大學生畢業人數是 820 萬，包括之前未就業的大學生人數和海外留學回國就業人員，

---

　　① 經濟新常態就是在經濟結構對稱基礎上的經濟可持續發展，包括經濟可持續平穩增長。經濟新常態是強調「調結構、穩增長」的經濟，而不是總量經濟。其著眼於經濟結構的對稱態及在對稱態基礎上的可持續發展，而不僅是 GDP、人均 GDP 增長與經濟規模最大化。經濟新常態就是用增長促發展，用發展促增長。2014 年 5 月，習近平總書記在河南考察時指出，中國發展仍處於重要戰略機遇期，我們要增強信心，從當前中國經濟發展的階段性特徵出發，適應新常態，保持戰略上的平常心態。

大學生的就業形式越來越嚴峻,不僅每年畢業人數不斷增加,而且給高等學校的人才提供的高質量就業崗位很少,大學生的結構性失業問題尤其突出。另外,受中國經濟發展速度放緩影響,以政府投資拉動經濟增長的模式不可持續,占中國就業人數較大的農民工就業壓力倍增,受到產業結構調整或經濟形勢不好的影響,許多農民工處於半失業狀態下。在總體就業情況不好和失業率處在了新高的情況下,困難群體(殘疾人群、零就業家庭)的就業越來越困難。在保持穩定的經濟增長前提下,政府如何運用宏觀調控措施來增加就業的崗位、緩解就業壓力、解決就業問題,尤其需要解決結構性失業問題,是中國經濟新常態下迫在眉睫的主要任務。

　　從世界範圍來看,全球已經進入後工業化時代,總體趨勢來看,服務業的比重不斷上升,與此同時,傳統的製造業正在面臨著不斷改造與升級的壓力。產業是就業的基礎,產業結構的改變影響著就業的水準和就業的結構變動,就業結構需要與相對應的產業結構水準相匹配,產業結構的變動一般會影響勞動在不同產業之間的重新的配置。中國目前處於經濟結構的調整和轉型升級關鍵期,產能的過剩與落後的行業,將會隨著經濟社會的發展而逐漸被淘汰,最近幾年的以人工智能、大數據等為代表的高端產業不斷崛起,高端技術行業的快速發展,對各個行業的就業會產生重要的影響。人工智能和自動化將會取代簡單重複性勞動,使得低端行業的就業更加困難,就業人數減少。同時,人工智能的快速發展也會創造出新的就業崗位,這些新創造的就業崗位對從業人員的技術要求較高。中國應加快對產業結構調整,尋找新的經濟發展的動力,加快現代服務業的發展,依託制度創新,以適應以高端化和智能化為核心的後工業化時代經濟發展的更高要求。

　　高科技突飛猛進的發展不斷影響著產業的變動及產業就業結構的變化。如何去完善目前的產業結構並且優化產業就業的質量成為中國政府和各界學者關心的重點。無論是在經濟理論還是在經濟發展現實中,完全依靠市場機制並不能解決結構性失業問題,現實中沒有完全的市場機制,存在市場失靈。為了緩解中國嚴重的結構性失業,政府需要有所作為,而稅收是政府宏觀調控中重要的政策手段,稅收具有財政收入、調節收入分配、宏觀調控、促進就業等經濟職能,對緩解就業問題具有重要的作用。政府可以根據產業變動對產業就業結構衝擊產生的問題制定一系列相應的稅收政策,從而可以對各個產業的就業實施有效的措施和手段。稅收是國家為實現其職能,憑藉政治權力,按照法律的規定,通過稅收的手段強制、無償徵收並參與國民收入與社會產品的分配與再分配,從而獲得財政收入的一種方式。因此,政府部門可以通過稅收手段來緩

解就業矛盾。本部分通過實證來研究，從三大產業的角度分析所得稅對就業產業結構的影響，從而為完善中國的就業結構提供重要的政策建議並起到借鑑意義。

20.2 研究目的、意義和方法

20.2.1 研究目的

關於稅收對三大產業就業結構的研究目的如下：

第一，目前，研究稅收結構對產業結構變動影響的文獻較多，產業結構對就業結構的影響也不在少數，影響就業結構的因素除了稅收還有經濟增長、固定資產投資、外商直接投資、產業發展等都對就業的供給和需求有重要的影響，稅收作為產業政策和就業政策實施的一個有效手段，通過研究所得稅對三大產業就業結構的研究，研究其產生的效應，分析所得稅變動對各個產業吸納的就業數量和就業人員質量的影響。

第二，通過一系列的所得稅稅收政策來影響三大產業的就業結構，為應對產業不斷升級對就業造成的影響提供可借鑑的經驗，並且為提高中國就業質量完善就業結構減少結構性失業提供可行性的相關建議。

20.2.2 研究意義

關於稅收對三大產業就業結構的研究具有重要的理論意義和實際意義。稅收作為政府宏觀經濟調控的一種手段，長期都在為國家的經濟發展、社會和諧等貢獻自己的力量。而就業問題不僅是一個經濟方面的問題，還是一個社會方面的問題。中國促進就業的稅收政策實施多年以來，取得了一定的成效，但並未完全發揮其應有的效果，從三大產業的角度以稅收對就業結構的影響為研究對象，具有重要的理論意義和實際意義。

第一，實際意義。中國經濟發展進入「新常態」，國內經濟結構和產業結構、就業結構等還不夠完善，而且就業多集中於低端行業，就業結構與經濟、技術的快速發展還不能相協調。中國產業結構的變化對就業結構的變化具有重要影響。就業是民生之本，解決就業問題有利於社會穩定，按照新時代中國特色社會主義的基本要求，不僅需要依靠市場機制的自我調節，還需要國家的宏觀調控。而稅收在產業結構和產業就業結構中扮演著舉足輕重的角色，尤其在現今產業快速的變化對就業結構的改變上更是前所未有。要重視發揮稅收對經

濟的槓桿效應，刺激經濟發展並促進就業。通過對稅收政策來完善中國的就業結構，在減輕就業壓力，尤其在進一步緩解中國嚴重的結構性失業問題和促進經濟社會和諧發展，具有重要的現實意義。

第二，理論意義。從各國經濟發展、產業發展、就業發展的歷史進程可以發現，稅收制度的變革對產業結構具有重要影響，同時產業結構與就業結構存在著緊密的聯繫，稅收通過影響三大產業結構的變動進而來影響三大產業中的就業總量水準和結構比例，在一般的稅收對就業的研究中，大多數從企業部門、家庭部門分析稅收對勞動供給和需求的影響。

在稅收與就業的相關研究中，大部分文獻是探討稅收對三大產業產值和比重的問題，很少文獻涉及稅收對三大產業就業效應的分析。在研究稅收對就業影響的相關文獻中，一方面，稅收對就業沒有影響或者是影響較小，通過稅收政策來增加就業的效果很小；另一方面從總體的角度來看稅收對就業具有負向的影響，但是，不同稅種對就業的影響是不一樣的。中國還是發展中國家，處於經濟結構轉型的時期，產業經濟急遽變化，通過研究稅收對產業經濟的效應比分析稅收對總體就業效應更有意義。

20.2.3 研究方法

本部分的研究方法主要有三種。在研究稅制結構對三大產業就業結構的影響中，主要採用了：

（1）文獻分析法：通過對總體上稅收就業的影響、所得稅與三大產業就業的影響及產業結構對就業結構的影響等相關文獻的梳理，瞭解目前相關研究的現狀，發現二者的內在理論架構，建立相關的理論基礎。

（2）描述統計法：描述統計法作為本部分研究的一種輔助方法，將通過從《中國統計年鑑》《中國稅務年鑑》和 Wind 數據庫中收集中國 2006—2016 年來全國 31 個省（直轄市、自治區）的企業所得稅稅額、個人所得稅稅額、三大產業就業人數等相關數據進行直觀的展示，以便於對目前中國稅制結構對三大產業就業結構的情況能有整體的把握和瞭解，便於進一步進行理論分析。

（3）計量分析法：通過收集省級企業所得稅稅額、個人所得稅稅額數據、三大產業就業數據等相關數據，運用動態面板迴歸的方法，對所得稅中的企業所得稅和個人所得稅兩個稅種對三大產業就業結構的影響進行定量研究，具體驗證相關的理論是否正確，並更好地理解所得稅對三大產業就業的效應。

20.3　研究創新與不足之處

本部分創新之處主要體現在以下兩個方面：一是在研究問題方面，目前，研究稅收結構對產業結構變動影響的文獻較多，產業結構對就業結構的影響也不在少數，影響產業就業結構的因素除了稅收還有投資、經濟增長、三大產業的發展水準等，在一般的稅收對就業的研究中，大多數從企業部門、家庭部門分析稅收對勞動供給和需求的影響。在研究產業經濟中，大部分研究的是稅收對三大產業產值、比重的研究，很少涉及三大產業就業人數的研究。本部分從三大產業的變動角度研究所得稅對就業結構的影響。二是在實證分析方面，相對於傳統的純理論分析，本部分採用了實證計量處理，選取的是中國 31 個省（直轄市、自治區）2006—2016 年的相關數據，無論從時間序列上看，還是從截面上看，數據的樣本容量足夠大，進而提高實證分析的準確性。

由於本人水準有限，本部分還存在許多不足之處：一方面，本部分分析的是所得稅對三大產業就業的影響，主要是用了企業所得稅與個人所得稅，沒有用更多的稅種進行分析；另一方面，本部分給出的大部分是稅收對促進就業的相關政策，沒有考慮到由此可能帶來的其他負面影響。

20.4　研究思路與框架

本部分的研究思路如下：首先，就所得稅（主要是指企業所得稅和個人所得稅）對三大產業就業的影響就理論層面進行具體分析，主要圍繞企業所得稅與個人所得稅、三大產業就業結構的概念界定和個人所得稅對勞動供給的收入效應和替代效應、企業所得稅對勞動力需求的促進效應和阻礙效應等相關理論方面展開；其次，對稅收與三大產業就業結構的現狀展開分析；再次，進行實證分析，通過運用動態面板的方法進行迴歸結果分析；最後，得出結論並提出相關對策建議。

本部分的研究框架如下：本部分一共分為 5 章，第 20 章為導論，主要為研究背景、研究目的、意義和方法、研究創新與不足之處。第 21 章主要是國內外文獻綜述，第 22 章是總體上對稅收與就業的關係進行理論解釋和企業所得稅與個人所得稅對勞動力供給、需求的影響分析，這章內容通過對相關理論

闡述以及基本的數學模型的推導。第 23 章則通過對中國所得稅中的企業所得稅、個人所得稅現狀和三大產業就業現狀進行統計性描述分析及促進就業的所得稅政策梳理。最後的第 24 章則總結上述研究的結論，並給出相關的對策建議，希望能為解決相關的實際問題提供參考。

21 文獻綜述

21.1 國外文獻回顧

国外学者就税制结构与产业结构效应、产业结构与就业结构、税收与就业结构的研究比较多，具体如下：

Hausman（1981）通過研究稅收變動對勞動供給的影響，發現所得稅對勞動供給具有較大的收入效應和替代效應。Killingsworth（1983）認為稅率對勞動供給的影響較小，甚至沒有影響，通過減稅來影響勞動供給的效果有限。Harden（1997）通過研究稅收制度是否會影響到國家的就業，提出了一種最優的稅收模式。這一模式的目標是最大限度地擴大整個社會的就業。該模式通過審查稅收對各自稅基的供給方面的影響，明確納入了國家的預算限制和稅收變動對稅收的影響。研究發現，國家稅收對就業的邊際影響與稅收對稅收收入的影響是均衡的。美國各州目前似乎並沒有為實現就業最大化而調整稅收結構。Harden 和 Hoyt（2003）通過用 1980—1994 年的美國國家數據進行測試，考慮州政府為盡量減少就業增長而選擇的稅收組合。發現公司所得稅對就業有顯著的負面影響，而銷售稅與個人所得稅則沒有顯著影響。還發現美國各州並沒有選擇稅收組合來減少對就業的負向影響。Koskela（2002）認為，對資本的徵稅會使得資本的相對價格更高，企業更傾向於用資本替代勞動，就業增加，如果對勞動徵稅，使得勞動的價格相對更高，企業更多地傾向於選擇資本，就業減少。Prescott（2004）通過研究發現稅收制度的不同導致了勞動供給的差異，高稅負會阻礙勞動的供給。Michaelis（2006）通過以美國為研究對象，發現對資本徵稅減少就業，而對勞動徵稅能夠促進就業。

Feld 和 Gebhard（2001）理論分析了不同管轄區的稅率差異可能導致公司投資決策的扭曲。通過使用 1985 年至 1997 年瑞士 26 個州的一系列數據，對

公司所得稅和個人所得稅對公司區域分佈和各州就業的影響進行實證分析。發現企業所得稅和個人所得稅阻礙了企業在州內的發展，從而減少了州內的就業。Shuai and Chmura（2013）比較了美國在 23 年中，實行了減少企業所得稅政策各州的就業增長的情況和企業所得稅沒有變化的州的就業增長情況。通過實證分析，1990—2012 年的總體就業情況表明，企業所得稅與就業增長是正相關的。在開始時，降低企業所得稅的各州就業的增長速度比沒有降低的州要慢。但是，實行企業所得稅減稅的州和沒有實行減稅的州之間的增長差距，在減稅後的五年左右消失了。降低企業稅率對就業增長有顯著的正向影響。Ljungqvist 和 Smolyansky（2014）通過研究美國 1970—2010 年的所有州的企業所得稅率的變化，發現企業所得稅率的提高將導致就業和工資收入大幅減少，而企業所得稅減稅一般只會在經濟衰退時期起作用。Mertens 和 Ravn（2013）通過估計美國稅收變動的動態效應。區分了個人所得稅和公司所得稅的變化，並對這兩個稅收組成部分中的聯邦稅收責任變化進行了新的敘述。使用了新的估計方法，將描述式識別的稅收變化作為結構性稅收衝擊的代理，發現稅收衝擊對短期產出的影響很大。Zidar（2015）探討了不同的收入群體稅收變動對總體經濟活動的影響，用 nber 稅務報告數據來建立一個衡量稅收變化的尺度。美國各州的收入分配變化和聯邦稅收變化在地區衝擊中產生了變化，並且通過利用這些變化來測試各種不同的影響。發現減稅與就業增長之間的正向關係很大程度上是受低收入群體減稅的影響，而高收入群體的減稅對就業增長的影響很小。Chen 等（2017）通過研究企業所得稅減免對就業的影響，提出了一種具有不同主體的動態隨機職業選擇模型。在這一框架內，關鍵的是組織的法律形式的內生企業家選擇。公司所得稅負擔的減輕鼓勵了公司法律形式的採用，減少了公司的資本約束。資本再分配的改善提高了經濟的整體生產效率，從而擴大了勞動力市場。

21.2 國內文獻回顧

　　國內相關學者主要集中在總體稅收對就業的影響，稅收政策對就業的影響、單個稅種對總體就業的影響、產業結構對就業結構的影響等方面，具體如下：

21.2.1 稅收制度對就業結構的影響

　　國內學者對於稅制結構問題也做了大量研究。刑樹東、劉婷（2012）對

稅收總量與各產業的就業人數做迴歸分析。第一產業的就業量與稅收增長是負效應的關係，第二、第三產業的就業量與稅收是正效應。得出結論是中國要大力發展第二、第三產業。王躍堂等（2012）以2007年的企業所得稅政策的變化，來分析對企業勞動需求的影響，經過實證分析，從總體上來看，企業所得稅的稅率降低能夠提高企業對勞動力的需求，但是，不同性質的企業勞動需求對企業所得稅的變化反應程度差異較大，比如國有企業對企業所得稅的變化反應較弱。趙雲橋（2013）利用奧肯定律與收入的乘數效應公式進行公式上的推導，得出在宏觀水準上，失業率與稅收是正向的關係，也就是稅收總體上與就業是負相關的關係。楊曉妹（2014）將數理推導與理論模型相結合，分析了稅收對勞動供給量的影響，尤其是個人所得稅對勞動供給具有負向的影響；同時企業所得稅對勞動需求也具有負向的影響，商品稅對勞動供給有影響，對勞動需求沒什麼影響。武曉利（2014）認為降低間接稅可以增加消費，從而增加就業，對企業的資本利得徵稅，資本價格上升，使得企業願意更多使用勞動力，對就業具有促進作用，而個人所得稅和企業所得稅會減弱勞動者的就業積極性和企業對勞動需求的積極性。吳仁祥、唐丹、徐十佳（2014）結合安徽省的具體情況，從稅收對就業水準和結構優化兩方面進行實證分析，指出企業所得稅和出口退稅對就業無顯著影響，流轉稅對就業有正向影響，而且稅收能夠優化就業結構。陳萌（2014）通過分析減稅對就業影響的傳導機制，分別從總體上減稅和不同稅種減稅影響就業的不同過程進行研究，發現整體減免稅與就業具有正向的關係，從不同稅種促進就業的作用大小來看，營業稅拉動作用最強，其次是所得稅，增值稅減免與所得稅減免作用效果相同，同時增值稅減免也會產生資本對勞動的替代。薛鋼、趙瑞（2014）通過分析中國就業彈性和產業就業彈性的差異以及影響因素，得出中國現行就業稅收政策與就業彈性的變動趨勢之間不協調，提出優化中國促進就業稅收政策的相關建議。唐永升、汪泓（2014）通過研究稅收政策對就業的影響，發現降低稅率可以增加就業，但是從就業彈性系數方面來看，經濟發展並不能促進就業。徐江琴、葉青（2015）通過分析「營改增」後新的稅制環境對就業的影響，剖析就業稅收政策存在的問題，提出就業稅收政策的建議。徐烜、雷良海（2015）通過分析結構性減稅，來研究結構性減稅對產業結構變動和勞動力的供給結構、需求結構的影響。發現企業所得稅對就業是顯著的，企業所得稅占稅收收入總額的比例越高，對就業的正向效應越大。嚴冬冬（2015）通過分析對勞動徵稅對就業的影響，發現從總體上看，勞動徵稅對就業具有正向的影響，收入效應更大。楊森平、劉雪雪（2016）從產業結構的角度來分析目前中國大學生

就業難，指出大學生就業難的主要原因是三大產業結構與就業結構的不協調。並提出相關財稅政策建議優化產業結構，使得產業結構與就業結構相適應，大力發展第三產業，以吸納更多的大學生就業。王琪玥（2016）指出目前中國就業的稅收政策存在的問題，進一步分析對於不同人群要制定出不同的就業稅收政策，加大對企業經濟上的幫助，以增加企業就業崗位。劉安長（2017）通過利用面板模型進行實證分析。發現稅收政策對就業的影響基本不顯著。稅收對就業的促進機制不夠完善，中國稅收結構中，以增值稅、消費稅等間接稅為主，所得稅占比較小，使得減稅對就業的促進作用大打折扣。

21.2.2 產業結構對三大產業就業結構的影響

沈冰、李許卡（2014）通過對三大產業結構偏離度的分析，發現就業結構的調整滯後於產業結構的調整，並且進一步利用相關係數矩陣和就業貢獻率來考察三大產業的發展與中國就業的關係，得出第三產業對促進就業具有重要的作用；並考察了 TFP 與 DEEP 對中國就業的影響，發現當前的技術進步與資本深化對勞動力產生了替代作用等相關結論。楊浩昌等（2016）利用省際數據，對中國製造業的技術創新對就業水準的影響進行了實證研究，結果顯示該效應曲線呈倒「U」型，認為中國目前尚處於倒「U」型曲線的前半部分，企業的技術創新對就業具有正向的影響。耿雪洋（2017）基於產值與就業人數分析了三大產業結構與就業結構的演變，中國三大產業的產值與就業不相適應，雖然第三產業就業人數不斷增加，但是，第一、第二產業的就業與產業結構相差較大，得出中國的就業結構滯後於產業結構。不同的產業對就業的影響又是不一樣的，隨著第一產業產值的增加，其很少能吸納勞動力就業，而且還要向第二、第三產業輸送過剩的勞動力。王永明（2018）以中國的經濟增長、產業結構與就業結構變動為研究對象，運用 VAR 模型和 C-D 生產函數等對三者之間的關係進行實證分析。發現就業結構的變動可以增加就業量和提高勞動生產率。產業結構和就業結構之間是單向的因果關係，產業結構變動能引起就業結構的變動。

21.3 文獻評述

通過國內外文獻綜述，我們可以看出，不同的學者研究的結構都是有差異的，有的甚至出現相反的結論。上述文獻綜述主要包括：

一是稅收對就業沒有影響或者是影響較小,通過稅收政策來增加就業的效果很小。比如,企業所得稅率的提高將導致就業和工資收入大幅減少,而企業所得稅減稅一般只會在經濟衰退時期起作用。

二是總體上,稅收對就業具有負向的影響,但是,不同稅種對就業的影響是不一樣的。個人所得稅的稅率與勞動力供給負相關;商品稅稅率與勞動供給反向相關,而與勞動需求量關係不明顯;企業所得稅不利於勞動需求的增加,流轉稅對就業有正向影響。整體減免稅對就業具有正向的拉動作用,所得稅的減免對就業的拉動力度僅次於營業稅,在所得稅減免的條件下,資本支出對就業的拉動作用明顯強於其他稅種的影響。

三是稅收對就業的影響還受其他相關因素的影響。受收入群體的影響,減稅與就業增長之間的正向關係很大程度上是受低收入群體減稅的影響,而高收入群體的減稅對就業增長的影響很小。同時也可能受企業性質的影響,企業所得稅的稅率的降低可以提高企業的勞動力需求,但是國企對這種稅收敏感性程度較弱。

中國還是發展中國家,處於經濟結構轉型的時期,產業經濟急遽變化,通過研究稅收對產業經濟的效應,比分析稅收對總體就業效應更有意義。本部分把就業具體化為三大產業的就業;大部分文獻僅研究稅收對就業的影響,沒有從產業結構的角度研究稅收對勞動供給和需求的影響。在稅收影響產業結構方面,主要集中於研究稅收對三大產業產值、占比的分析,很少研究稅收對三大產業就業的影響。本部分正是基於以上內容,來研究稅收對三大產業就業結構的影響。

22 理論基礎分析

22.1 相關基本概念闡述

　　稅收是國家憑藉其政治權力，依據相關法律法規，強制、無償取得財政收入的一種方式。所得稅主要是指國家對法人、自然人與其他經濟組織在一定時期內的各種所得徵收的一類稅收。通常以直接所得為徵稅對象，以經過計算得出的應納稅所得額為計稅依據，納稅人與實際負擔人通常是一致的。企業所得稅主要是指對在中國境內的企業（居民企業、非居民企業）與其他取得收入的組織以其生產經營所得為課稅對象所徵收的一種所得稅，不包括個人獨資企業與合夥企業。個人所得稅是指國家對本國公民和居住在本國境內的個人所得與境外個人來源於本國的所得徵收的一種所得稅。對於產業劃分的標準，有很多不同的說法，產業劃分各國也不完全相同，但是，基本都劃分為三大類：第一產業、第二產業和第三產業。第一產業主要指產品的產出基本不需要經過複雜加工的產業。第二產業主要指加工製造業，是通過一般的手段和程序進行加工的。第三產業主要是經過更為複雜的程序和方式進行的，綜合需要人力、物力、財力等共同完成。目前，中國對於三大產業的劃分主要為：第一產業主要是農業（林業、畜牧業、種植業、水產養殖業等），第二產業主要指的是工業和製造業（採掘工業、建築行業、電力、自來水、熱水、煤氣等），第三產業主要指除了第一、第二產業以外的其他行業，主要包括服務業、金融業、商業、教育產業、公共服務、租賃業等。三大產業就業結構主要指中國的從業者在第一產業、第二產業和第三產業中的人員所占比例情況。

22.2 稅收對就業的總體效應

稅收是國家宏觀調控的重要經濟手段之一，經濟的發展水準影響稅收，同時稅收又反作用於經濟。這既體現了稅收來源於經濟，也體現了政府利用稅收對經濟進行宏觀調控。稅收對於國家經濟的宏觀調控，主要通過減稅、增稅、徵稅、免稅等一系列稅收手段影響全社會的經濟利益，引導企業和家庭等部門的行為。稅收引導資源在不同企業部門和不同家庭部門之間進行重新的配置，從而影響社會經濟合理發展。

20世紀60年代，美國經濟學家奧肯根據美國的相關數據，提出了一個非常著名的經濟學方面的理論即奧肯定律，該定律是用來說明國民收入增長率和失業率之間的經驗規律。奧肯定律是指，如果失業率高於自然失業率1個百分點，那麼實際GDP將會低於潛在GDP 2個百分點。其具體公式如下：

$$\frac{y - y_f}{y_f} = -\alpha(\mu - \mu^*) \tag{22-1}$$

公式（22-1）中，y代表實際的國民收入，y_f代表充分就業時國民收入，μ代表的是實際失業率，μ^*代表的是自然失業率，α為大於零的參數。奧肯定律的重要結論是實際的GDP增長率高於潛在的GDP增長率，失業率會下降，國民收入的增率與失業率成負相關的關係。

$$y = \frac{\alpha + i + g - \beta_t}{1 - \beta} \tag{22-2}$$

在三部門的IS曲線中，y代表國民收入，α代表基本消費部分，β代表邊際消費傾向，i代表投資，g代表政府購買，t代表稅率。國民收入與稅率是負相關的關係。經過對IS模型與奧肯定律的理論梳理、公式（22-1）和公式（22-2）的推導，實際國民收入增長率與失業率具有負向的效應，而稅收增長與實際國民收入增長率也是負向效應，稅收增長對失業率具有正向效應，也就是說稅收對就業具有負向的抑製作用。

22.3 所得稅對三大產業就業的影響效應

在封閉的經濟體中，不考慮開放的經濟環境，稅收對就業的影響是政府調節經濟職能、政府財政稅收職能、調節收入分配職能的體現。一個合理的稅收激勵

政策可以使得政府、企業、個人主體之間與就業形成一個良性的互動循環體系。

22.3.1 對勞動供給方面的影響

稅收對勞動供給的直接影響是政府通過一系列的稅收政策影響政府部門與個人之間的關係，使得個體做出影響就業的反應。勞動供給主要受個人所得稅的影響。從經濟理論的假設中，個人的可支配時間是固定的，增加工作時間，那麼閒暇時間就會縮短，從而增加更多收入。在經濟理論中，閒暇被賦予價格，閒暇與勞動為替代品。從稅基方面來看，主要表現是對個人勞動所得徵稅的影響主要取決於稅收對個人勞動供給的替代效應和收入效應。稅收通過影響個人的可支配收入、閒暇的價格即工資率、工作的價格，使得個人在閒暇和工作之間重新做出選擇，影響勞動供給的改變。收入效應主要是指，在保持既定的收入水準前提下，對勞動力徵稅後，稅後的工資率下降，個人的可支配收入會相對減少，個人的相對稅收負擔會增加，人們為了減少徵稅帶來的不利影響，保持之前的收入水準，會增加工作的相對時間，收入效應使得勞動的供給量增加。替代效應改變了工作和閒暇的相對價格，工作的相對價格提高，使得更多的人們選擇閒暇或其他部門行業，減少勞動供給。

圖21-1為勞動的供給曲線圖。如圖21-1所示，這是一個向後彎曲的曲線，初始工資率為W_2，初始勞動供給量為L_2。當徵稅使得工資率從初始W_2下降到W_0的時候，勞動供給從L_2增加到L_0，這主要是因為收入效應起主導作用，收入效應和替代效應的淨效應為正。當徵稅使得工資率從W_0下降到W_1時，勞動供給量從L_0減少到L_1，主要是替代效應在起主導作用，收入效應與替代效應的淨效應為負。

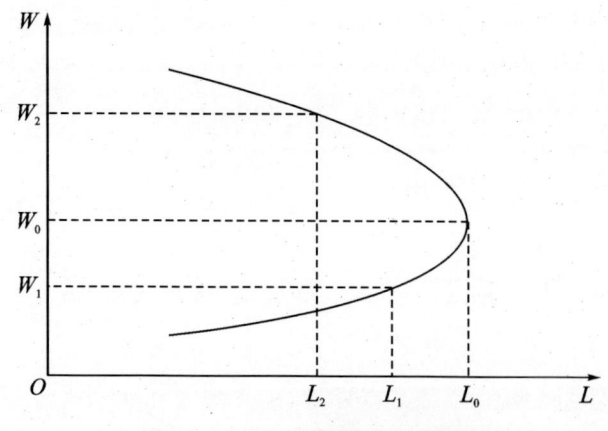

圖21-1　稅收對勞動供給的影響

兩種效應的作用方向是相反的，稅收對勞動供給的增減主要取決於兩個效應的大小。勞動供給的最終效應取決於收入效應和替代效應的淨效應。稅收對勞動力的替代效應和收入效應影響著就業人員在不同產業部門之間進行流動，影響著三大產業就業人員的結構。從稅率的角度來看，累進稅率越大，累進的程度越高，對個人勞動供給的影響程度就越大，超額負擔就越大，對勞動力的替代效應就越大。一方面，稅收收入是財政收入的主要來源，稅收收入有利於財政收入的穩定，政府部門通過加大對教育方面的支出，提高從業人員的綜合素質，使得勞動者掌握更高、更多、更複雜的技能走上高級化的工作崗位。另一方面，合理的稅收的增長，使得財政收入的增長，經濟也會增長，從而促進就業。但是不合理、過快的稅收增長，會抵消掉經濟的增長對勞動供給的促進作用，使得勞動供給增速放緩。

22.3.2 對勞動需求方面的影響

政府部門通過所得稅手段影響企業部門來影響勞動的需求，個人所得稅對勞動的需求的影響主要是，勞動者的個人所得稅是否可以轉嫁給企業。如果只能自己負擔，個人所得稅對企業的勞動需求沒有影響。如果可以轉嫁給企業的話，個人所得稅將對企業的勞動需求有影響。在現實情況中，個人所得稅一般很難轉嫁，並且對企業的勞動需求影響很小，所以主要考慮企業所得稅對勞動的需求。企業所得稅對勞動需求的影響主要取決於企業所得稅對投資的促進效應和阻礙效應。阻礙效應是指，徵收企業所得稅使得企業的邊際成本增加，稅後利潤下降，企業會縮減生產規模，從而減少企業部門對勞動力的需求。促進效應是指，企業所得稅是對企業資本徵收的一種稅，對資本徵稅，使得勞動相對價格降低，企業更可能增加對勞動的需求，使得就業量增加，徵收企業所得稅產生促進效應。與此同時，政府通過一系列的減稅措施、稅收優惠政策等提高企業部門的投資生產的積極性，擴大生產規模，進而增加企業部門對勞動力的需求。政府部門將收取的稅收收入用於公共部門投資，引導全社會的投資，創造更多的就業機會。政府部門還可通過社會救助、社會福利、投入更多的勞動力培訓、就業信息市場的進一步發展和再就業等稅收優惠政策，提高全社會的就業水準和影響各產業間的就業結構。最終企業所得稅對勞動力的需求影響取決於促進效應和阻礙效應的淨效應，淨效應為正，則企業所得稅對勞動需求是正向效應，如果淨效應為負，則企業所得稅對勞動需求是負向效應。

表 21-1　個人所得稅對勞動供給的影響

收入效應與替代效應大小比較	個人所得稅對勞動供給影響
替代效應<收入效應	勞動供給增加
替代效應>收入效應	勞動供給減少
替代效應=收入效應	無影響

表 21-2　企業所得稅對勞動需求的影響

促進效應與阻礙效應大小比較	企業所得稅對勞動需求的影響
促進效應>阻礙效應	勞動需求增加
促進效應<阻礙效應	勞動需求減少
促進效應=阻礙效應	不變

22.3.3　小結

通過相關理論的梳理，從總體上看，稅收對就業是負向的影響。但是，具體某個或某幾個稅種對就業的影響是不相同的。企業所得稅和個人所得稅對三大產業就業的影響，並不是完全符合總體稅收對就業具有負向的影響，而對於這種差異正需要用個人所得稅對勞動供給的收入效應和替代效應、企業所得稅對勞動需求的促進效應和阻礙效應來解釋。

23 稅收對三大產業就業結構影響實證分析

　　2006年以來，中國政府部門在促進就業方面實施了一系列的所得稅優惠政策。尤其是2008年金融危機以來，政府部門通過所得稅直接對特定的就業群體實施優惠的政策，通過利用所得稅影響產業結構升級，間接地影響勞動力的需求，緩解中國的結構性失業問題。政府部門在所得稅方面實施稅收優惠的政策，目的是為了能夠降低企業與個人的稅收負擔，從而可以增加企業與個人的投資與消費，最後可以引起經濟的增長與就業的增加。然而，在中國的現實社會中，政府部分實施的所得稅優惠的政策對促進中國的就業作用有限。

23.1　所得稅及三大產業就業發展現狀

23.1.1　中國所得稅目前狀況

　　通過對表23-1中數據整理可以得出，中國稅收收入額不斷增加，從2006年的34,804.35億元，到2016年的130,360.73億元，增長了3.75倍。其中，從縱向來看，企業所得稅稅額是不斷增長的，從2006年的7,039.6億元，到2016年的28,851.36億元，增長了近4.1倍。個人所得稅稅額從總體上看是增長的，個人所得稅稅額從2006年的2,453.71億元，到2016年的10,088.98億元，增長了近4.11倍。個人所得稅稅額在2012年時有所下降，之後是逐年增加。從橫向來看，無論是企業所得稅的稅額還是占比都要超過個人所得稅的稅額、占比。在所得稅中，企業所得稅的影響作用要大於個人所得稅的影響作用。

23.1.2　三大產業就業目前發展狀況

　　經過對表23-2的整理可以得出，中國三大產業就業總人數從2006年的

74,978萬人，增加到2016年的77,603萬人，增長了近1.04倍。其中，從縱向來看，第一產業就業人數一直在減少，從2006年的31,940.63萬人，下降到21,496萬人。第二產業就業人數總體上是增加的，從2006年的18,894.46萬人，增加到2016年的22,350萬人，但是從2012年開始就業人數在下降，從2012年的23,241萬人，到2016年下降為22,350萬人。第三產業就業人數一直不斷增加，第三產業就業人數從2006年的24,142.92萬人，增加到2016年的33,757萬人。從橫向來看，在2006年時，第一產業就業人數最多，其次是第三產業就業人數，最後是第二產業就業人數。第一產業就業人數是第二產業就業人數的1.69倍，第一產業就業人數是第三產業就業人數的1.32倍。到2016年時，第三產業就業人數最多，其次是第二產業就業人數，最少的是第一產業就業人數。第三產業就業人數是第一產業就業人數的1.57倍，第三產業就業人數是第二產業就業人數的1.51倍。第二、三產業的就業人數逐漸超過第一產業就業人數，第三產業就業人數增長最多。

表23-1 企業所得稅、個人所得稅稅額及占比情況表

年份	各項稅收/億元	企業所得稅/億元	企業所得稅占比/%	個人所得稅/億元	個人所得稅占比/%
2006	34,804.35	7,039.6	20.23%	2,453.71	7.05%
2007	45,621.97	8,779.25	19.24%	3,185.58	6.98%
2008	54,223.79	11,175.63	20.61%	3,722.31	6.86%
2009	59,521.59	11,536.84	19.38%	3,949.35	6.64%
2010	73,210.79	12,843.54	17.54%	4,837.27	6.61%
2011	89,738.39	16,769.64	18.69%	6,054.11	6.75%
2012	100,614.28	19,654.53	19.53%	5,820.28	5.78%
2013	110,530.7	22,427.2	20.29%	6,531.53	5.91%
2014	119,175.31	24,642.19	20.68%	7,376.61	6.19%
2015	124,922.2	27,133.87	21.72%	8,617.27	6.90%
2016	130,360.73	28,851.36	22.13%	10,088.98	7.74%

資料來源：根據國家統計局網站相關數據整理所得。

從三大產業就業占總就業人數的比重中可以看出，從縱向來看，第一產業就業人數占比是逐年下降的，從2006年的42.6%下降到2016年的27.7%。第二產業就業人數占比總體上看是上升的，從2006年的25.2%上升到2016年的28.8%，但是從2012年開始不斷下降，第二產業占比從2012年的30.3%下降到2016的28.8%。第三產業就業人數占比是逐年增加的，從2006年的32.2%

上升到 2016 年的 43.5%。從橫向來看，在 2006 年時，第一產業就業人數占比最高，第三產業就業人數占比次之，第二產業就業人數占比最少。第一產業就業人數占比是第二產業就業人數占比的 1.69 倍，第一產業就業人數占比是第三產業占比的 1.32 倍。到 2016 年時，第三產業就業人數占比是第一產業就業人數占比的 1.57 倍，第三產業就業人數占比是第二產業就業人數占比的 1.51 倍。第二、三產業就業人數占比逐漸超過第一產業就業占比。

表 23-2　三大產業就業人數及三大產業就業人數占比情況表

年份	第一產業就業人數/萬人	第二產業就業人數/萬人	第三產業就業人數/萬人	第一產業就業人數占比/%	第二產業就業人數占比/%	第三產業就業人數占比/%
2006	31,940.63	18,894.46	24,142.92	42.6	25.2	32.2
2007	30,730.97	20,186.03	24,404	40.8	26.8	32.4
2008	29,923.34	20,553.41	25,087.25	39.6	27.2	33.2
2009	28,890.47	21,080.18	25,857.35	38.1	27.8	34.1
2010	27,930.54	21,842.14	26,332.33	36.7	28.7	34.6
2011	26,594.16	22,543.9	27,281.94	34.8	29.5	35.7
2012	25,773	23,241	27,690	33.6	30.3	36.1
2013	24,171	23,170	29,636	31.4	30.1	38.5
2014	22,790	23,099	31,364	29.5	29.9	40.6
2015	21,919	22,693	32,839	28.3	29.3	42.4
2016	21,496	22,350	33,757	27.7	28.8	43.5

資料來源：根據《中國統計年鑒》整理所得。

23.1.3　影響就業的相關所得稅政策

在促進殘疾人就業方面，中國在 2007 年的財稅〔2007〕92 號文規定，對符合條件的單位，支付給殘疾人的工資實行 100%的加計扣除，對殘疾人個人取得的所得減免個人所得稅。從 2008 年開始，中國實行內外資企業統一所得稅稅率。提高個人所得稅的工資與薪金的費用扣除標準，從原來的 1,600 元提高到 2,000 元。對高新技術企業使用 15%的稅率，對小微企業使用 20%的稅率，允許企業的研發費用加計扣除與加快折舊固定資產。扶持中小企業方面，財稅〔2009〕33 號文規定，對於年應納稅所得額小於 3 萬元的小微企業，減按 50%繳納其企業所得稅。在促進下崗再就業方面，財稅〔2010〕84 號文與〔2014〕39 號文，對再就業人員的稅收優惠進一步加大，把優惠範圍擴大到所有的服務型企業。在促進大學生就業創業方面，財稅〔2010〕84 號文規定，

大學生在畢業當年畢業年度自主創業，憑著自主創業的證明，能夠以 8,000 元為限額，扣除營業稅和城市建設稅還有教育費附加後，餘下的限額可以再抵扣個人所得稅。在促進退役士兵就業方面，財稅〔2014〕42 號文擴大了退役士兵就業創業的優惠對象範圍，從原來的城鎮退役士兵擴大到所有的退役士兵。

23.1.4 小結

無論是三大產業就業人數還是三大產業就業人數的占比，從時間縱向來看，第一產業就業不斷下降，第二產業就業先是不斷上升，在達到一個高峰後，逐漸下降，第三產業就業不斷上升。從橫向來看三大產業，第一產業就業下降的幅度較大，第二產業就業雖然總體上是上升的，但是上升的幅度較小，第三產業就業上升的幅度較大。近年來，第三產業就業人數占比最大，快接近 50%，對中國的就業吸納能力最強。受中國產業結構調整、科技不斷進步等影響，第二產業就業吸納就業能力一般，變化不大，稍有上升。受經濟發展水準、城市化等影響，中國的第一產業吸納就業能力不斷減弱。從所得稅方面來看，企業所得稅稅額、個人所得稅稅額一直在增加，但是兩者所占的比重變化不大。中國政府部門針對不同的主體採用不同的稅收優惠政策。

23.2 稅收對三大產業就業結構影響實證分析

由上文的相關理論分析得出，稅收對三大產業的就業具有一定程度的影響。就業問題本身就是一個非常複雜的問題，尤其是中國的結構性失業問題。影響中國就業的因素很多，經濟增長水準、固定資產投資、外商直接投資、產業發展等對中國的三大就業的從業人數或多或少都產生了一定的影響。勞動的供給與勞動的需求理論表明，所得稅（主要是企業所得稅和個人所得稅）作為政府部門宏觀經濟調控的一種重要手段，對三大產業的勞動力的供給與需求有一定程度影響。在中國目前的稅制結構中，以流轉稅和所得稅為主，流轉稅主要包括增值稅、消費稅、營業稅、關稅，流轉稅是指以產品生產環節與流通環節的流轉額或者數量，以及非商品的營業額作為徵稅對象的一類稅收。流轉稅的收入主要來源於產品的生產環節與流通環節。所得稅主要包括企業所得稅和個人所得稅，企業所得稅主要指中國境內的企業與其他取得收入組織以其生產經營的所得作為課稅對象所徵收的一種所得稅。中國的個人獨資企業和合夥企業不屬於中國的企業所得稅納稅人。個人所得稅主要是指國家對本國公民與

居住在本國的境內個人的所得與境外個人來源於本國境內的所得而徵收的一種所得稅。

23.2.1 模型的建立

本部分的實證方法所採用的是動態面板的系統 GMM 方法。面板數據主要是指在一段時間內跟蹤同一組的個體的數據。它既有橫截面的維度（n 個個體），又有時間的維度（t 個時期）。動態面板中則是指在模型中，解釋變量包含了被解釋的滯後期。通過之前的理論闡述，從總體上而言，稅收影響經濟增長和產業結構，而經濟增長和產業結構對就業又具有重要的影響。劉昶、覃鳳琴（2018）通過省級面板數據來分析稅收對經濟增長的影響，稅收對經濟增長呈倒 U 型，稅負過低或者過高都會阻礙經濟的增長。許豔霞等（2016）研究了經濟增長、產業結構調整對就業的影響，中西部地區經濟增長促進就業作用比東部地區大，而在產業結構方面，東部產業結構調整對就業的促進作用大於中西部，從中國範圍來看經濟增長和產業結構調整促進了就業 。田貴賢（2015）在研究最低工資對中國製造業就業影響的實證分析中，採用了動態面板的模型，考慮到政策對就業影響的時滯效應，被解釋變量就業人數滯後一階。因此，本部分建立動態面板模型如下：

$$Y_{it} = \sum_{s=1}^{n} a_i Y_{it-s} + b_i T_{it-s} + c_i D_i + \varepsilon_i + \mu_i \quad (23-1)$$

其中，Y_{it} 表示 i 省份 t 時期的產業的就業人數，T_{it} 表示省份 i 在 t 時期的稅收收入（個人所得稅、企業所得稅），a_i、b_i 和 c_i 表示系數，D_i 為控制變量，ε_i 為個體固定效應，μ_i 為隨機擾動項。考慮到就業人數變化具有時期效應，本期就業人數會受到上期就業人數的影響，因此筆者的動態面板迴歸採用各產業就業人數滯後一階進行分析。

動態面板具有如下優勢：①解決遺漏的變量問題：在實證分析的過程中，遺漏變量偏差是普遍存在的。②樣本容量足夠大：由於面板數據同時有時間維度和截面維度，一般面板數據的樣本容量比較大，可以提高估計的準確度。③能夠提供較多的個體的動態行為信息，因為面板數據同時擁有時間維度和截面維度，有時候它可以解決時間數據或者截面數據各自都不能解決的問題。④能夠對個體動態的行為建立模型，一般認為是因為慣性與部分調整，個體的當前行為取決於過去的行為，而動態面板的解釋變量裡面包含了被解釋變量的滯後期，所以可以解決慣性和部分調整計量偏差。

23.2.2 數據的選取

數據的收集全部來自《中國稅務年鑒》、各省統計年鑒、Wind 數據庫、國家統計局網站，數據的頻率為年度。由於海南、重慶、西藏數據有些異常，因此沒有選取這些地區的數據。

解釋變量：企業所得稅稅額（qys）和個人所得稅稅額（gs），我們主要參考丁元（2014）等的做法。本部分中的稅收主要用的是所得稅額，流轉稅一般屬於間接稅，流轉稅的稅負轉嫁比較大，流轉稅是以商品和勞務在生產環節或流通環節中的流轉額徵收的，企業比較容易把稅收負擔最後轉嫁給消費者，從而在理論上來說，流轉稅對勞動力的供給幾乎沒什麼影響，對勞動力的需求方面，企業可以進行稅負轉嫁，對勞動力的需求影響作用較小。尤其是在從價稅的情況下，流轉稅的稅負更容易轉嫁。而所得稅是直接對企業和個人的所得直接徵收，屬於直接稅，企業所得稅和個人所得稅進行稅負轉嫁比較困難，對勞動力的供給和需要影響作用效果相對於流轉稅來說更明顯。

表 23-3 相關變量取對數後的情況表

變量類型	變量名稱	變量符號	變量說明	樣本數	數據來源
解釋變量	企業所得稅收入	Lnqys	以各省份的企業所得稅稅額表示	341	歷年的中國稅務年鑒
	個人所得稅收入	Lngs	以各省份的個人所得稅稅額表示	341	歷年的中國稅務年鑒
控制變量	國內生產總值	Lngdp	以各省份的國內生產總值表示	341	各省的統計年鑒
	外商直接投資	Lnfdi	以外商企業投資總額表示	341	Wind 數據庫
	固定資產投資	Lngdzc	以全社會的固定資產投資額表示	341	Wind 數據庫
	第三產業增加值	Lndscyzj	第三產業增加值＝第三產業本年 GDP－第三產業上年 GDP	341	國家統計局網站
被解釋變量	第一產業就業人數	Lndycyr	以各省份的第一產業就業人數表示	341	Wind 數據庫
	第二產業就業人數	Lndrcyr	以各省份的第二產業就業人數表示	341	Wind 數據庫
	第二產業就業人數	Lndscyr	以各省份的第三產業就業人數表示	341	Wind 數據庫

被解釋變量：第一產業就業人數（dycyr）、第二產業就業人數（drcyr）、第三產業就業人數（dscyr），筆者主要參考李鶯麗等（2014）的研究成果。三

大產業就業相關概念已在之前的理論中闡述。

控制變量方面：筆者主要參考的是馬敬桂、徐飛（2010）、李鶯麗等（2014）等相關學者的文獻，選取的變量分別為：國內生產總值（GDP），即在一定的時期內（一個季度或一年），一個國家或地區經濟中所有生產出的全部最終產品與勞務的價值總和；外商直接投資（FDI），即指外國企業與經濟組織或個人（包括華僑、港澳臺胞和在境外註冊的中國企業）按中國的有關政策與法規，用現匯、實物和技術等在中國境內開辦的外商獨資企業、與中國境內企業或經濟組織共同設立中外合資經營企業與合作經營企業或者合作開發資源的投資還包括經政府的有關部門批准的項目投資總額內企業從境外借入的資金；固定資產投資（gdzc），即是以貨幣形式表現出來的、企業在一定的時期內建造與購置固定資產的工作量及與此相關的費用的變化情況；第三產業增加值（dscyzj），即第三產業產值的每一年相對的增加值。

通常情況下，一般選擇的經濟變量的數值是不平穩的，所以要對變量取自然對數，使得時間變化的趨勢線性化，對變量取對數可以消除時間序列中的異方差的現象，使數據分析更加合理。

23.2.3 實證結果分析

為達成分析的目的，筆者把研究的變量主要分為解釋變量、被解釋變量和控制變量三個部分。本部分通過運用 stata12 軟件，對中國 31 個省、市、自治區，從 2006—2016 年近 11 年的省級面板數據進行相應的迴歸分析所得稅對三大產業就業結構的影響。

表 23-4　相關變量的描述性統計檢驗結果

變量	平均值	標準差	最小值	最大值	樣本數
第一產業就業人數	938.152,8	694.388,7	37.09	3,050	341
第二產業就業人數	723.081,5	668.149,7	14.28	2,563.5	341
第三產業就業人數	874.693,1	566.923,4	46.6	2,370.72	341
個人所得稅額	1,834,240	2,563,623	1,167	$1.60e^7$	341
企業所得稅額	5,904,095	9,158,860	22,015	$6.5e^7$	341
國內生產總值	16,327.74	14,667.78	290.76	80,854.9	341
固定資產投資	10,804.47	9,524.93	231.141	53,322.9	341
外商直接投資	908.287,6	1,380.749	4	8,798.68	341
第三產業增加值	7,094.109	6,988.637	159.76	42,050.9	341

資料來源：根據 stata 軟件分析做出的相關變量描述性統計的檢驗所得。

（1）相關變量的描述性統計檢驗結果

從表 23-4 中可以看出，第一產業就業平均人數是 938.152,8 萬人，第二產業就業平均人數是 723.081,5 萬人，第三產業就業平均人數是 874.693,1 萬人，個人所得稅平均稅額 183.424 億元，企業所得稅平均稅額 590.409,5 億元。

（2）迴歸結果分析

通過動態面板分析，迴歸結果方程如下：

第一，個人所得稅對三大產業就業的影響迴歸方程：

$\ln jyrs = 0.574 \ln jyrs-1 + 0.015 \ln gsit + 0.013 \ln gdp - 0.006 \ln gdzc + 0.001 \ln fdi - 0.053 \ln dscyzj$
　　　　　　(19.01)　　　　(2.69)　　　(1.31)　　　(-0.82)　　　(0.39)　　　(-5.31)

(23-2)

$\ln jyrs = 0.638 \ln jyrs-1 + 0.089 \ln gsit + 0.010 \ln gdp + 0.067 \ln gdzc - 0.055 \ln fdi - 0.093 \ln dscyzj$
　　　　　　(40.36)　　　　(23.49)　　　(0.43)　　　(8.94)　　　(-6.45)　　　(-5.20)

(23-3)

$\ln jyrs = 0.924 \ln jyrs-1 + 0.053 \ln gsit - 0.119 \ln gdp + 0.027 \ln gdzc - 0.018 \ln fdi + 0.063 \ln dscyzj$
　　　　　　(68.32)　　　　(21.30)　　　(-9.86)　　　(11.52)　　　(-9.63)　　　(4.67)

(23-4)

公式（23-2）是第一產業就業人數的迴歸方程，公式（23-3）是第二產業就業人數的迴歸方程，公式（23-4）是第三產業就業人數的迴歸方程。

第二，企業所得稅對三大產業就業影響的迴歸方程

$\ln jyrs = 0.527 \ln jyrs-1 + 0.051 \ln qysit - 0.129 \ln gdp + 0.020\ \ln gdzc + 0.011 \ln fdi - 0.021 \ln dscyzj$
　　　　　　(20.18)　　　　(10.27)　　　(-3.96)　　　(2.85)　　　(8.56)　　　(-1.21)

(23-5)

$\ln jyrs = 0.672 \ln jyrs-1 - 0.009 \ln qysit + 0.135 \ln gdp + 0.024 \ln gdzc - 0.066 \ln fdi - 0.062 \ln dscyzj$
　　　　　　(25.91)　　　　(-1.15)　　　(3.75)　　　(2.59)　　　(-6.26)　　　(-2.40)

(23-6)

$\ln jyrs = 0.943 \ln jyrs-1 - 0.018\ \ln qysit - 0.020 \ln gdp + 0.015 \ln gdzc - 0.024 \ln fdi + 0.056 \ln dscyzj$
　　　　　　(78.75)　　　　(-2.22)　　　(-0.57)　　　(2.66)　　　(-4.99)　　　(2.92)

(23-7)

公式（23-5）是第一產業就業人數的迴歸方程，公式（23-6）是第二產業就業人數的迴歸方程，公式（23-7）是第三產業就業人數的迴歸方程。

表 23-5　個人所得稅對三大產業就業結構影響的迴歸結果

Lnjyrs	第一產業	第二產業	第三產業
Lnjyrs−1	0.574*** (19.01)	0.638*** (40.36)	0.924*** (68.32)
Lngs	0.015*** (2.69)	0.089*** (23.49)	0.053*** (21.30)
Lngdp	0.013 (1.31)	0.010 (0.43)	−0.119*** (−9.86)
Lngdzc	−0.006 (−0.82)	0.067*** (8.94)	0.027*** (11.52)
Lnfdi	0.001 (0.39)	−0.055*** (−6.45)	−0.018*** (−9.63)
lndscyxjz	−0.053*** (−5.31)	−0.093*** (−5.20)	0.063*** (4.67)
_cons	2.913*** (14.21)	1.399*** (16.13)	0.254 (4.10)

註：*、**、*** 分別表示 1%、5%、10%置信水準。

表 23-6　企業所得稅對三大產業就業結構影響的迴歸結果

Lnjyrs	第一產業	第二產業	第三產業
Lnjyrs−1	0.527*** (20.18)	0.672*** (25.91)	0.943*** (78.75)
Lnqys	0.051*** (10.27)	−0.009 (−1.15)	−0.018** (−2.22)
Lngdp	−0.129*** (−3.96)	0.135*** (3.75)	−0.020 (−0.57)
Lngdzc	0.020*** (2.85)	0.024*** (2.59)	0.015*** (2.66)
Lnfdi	0.011*** (8.56)	−0.066*** (−6.26)	−0.024*** (−4.99)
lndscyxjz	−0.021 (−1.21)	−0.062*** (−2.40)	0.056*** (2.92)
_cons	3.395*** (15.35)	1.612*** (14.68)	0.393*** (4.68)

註：*、**、*** 分別表示 1%、5%、10%置信水準。

通過迴歸結果表 23-5 可以看出，在被解釋變量三大產業就業人數滯後一階的情況下，因變量個人所得稅（gs）通過了顯著性檢驗，模擬結果的程度較好，個人所得稅對三大產業就業的影響是顯著的。個人所得稅的變動對第一產

業就業、對第二產業就業與對第三產業就業都是正向的影響。同樣通過迴歸結果表 23-6 可以看出，因變量企業所得稅（qys）對第一產業就業和第三產業就業通過了顯著性檢驗，模擬結果的程度較好，對第二產業就業影響不顯著。企業所得稅的變動對第一產業就業是正向的影響，對第二產業就業和對第三產業就業是負向的影響。

（3）無自相關和過度識別檢驗

因為差分 GMM 估計能夠成立的前提是擾動項要無自相關，因此需要對迴歸結果進行無自相關檢驗，同時由於可能存在工具變量過多而可能導致無效估計的問題，因此也需要進行過度識別檢驗。

表 23-7　無自相關和過度識別檢驗

		第一產業	第二產業	第三產業
個人所得稅	AR（1）	0.066	0.105	0.022
	AR（2）	0.272	0.329	0.558
	Sargan 值	0.958	0.905	0.935
企業所得說	AR（1）	0.085	0.102	0.021
	AR（2）	0.349	0.354	0.657
	Sargan 值	0.949	0.928	0.927

無自相關和過度識別檢驗的結果顯示，在個人所得稅對三大產業的動態面板迴歸結果中，個人所得稅對第一產業和第二產業迴歸結果擾動項在一階和二階上均不存在自相關，個人所得稅對第三產業的迴歸結果擾動項在 5% 的顯著性水準上存在一階自相關，而在二階上不相關，個人所得稅對三大產業的動態面板迴歸結果的 Sargan 檢驗顯示，所有估計的 Sargan 值均大於 0.05，因此工具變量是有效的，並不存在工具變量過多而無效的問題，因此，整體上個人所得稅對三大產業的動態面板迴歸結果是有效的。而企業所得稅對三大產業的無自相關檢驗表明，除了第三產業的擾動項在一階上存在自相關，其他均不存在自相關的問題，同時，Sargan 檢驗也接受所有工具變量均有效的假設，因此企業所得稅對三大產業的動態面板迴歸結果也是有效的。

23.3 小結

企業所得稅和個人所得稅對三大產業就業的影響主要分析如下：

一是在第一產業就業方面，企業所得稅和個人所得稅對第一產業就業都是正向的影響。從第一產業就業需求角度來看，雖然中國自改革開放以來，工業、高科技行業等有了巨大的發展，但是，第一產業的行業（主要指農業、林業、畜牧業、水產養殖業等）在中國仍然具有十分重要的地位，中國在稅收政策方面對第一產業的相關企業實行的是稅收優惠政策，如2006年中國正式取消農業稅，一直以來中國政府部門對第一產業部門實施優惠的財政補貼，第一產業部門的企業所得稅本身實際稅負並不高，第一產業的企業所得稅對第一產業的相關企業的勞動力需求影響較小，第一產業就業主要由勞動的供給決定。在第一產業就業勞動供給方面，中國實際就業的基本情況是從事第一產業的人員一般收入水準不高，當對第一產業就業人員徵收個人所得稅時，第一產業的實際勞動者可支配收入減少，為了維持之前的收入水準，增加勞動供給，稅收對勞動的收入效應更大，增加勞動供給。

二是個人所得稅對第二產業就業、第三產業就業是正向的影響，從中國的實際就業現狀來看，中國人口基數大，勞動者供給多，而對勞動的需求相對較少，尤其中國在經濟結構調整階段，中國的結構性失業很嚴重，在面對如此嚴峻的就業形勢下，當個人所得稅增加時，勞動者總體上並不會因為個人所得稅增加而選擇不去就業，個人所得稅對勞動供給的替代效應較小。當前，中國勞動者的收入水準普遍不高，當個人所得稅增加時，勞動者為了維持之前的收入水準，增加勞動供給，個人所得稅對就業的收入效應大於替代效應，收入效應使得勞動供給增加，所以個人所得稅對第二產業就業、第三產業就業有正向的影響。

三是企業所得稅對第二產業就業、第三產業就業具有負向的影響。中國的產業發展方面，主要是第二產業和第三產業的發展，企業所得稅的稅源主要來源於第二產業和第三產業的相關企業，企業所得稅的增加使得企業的實際利潤減少，實際稅收負擔增加，企業減少生產規模，對勞動力的需求減少，對就業具有負向影響。

24 主要結論及政策建議

24.1 主要結論

中國經濟發展正是強調經濟增長質量以及政府宏觀調控的科學性以及效率性，稅收政策作為國家宏觀調控的重要手段，對於產業經濟健康發展是具有重大作用。本部分通過建立 VAR 模型，運用脈衝回應以及方差分解對 1994 年以來中國的流轉稅和所得稅對於產業經濟影響，即對三大產業值（總量）以及產業結構（結構）兩方面影響，得出以下結論：

第一，三大產業增加值對流轉稅和所得稅衝擊的脈衝回應圖軌跡相似，只是回應的程度和力度不同，兩者都會對三個產業增加值產生微弱負效應。流轉稅對第三產業增加值影響最大，其次是第二產業，最後是第一產業。同樣，所得稅也是對第三產業增加值影響最大，其次是第二產業，最後是第一產業。在總體來看，所得稅對三個產業增加值的影響都要大於流轉稅所產生的影響。說明對產值影響方面，所得稅調節功能好於流轉稅。

第二，產業結構對流轉稅和所得稅衝擊的脈衝回應圖軌跡仍然相似，只是回應強度不同，兩者對產業結構都會產生微弱負效應。在短期來看，所得稅相比較流轉稅對產業結構調整的影響效應會強烈一些，但從長期來看，相比較所得稅，流轉稅對產業結構調整的影響效應更好。說明對結構影響方面，流轉稅調節功能好於所得稅。

第三，不論是對三個產業值的影響還是對產業結構的影響，流轉稅和所得稅的貢獻度都不是很高，說明產業經濟的發展因素是各方面作用的結果，稅收政策僅是其中一個很小的方面。

24.2　政策建議

針對本部分實證結果得出結論提出以下政策建議：

第一，在產值方面，所得稅對總量調節相比較於流轉稅更具優勢。我們需要進一步推動企業所得稅改革，完善個人所得稅制度，逐步提高個人所得稅在稅收總收入的比重。未來我們國家個人所得稅改革需要朝兩個相互聯繫的目標所努力：一是，在目前的稅制調整中要逐步地提高個人所得稅比重，因為個人所得稅的調節功能是建立在籌集收入總量的基礎上的，若占稅收收入比重不高是不足以承擔起扭轉稅制累退性任務的；二是，要不斷加快推進「綜合與分類結合」的稅制改革，提高個稅對收入來源多、高收入階層的調節力度，同時要加強差別化的費用扣除，從而降低中低收入者的負擔。通過宏觀稅負水準調節消費品及投資品的需求結構，進而影響消費品和投資品產業內的需求結構：①通過人員工資率推動勞動力在各產業流動性；②通過職工教育經費支出影響各產業勞動力質量；③通過個人稅收淨收入影響對各產業商品以及服務的支出，從而推動產業經濟良性發展。完善企業所得稅制度，主要是通過稅收優惠來發揮作用，要根據不同階段所要實現的發展目標來制定適合的企業所得稅的優惠辦法。例如：在農業、交通、能源工業、通信業和市政建設等基礎產業和基礎設施的投入應該給予最優惠的企業所得稅，對投資機械工業、石油化工、汽車、電子工業以及建築業的支柱性工作也要給予一定稅收優惠政策，但同時要考慮產業規模要求，並要注意技術進步企業。對於服務行業等新興行業也要照顧其發展的需要。我們要重視稅收的優惠形式，應當逐漸減少這些減免稅、直接優惠的形式，針對不同情況合理地運用投資稅收抵免等間接優惠形式。

第二，在結構調整方面，長期來看，流轉稅調節效果比所得稅要好。在市場經濟完全條件下，所得稅調節理應強於流轉稅，流轉稅在市場經濟條件下稅負轉嫁機制會得到充分發揮。但在中國市場經濟體制不健全、市場規則不完善情況下，流轉稅配合著價格調節生產與消費，對產業結構方面的調整是具有相當重要的作用的。因為低稅是鼓勵生產和消費的，而高稅會限制生產和消費。在目前中國經濟情況下，我們要重視流轉稅對產業結構優化調整的良好效應，進一步完善流轉稅改革並且努力調整流轉稅的稅負結構，減輕流轉稅稅制的累退性。①完善增值稅，在增值稅「擴圍」同時降低日用生活品以及食品等在

居民生活消費中占較大比重商品的稅率，加快生產型增值稅向消費型增值稅改革，以免生產型增值稅對產業結構的優化調整產生逆向調節。同時放寬一般納稅人的判定標準，讓更多小規模納稅義務人加入其行列，削弱增值稅對小微企業的歧視，從而鼓勵私人投資進入。②完善消費稅制度改革，強調消費稅的調節功能。消費稅調整方向：一是由原來的價內稅性質轉化為價外稅性質。價外稅特點為商品價格是不含稅的，但在消費該商品時需要另付稅金。低稅率的應稅消費品的價格出售表明，商品價格和消費稅是分離的數量關係，消費者在購買商品時一目了然。這樣，是否是國家限制的消費品還是特殊消費品種類，消費者在購買時就能有一個清晰的認知，從而影響了消費者的消費行為，從而觸動產業規模及結構變化。二是由原來生產環節徵稅劃分到流通環節徵稅。因為在生產環節徵稅容易讓納稅人有轉嫁減輕稅負的機會，不利於消費稅的調節功能。③完善營業稅制度改革。一是劃分營業稅徵稅範圍。現行稅制改革的方向是擴大增值稅的稅基，營業稅逐步被收窄稅基。為了拓寬增值稅的稅基，把交通運輸業以及建築安裝業放入其徵稅範圍已經達成共識了。這樣可以去改變目前增值稅片面重視生產型行業稅基狀況的問題，逐步轉向生產型和非生產型行業稅基並重，以適應中國經濟增長模式的轉變以及第三產業快速發展的需要，同時也有利於增強其抵扣鏈條的嚴密性。此外，這也有利於稅收徵收管理，降低了稅收徵管成本。二是增加對稅目概括性的規定條款。為了增加營業稅對於經濟發展的經濟性以及適用性，設立一個概括性的稅目在營業稅暫行條例中是非常有必要的，即「其他應稅勞務和經營行為」。只有這樣才能把不斷出現的新型經營行為和勞務快速納入到營業稅範圍，政策的滯後效應就會被減弱，兼顧了營業稅徵收範圍，增強政府財政作用，同時又保持了各企業主公平，保證市場有序發展。④完善關稅制度改革。一是要優化關稅結構，提高關稅的保護力度。關稅稅率的調整應當從初級品到中級產品再到最終產品，稅率的調整力度應當隨著加工程度不斷深化調高，同時比例要協調，以便從行業良性發展的角度來制定整個過程的關稅稅率。二是實現多樣化的徵稅標準。如可以通過關稅配額制度，或是研究滑動關稅、季節關稅以及徵收差額關稅，又或是考慮徵收報復關稅，必要時徵稅反補貼關稅以及反傾銷關稅。三是完善海關的估價制度。如盡快制定符合現狀《中華人民共和國進出口關稅條例》，與 WTO 海關估價協議以及修訂後的《中華人民共和國海關法》（商務部、海關總署 2016 年第 45 號公告）等相適應。同時加強成交價格的審定並統一各地海關的執行政策，以免關稅向「低處流」。

第三，無論是對三大產業產值還是對產業結構，稅收政策的貢獻度並不是

很大，說明稅收政策對於產業經濟效應沒想像的那麼大，這就要求我們站在制度和政策的角度而言，進一步完善市場經濟，需求良好的政策環境，為宏觀調控的稅收政策奠定堅實的基礎，明確稅收政策對於產業經濟的作用的機制，並要求對目前稅收制度進行改革，挖掘稅收政策的潛力，進一步發揮稅收體系中對產業經濟調節的支持力度，提高並完善稅收政策的宏觀調控力，同時也促進稅制改革更加科學和具體。

參考文獻

[1] 安體富, 劉翔. 優化產業結構促進經濟發展方式轉變的稅收政策研究 [J]. 經濟研究參考, 2011 (1): 22-30.

[2] 安體富. 中國宏觀稅負水準的分析判斷及其調整 [J]. 經濟研究, 1999.

[3] 蔡昉, 王德文, 曲玥. 中國產業升級的大國雁陣模型分析 [J]. 經濟研究, 2009 (9): 4-14.

[4] 曹豔春. 中國公共支出規模對經濟增長影響效應的實證分析 [J]. 財貿研究, 2006, 17 (4): 65-68.

[5] 常曉素, 何輝. 流轉稅和所得稅的福利效應研究 [J]. 統計研究, 2012, 29 (1): 80-86.

[6] 陳萌. 結構性減稅政策對就業影響效應研究——基於微觀數據模型 [J]. 發展研究, 2014 (4): 33-43.

[7] 陳體標. 經濟結構變化和經濟增長 [J]. 經濟學 (季刊), 2007, 6 (4): 1053-1074.

[8] 陳曉光, 龔六堂. 經濟結構變化與經濟增長 [J]. 經濟學 (季刊), 2005, 4 (2): 583-604.

[9] 陳鑫燕. 淺析產業結構變動中的投資約束 [J]. 經濟研究導刊, 2009 (8): 132-133.

[10] 儲德銀, 建克成. 財政政策與產業結構調整——基於總量與結構效應雙重視角的實證分析 [J]. 經濟學家, 2014 (2): 80-91.

[11] 戴鵬. 中國產業調整和發展的財稅政策研究 [D]. 成都: 西南財經大學, 2012.

[12] 戴永安, 陳才. 東北地區城市化與產業結構演進的互動機制研究 [J]. 東北大學學報 (社會科學版), 2010, 12 (6): 511-517.

［13］丁元，周樹高，貫功祥. 中國就業的產業結構與居民收入分配關係研究［J］. 統計與決策，2014（4）：139-143.

［14］樊瀟彥. 中國工業資本收益率的測算與地區、行業結構分析［J］. 世界經濟，2004（5）：48-57.

［15］範廣軍. 邊際稅率與中國區域經濟發展的相關性分析［J］. 河南大學學報（社會科學版），2004（5）：54-56.

［16］付凌暉. 中國產業結構高級化與經濟增長關係的實證研究［J］. 統計研究，2010，27（8）：79-81.

［17］付文林，沈坤榮. 中國公共支出的規模與結構及其增長效應［J］. 經濟科學，2006，28（1）：20-29.

［18］傅勇，張晏. 中國式分權與財政支出結構偏向：為增長而競爭的代價［J］. 管理世界，2007（3）：4-12.

［19］高鐵梅. 經濟分析方法與建模［M］. 2版. 北京：清華大學出版社，2009：21-292.

［20］耿雪洋. 中國三大產業結構與就業問題研究［J］調查研究，2017（5）：269-270.

［21］龔鋒，盧洪友. 公共支出結構、偏好匹配與財政分權［J］. 管理世界，2009（1）：10-21.

［22］龔六堂，鄒恒甫. 政府公共開支的增長和波動對經濟增長的影響［J］. 經濟學動態，2001（9）：58-63.

［23］郭健. 稅收、政府支出與中國經濟增長的協整分析［J］. 財經問題研究，2006（11）：82-86.

［24］郭進偉. 公共支出結構與經濟發展績效［D］. 長春：吉林大學，2007.

［25］郭慶旺，賈俊雪. 地方政府行為、投資衝動與宏觀經濟穩定［J］. 管理世界，2006（5）：19-25.

［26］郭慶旺，呂冰洋，張德勇. 財政支出結構與經濟增長［J］. 經濟理論與經濟管理，2003（11）：5-12.

［27］郭慶旺，呂冰洋. 經濟增長與產業結構調整對稅收增長的影響［J］. 國際稅收，2004（9）：11-16.

［28］郭小東，劉長生，簡玉峰. 政府支出規模、要素累積與產業結構效應［J］. 南方經濟，2009（3）：51-61.

［29］韓雪峰，李紀元. 遼寧省產業結構演進的定量分析［J］. 技術經濟

與管理研究, 2011 (7): 107-110.

[30] 俊小仙, 豐景春. 中國政府支出與經濟增長的關聯性分析——基於理論和實證的研究 [J]. 經濟問題探索, 2007 (5): 1-7.

[31] 胡向婷, 張璐. 地方保護主義對地區產業結構的影響——理論與實證分析 [J]. 經濟研究, 2005 (2): 102-112.

[32] 黃威, 叢樹海. 中國財政政策對居民消費的影響: 基於省級城鄉面板數據的考察 [J]. 財貿經濟, 2011 (5): 31-35.

[33] 解素豔. 所得稅政策的就業效應研究 [D]. 杭州: 浙江財經大學, 2016.

[34] 康鋒莉, 鄭一萍. 政府支出與經濟增長: 近期文獻綜述 [J]. 財貿經濟, 2005 (1): 68-71.

[35] 李傳健. 分工、技術創新對產業結構變遷的影響 [J]. 北京工業大學學報 (社會科學版), 2010, 10 (6): 27-30.

[36] 李敦瑞. 上海產業結構演化的特徵及趨勢分析——基於現代服務業發展的視角 [J]. 生產力研究, 2012, 235 (2): 177-179.

[37] 李臘生, 關敏芳. 中國政府經濟刺激方案的結構性優化 [J]. 財經科學, 2010 (1): 48-55.

[38] 李善同, 鐘思斌. 中國產業關聯和產業結構變化的特點分析 [J]. 管理世界, 1998 (3): 61-68.

[39] 李紹榮, 耿瑩. 中國的稅收結構、經濟增長與收入分配 [J]. 經濟研究, 2005 (5): 118-126.

[40] 李文. 產業結構稅收政策理論與實證分析 [D]. 濟南: 山東大學, 2005.

[41] 李文. 從供給角度分析稅收政策與產業結構優化 [J]. 稅務研究, 2006 (1): 40-44.

[42] 李文. 稅收政策對產業結構變遷的影響: 需求角度分析 [J]. 稅務與經濟, 2006 (1): 7-11.

[43] 李鶯莉, 王開玉, 孫一平. 東道國視角下的FDI就業效應研究——基於中國省際面板數據的實證分析 [J]. 宏觀經濟研究, 2014 (12): 94-103.

[44] 李永友, 沈坤榮. 財政支出結構、相對貧困與經濟增長 [J]. 管理世界, 2007 (11): 14-26.

[45] 李永友. 中國財政支出結構演進及其效率 [J]. 經濟學 (季刊), 2009, 9 (1): 307-332.

[46] 厲無畏, 王慧敏. 世界產業服務化與發展上海現代服務業的戰略思考 [J]. 世界經濟, 2005（1）：54-60.

[47] 梁強, 賈康. 1994 年稅制改革回顧與思考：從產業政策、結構優化調整角度看「營改增」的必要性 [J]. 財政研究, 2013（9）：37-48.

[48] 劉安長. 中國財政政策促進就業增長了嗎？——基於 1993—2015 年中國省級面板數據的實證檢驗 [J]. 湖南財政經濟學院學報, 2017（2）：26-32.

[49] 劉昶, 覃鳳琴. 稅收與經濟增長存在增長丘嗎？——來自中國省級面板數據的證據 [J] 江漢論壇, 2018（4）：75-81.

[50] 劉海慶, 高凌江. 稅制結構與經濟增長——基於中國省級面板數據的實證分析 [J]. 稅務與經濟, 2011（4）：83-90.

[51] 劉鶴, 楊偉民. 中國產業政策——理念與實踐 [M]. 北京：中國經濟出版社, 1999：278.

[52] 劉華, 黃永明. 試論稅收調節產業結構的方式 [J]. 稅務與經濟, 1994（1）：9-11.

[53] 劉進, 丁偉, 劉軍民. 關於公共支出與經濟增長關係的分析與實證研究 [J]. 財政研究, 2004（3）：50-52.

[54] 劉尚希. 地方財政支出的實證分析及管理對策 [J]. 管理世界, 1999（1）：80-89.

[55] 劉偉, 李紹榮. 產業結構與經濟增長 [J]. 中國工業經濟, 2002（5）：14-21.

[56] 婁洪. 長期經濟增長中的公共投資政策——包含一般擁有性公共基礎設施資本存量的動態經濟增長模型 [J]. 經濟研究, 2004（3）：10-19.

[57] 馬敬桂, 徐飛. 固定資產投資對中國三大產業就業影響的變動分析 [J]. 特區經濟, 2010（1）：286-288.

[58] 馬拴友. 稅收結構與經濟增長的實證分析 [J]. 稅務與經濟, 2002（1）：4-6.

[59] 馬拴友. 政府規模與經濟增長：兼論中國財政的最優規模 [J]. 世界經濟, 2000（11）：59-64.

[60] 彭志龍. 中國政府帶動經濟增長效應分析 [J]. 統計研究, 2004（2）：3-10.

[61] 錢雪亞. 人力資本水準統計估算 [J]. 統計研究, 2012, 29（8）：74-82.

［62］沈冰，李許卡. 中國產業結構與就業結構協調發展路徑探析［J］. 哈爾濱商業大學學報，2014（2）：3-10.

［63］沈利生. 最終需求結構變動怎樣影響產業結構變動——基於投入產出模型的分析［J］. 數量經濟技術經濟研究，2011（12）：82-95.

［64］石奇，孔群喜. 動態效率、生產性公共支出與結構效應［J］. 經濟研究，2012（1）：92-104.

［65］唐永升，汪泓. 中國稅收政策促進就業的影響機制與轉型策略研究［J］. 現代管理科學，2014（7）：25-27.

［66］田貴賢. 最低工資影響中國製造業就業的實證檢驗—基於中國省級動態面板數據的系統 GMM 分析［J］. 雲南財經大學學報，2015（6）：13-20.

［67］田杰棠. 近年來財政擴張擠出效應的實證分析［J］. 財貿研究，2002（3）：80-82.

［68］王春香. 稅收對產業結構影響的分析［J］. 財經問題研究，2008（7）：89-94.

［69］王春元. 中國政府財政支出結構與經濟增長關係實證分析［J］. 財經研究，2009，35（6）：120-130.

［70］王宏利. 財政支出規模與結構對產業結構影響的分析［J］. 經濟研究，2009（2）：26-28.

［71］王琪玥. 中國促進就業的稅收政策研究［J］. 金融經濟，2016（1）：59-59.

［72］王麒麟. 生產性公共支出、最優稅收與經濟增長［J］. 數量經濟技術經濟研究，2011（5）：21-36.

［73］王文甫，王雷. 1990 年後中國財政政策效應階段性分析［J］. 經濟問題探索，2012（6）.

［74］王永明，經濟增長與產業結構和就業結構變動關係的研究—基於 VAR 模型的實證分析［J］. 甘肅行政學院學報，2018（3）：87-97.

［75］王躍堂，王國俊，彭洋. 控制權性質影響稅收敏感性嗎？—基於企業勞動力需求的檢驗［J］. 經濟研究，2012（4）：52-63.

［76］吳仁祥，唐丹，徐十佳. 安徽省稅收對就業影響的實證分析［J］. 安徽商貿職業技術學院學報，2012（2）：46-49.

［77］吳玉霞，楊華. 稅收的經濟增長效應：基於經濟增長的一個理論述評［J］. 稅務與經濟，2011（5）：71-78.

［78］武少岑. 中國稅收收入與產業結構關係的對接分析［J］. 經濟問題，

2011（7）：30-33.

［79］武曉利. 稅收政策調整對居民消費和就業的動態效應研究［J］. 2014（11）：25-32.

［80］肖文，樊文靜. 產業關聯下的生產性服務業發展——基於需求規模和需求結構的研究［J］. 經濟學家，2011（6）：72-80.

［81］謝涓. 對外開放與中國區域產業結構調整研究［D］. 長沙：湖南大學，2012.

［82］刑樹東，劉婷. 改善中國當前就業結構的稅收政策建議［J］. 金融財稅，2012（4）：88-90.

［83］徐鳳麗. 稅收對就業的影響［D］. 成都：西南財經大學，2014.

［84］徐江琴，葉青. 從營改增看促進就業的稅收政策的完善［J］. 研究探索，2015（8）：62-66.

［85］徐烜，雷良海. 結構性減稅對中國就業水準的影響研究［J］. 上海市經濟管理幹部學院學報，2015（1）：41-48.

［86］許豔霞，任鵬濤，王苒. 經濟增長、產業結構調整與就業——基於中國30個省際面板數據的實證研究［J］. 理論探討，2016（3）：10-15.

［87］薛剛，趙瑞. 促進就業的稅收政策研究［J］. 稅務研究，2014（8）：28-32.

［88］閆坤，於樹一，劉新波. 當前中國經濟形勢與財稅政策［J］. 稅務研究，2012（1）：16-23.

［89］嚴成樑，龔六堂. 財政支出、稅收與長期經濟增長［J］. 經濟研究，2009（6）：4-15.

［90］嚴冬冬. 關於中國勞動稅收對勞動需求的影響研究［D］. 杭州：浙江財經大學，2015.

［91］楊建芳，龔六堂，張慶華. 人力資本形成及其對經濟增長的影響——一個包含教育和健康投入的內生增長模型及其檢驗［J］. 管理世界，2006（5）：10-18.

［92］楊森平. 促進大學生就業創業的財稅政策研究［J］. 財會通訊，2016（5）：121-123.

［93］楊曉妹. 財政政策就業效應研究—基於中國經驗數據的實證分析［D］. 成都：西南財經大學，2014.

［94］於力. 財政支出與中國產業結構升級的問題研究——基於1978—2010年省級面板數據的實證分析［D］. 青島：青島大學，2012.

[95] 俞曉晶. 轉型期中國經濟增長的產業結構效應[J]. 財經科學, 2013 (7): 55-61.

[96] 笘明華. 中國產業結構的變遷與互動: 特徵與結構效應[J]. 經濟科學, 2015, 26 (1): 45-54.

[97] 張斌. 關稅的產業結構調整效應實證分析[J]. 廣西經濟管理幹部學院學報, 2011, 23 (2): 99-103.

[98] 趙雲橋. 福建省就業結構實證分析與財稅政策研究[D]. 廈門: 集美大學, 2013.

[99] 趙志耘, 楊朝峰. 經濟增長與稅收負擔、稅制結構關係的脈衝回應分析[J]. 財經問題研究, 2010 (1): 3-9.

[100] 周光亮. 財政分權、地方政府投資和產業結構調整——來自中國的經驗[J]. 經濟問題, 2012 (1): 24-26.

[101] 周黎安. 中國地方官員的晉升錦標賽模式研究[J]. 經濟研究, 2007 (7): 36-50.

[102] 朱青青. 就業稅收優惠政策效應分析及優化建議[D]. 南昌: 江西財經大學, 2017.

[103] 郏立濤. 促進中國經濟結構調整的財政政策研究[D]. 北京: 1期財政部財政科學研究所, 2014.

[104] 莊騰飛. 公共支出與經濟增長關係的新視角——基於省級面板數據的經驗研究[J]. 財經科學, 2006 (11): 45-52.

[105] 莊子銀, 鄒薇. 公共支出能否促進經濟增長: 中國的經驗分析[J]. 管理世界, 2003 (7): 4-12.

[106] AIVAZIAN V A, CALLEN J I, MOUNTAIN D C. Eeonomies of scale versus teehnological change in the natural gas transmission industry [J]. Review of Eeonomics and Statistics, 1987, 69 (3): 556-561.

[107] ARROW J K, KURZ M. Public investment, the rate of return, and optimal fiscal policy [J]. Resource for the Future Library Collection, 2011.

[108] ASCHAUER D A. Is public expenditure productive? [J]. Journal of monetary economics, 1989, 23 (2): 177-200.

[109] BARRO R J. Economics growth in a cross section of countries [J]. Quartery Journal of economics, 1991, 106 (2): 407-443.

[110] BARRO R J. Government spending in a simple model of endogenous growth [J]. Journal of political economics, 1990, 98 (5): 103-126.

[111] CAPOLUPO ROSA. Output taxation, human capital and growth [J]. Manchester School, 2010, 68 (2): 166-183.

[112] CHARNES A, COOPER W, LI S. Using data envelopment analysis to evaluate efficiency in the economic performance of chinese cities [J]. Socio-Economic Planning Sciences, 1989, 23 (6): 325-344.

[113] CHEN D, QI S, SCHLAGENHAUF D. Corporate income tax, legal form of organization, and employment [J]. Working Papers, 2017 (5014): 935.

[114] CHENERY H B. Patterns of industrial growth [J]. Ameriean Eonomie Review, 1960, 50 (4): 624-654.

[115] EASTERLY W, REBELO S. Fiscal policy and economics growth: an empirical investigation [J]. Journal of monetary economics, 1993, 32 (3) 417-458.

[116] ENGEN E, SKINNER J. Taxation and economic growth [J]. Fiscal Studies, 2010, 21 (1): 141-168.

[117] FELD L P, KIRCHGÄSSNER G. The impact of corporate and personal income taxes on the location of firms and on employment: some panel evidence for the Swiss cantons [J]. Journal of Public Economics, 2001, 87 (1): 129-155.

[118] FRANCISCO ALVAREZ-CUADRADO, NGO VAN LONG, POSCHKE M. Capital-labor substitution, structural change and the labor income share [J]. Cesifo Working Paper, 2014, 10 (1): 8-9.

[119] HARDEN J W. The impact of state tax structure on employment: An optimal tax approach [J]. National Tax Journal, 1997, 56 (1): 7-26.

[120] HAUSMAN J A. Taxes and labor supply [J]. Nber Working Papers, 1983, 1 (97): 213-263.

[121] JESUS CRESPO-CEUARESMA, JULIA WORZ. On export composition and growth [J]. Revien of World Economics, 2005, 141 (1): 33-49.

[122] JIANDONG JU, JUSTIN YIFU LIN, YONG WANG. Endowment structure, industrial dynamics and economic growth [J]. Journal of Monetary Economics, 2015, 76: 244-23.

[123] JOHANSON A, HEADY C. Taxation and economic growth [J]. Journal of Public Economics, 2001, 79 (1): 129-148.

[124] KARRAS G. Employment and output effects of government spending: Is government size important? [J]. Economic Inquiry, 2010, 31 (3): 354-369.

[125] KILLINGSWORTH M. Labor Supply [M]. Cambridge: Cambridge Uni-

versity Press, 1983.

[126] KNELLER R, BLEANEY M F, GEMMELL N. Fiscal polic and growth: Evidence from OECD counries [J]. Journal of Public Economics, 1999, 74 (2): 171-190.

[127] KOSKELA E, R SCHOB. Why govemments should tax mobile capital in the presence of unemployment [J]. Contributions in Economic Analysis & Policy, 2002.

[128] LJUNGQVIST A, SMOLYANSKY M. To cut or not to cut? On the impact of corporate taxes on employment and income [J]. Nber Working Papers, 2014.

[129] LUCUS. On the Mechanics of Economic Development [J]. Quantitative Macroeconomics Working Papers, 1999, 22 (1): 3-42.

[130] MERTENS K, RAVN O M. The dynamic effects of personal and corporate income tax changes in the united states [J]. Cepr Discussion Papers, 2013, 103 (4): 1212-1247.

[131] MICHAELIS J, BIRK A. Employment-and growth effects of tax reforms [J]. Center for European Government & Economic Development Research Discussion Papers, 2006, 23 (6): 909-925.

[132] MYLES, GARETH D. Economice growth and the role of taxation [EB/OL]. http://people.exetev.ac.uk/gdmyles/papers/pdfs/OECDfin.pdf.

[133] PETER G KLEIN, LASSE B LIEN. Diversification, industry structure, and firm strategy [J]. Economic Institutions of Strategy Advances in Strategic Management, 2009.

[134] PETRAKOS G C. Industrial strueture and change in the european union: comparative analysis and implication for transition economics [J]. Eastern European E-eonomies, 1997, 35 (2): 41-63.

[135] PRESCOTT E C. Why do Americans work so much more than Europeans? [J]. Social Science Electronic Publishing, 2004, 28 (6): 2-13.

[136] ROEGER W. Growth, employment and taxation with distortions in the goods and labour market [J]. German Economic Review, 2010, 8 (1): 1-27.

[137] SAMUELSON P A. The pure theory of public expenditure [J]. Review of ecomonic and statistic, 1954, 36 (4): 387-389.

[138] SHUAI X, AND CHMURA C. The effect of state corporate income tax rate cuts on job creation [J]. Business Economics, 2013, 48 (3): 183-193.

[139] SULLEY G W. The「growth tax」in the United States [J]. Public Choice, 1995, 85 (1/2): 71-80.

[140] TANZI V, ZEE H H. Fiscal policy and long-run growth [J]. Staff Papers, 1997, 44 (2): 179-209.

[141] Widmalm F. Tax structure and growth: Are some taxs better than others? [J]. Public Choice, 2001, 107 (3/4): 199-219.

[142] ZIDAR O M. Tax cuts for whom? Heterogeneous effects of income tax changes on growth and employment [J]. Social Science Electronic Publishing, 2015.

國家圖書館出版品預行編目（CIP）資料

財政政策的產業效應研究：以中國為例 / 王文甫 編著. -- 第一版.
-- 臺北市：財經錢線文化，2020.06
　　面；　　公分
POD版

ISBN 978-957-680-449-6(平裝)

1.財政政策 2.產業分析 3.中國

564.12　　　　　　　　　　　　　　109007586

書　　名：財政政策的產業效應研究：以中國為例
作　　者：王文甫 編著
發 行 人：黃振庭
出 版 者：財經錢線文化事業有限公司
發 行 者：財經錢線文化事業有限公司
E - m a i l：sonbookservice@gmail.com

粉 絲 頁：　　　　　　網　址：

地　　址：台北市中正區重慶南路一段六十一號八樓815室
8F.-815, No.61, Sec. 1, Chongqing S. Rd., Zhongzheng
Dist., Taipei City 100, Taiwan (R.O.C.)

電　　話：(02)2370-3310　傳　真：(02) 2388-1990

總 經 銷：紅螞蟻圖書有限公司
地　　址：台北市內湖區舊宗路二段121巷19號
電　　話:02-2795-3656 傳真:02-2795-4100　網址：
印　　刷：京峯彩色印刷有限公司（京峰數位）

　　本書版權為西南財經大學出版社所有授權崧博出版事業股份有限公司獨家發行電子
　書及繁體書繁體字版。若有其他相關權利及授權需求請與本公司聯繫。

定　　價：420元
發行日期：2020年06月第一版
◎ 本書以POD印製發行